全国司法职业教育"十二五"规划教材

司法行政工作概论（第二版）

全国司法职业教育教学指导委员会　审定

主　编◎刘友江

副主编◎成建华　徐宏辉

撰稿人◎（以撰写、修订学习单元先后为序）

<table>
<tr><td>成建华</td><td>武秀艳</td><td>徐宏辉</td><td>罗　平</td></tr>
<tr><td>万昌文</td><td>王　勇</td><td>侯永久</td><td>窦立洁</td></tr>
<tr><td>刘友江</td><td>丁华涛</td><td>王运亮</td><td>纪　念</td></tr>
<tr><td>吕方军</td><td>高　阳</td><td>程亮华</td><td>周志宏</td></tr>
<tr><td>张　明</td><td>袁启贵</td><td>戴智文</td><td>孙友元</td></tr>
</table>

中国政法大学出版社

2017·北京

出 版 说 明

世纪之交，我国高等职业教育进入了一个以内涵发展为主要特征的新的发展时期。1999 年 1 月，随着教育部和国家发展计划委员会《试行按新的管理模式和运行机制举办高等职业技术教育的实施意见》的颁布，各地成人政法院校纷纷开展高等法律职业教育。随后，全国大部分司法警官学校，或单独升格，或与司法学校、政法管理干部学院等院校合并组建法律类高等职业院校举办高等法律职业教育，一些普通本科院校、非法律类高等职业院校也纷纷开设高职法律类专业，高等法律职业教育蓬勃兴起。2004 年 10 月，教育部颁布《普通高等学校高职高专教育指导性专业目录（试行）》，将法律类专业作为一大独立的专业门类，正式确立了高等法律职业教育在我国高等职业教育中的重要地位。2005 年 12 月，受教育部委托，司法部组建了全国高职高专教育法律类专业教学指导委员会。2012 年 12 月，全国高职高专教育法律类专业教学指导委员会经教育部调整为全国司法职业教育教学指导委员会，积极指导并大力推进高等法律职业教育的发展。

截至 2007 年 11 月，全国开设高职高专法律类专业的院校有 400 多所，2008 年全国各类高校共上报目录内法律类专业点数达到 700 多个。为了进一步推动和深化高等法律职业教育教学的改革，促进我国高等法律职业教育的质量提升和协调发展，原全国高职高专教育法律类专业教学指导委员会（全国司法职业教育教学指导委员会）于 2007 年 10 月，启动了高等法律职业教育规划教材编写工作。该批教材积极响应各专业人才培养模式改革要求，紧密联系课程教学模式改革需要，以工作过程为导向，对课程教学内容进行了整合，并重新设计相关学习情景、安排相应教学进程，突出培养学生一线职业岗位所必需的职业能力及相关职业技能，体现高职教育职业性特点。教材的编写力求吸收高职教育课程开发理论研究新成果和一线实务部门工作新经验，邀请相关行业专家和业务骨干参与编写，着力使本规划教材课程真正反映当前我国高职高专教育法律类专业人才培养模式及教学模式改革的新趋势，成为我国高等法律职业教育的精品、示范教材。

全国司法职业教育教学指导委员会
2013 年 6 月

第二版说明

　　根据党的十八届四中全会精神和司法行政工作改革发展的实际，我们组织部分高校教师和司法行政实务部门的专家对本教材作了修订并再版发行。教材修订维持原有结构模块和撰写格式，对教材正文及"问题导入""拓展学习"和"思考案例"结合新时期的理论与实践进行了必要的修改。

　　参加修订的人员有（以修订学习单元先后为序）：成建华、徐宏辉、丁华涛、刘友江、王运亮、纪念、吕方军、高阳、程亮华、周志宏、张明、袁启贵、戴智文、孙友元。

　　本教材（再版）由刘友江、成建华、徐宏辉统稿。

编　者

2016 年 11 月

编写说明

　　《司法行政工作概论》是全国政法干警招录培养体制改革试点专业"法律事务专业（司法行政方向）"的专业基础课。该课程的设置，是为后续课程提供司法行政工作事务的基础知识，主要对学生进行司法行政工作事务的认知教育，引导学生了解我国司法行政工作的历史沿革、组织机构、主要职责和工作内容等，以形成对司法行政工作特别是基层司法行政工作的明确认识。该课程教材编写组依据法律事务专业人才培养目标和课程标准，遵循高职高专教育规律和学生自身的认知规律，以基层司法行政工作职业岗位（群）作为学习主体，以其认知需求为视角，以"必需够用"为原则，紧密结合近年来我国司法改革特别是司法行政体制改革的理论和实践，对司法行政工作的基本理论和内容进行了较为全面的规整。

　　本教材以基层司法行政工作职业岗位（群）必备的认知基础为主线，紧紧围绕司法权、司法行政和司法行政工作三个基本要素，按照理论服务实践的关系构建学习单元、设计教学进程。本教材共9个学习单元。前3个学习单元侧重于工作主体，按照司法行政和司法行政工作、司法行政机关、法律服务机构的顺序展开；后6个学习单元侧重于工作内容，主要是司法行政工作内容概述，包括法律保障、法制宣传教育与依法治理、法律服务管理与指导、国家司法考试工作和人民陪审员管理工作。本教材各单元设"学习目标""学习任务""问题引入"及"拓展学习""思考问题"或"思考案例"。本教材适用于高职高专法律类相关专业，还适用于司法行政系统新录公务员、新任司法所长和基层司法局长的岗前、任前培训。

　　本教材由主编刘友江拟定编写提纲和编写计划，副主编成建华、徐宏辉等参与了编写体例的商讨、确定，主编刘友江统稿并统一修改、定稿。

本书编写人员撰写分工如下（以撰写学习单元先后为序）：

成建华（河北司法警官职业学院）：学习单元一之一、二、四；

武秀艳（黑龙江司法警官职业学院）：学习单元一之三、五；

徐宏辉（武汉警官职业学院）：学习单元二；

罗　平（武汉市司法局）：学习单元三之一、二，学习单元五之三；

万昌文（武汉市司法局）：学习单元三之三、四、五、六，学习单元七之四、六；

王　勇（河南司法警官职业学院）：学习单元四，学习单元五之一、二；

侯永久（湖北省司法警官训练总队）：学习单元六；

窦立洁（山东司法警官职业学院）：学习单元七之一、二、三、五，学习单元八；

刘友江（武汉警官职业学院）：学习单元九。

本书参考、借鉴了大量的调研文集、学术著作和网络媒体资讯，吸收了部分学者、专家的研究成果，并得到了湖北省监狱管理局丁首频、湖北省劳动教养管理局周志宏等同志的热情帮助，在此致以衷心的感谢。鉴于本书由警官院校与实务部门合作编创，写作风格上不尽一致。同时，限于编写者的理论水平和司法实践经验，书中的疏漏甚至错误在所难免，敬请读者谅解、指正。

编　者

2010 年 6 月

目录CONTENTS

学习单元一 司法行政和司法行政工作

学习目标

1. 了解司法行政权的概念和配置模式；
2. 掌握司法行政的概念、性质、特点及司法行政工作的地位和作用；
3. 明确我国司法行政工作的改革和发展方向。

学习任务

1. 司法行政的概念、性质和特点；
2. 司法行政工作的地位和作用。

 问题导入

国家是一种普遍存在的社会现象，从形式上讲，它是一定范围内的人群所形成的共同体；从实质上讲，它是统治阶级进行阶级统治的政治权力机构。国家作为一定社会的管理者，是通过法律赋予的国家权力对社会进行管理的。为了有效行使国家权力，国家权力必须进行合理分工，一般来说，国家权力分为立法权、行政权和司法权。随着社会的发展，国家权力行使的复合性逐渐显现，在这种背景下，司法行政权应运而生，并因此产生了专门行使司法行政权的司法行政机关。

讨论题：国家权力分工应遵循哪些基本原则？

一、司法行政权

（一）司法行政权的概念

司法行政权是指与司法相关的行政管理权，它是国家权力系统中重要的公共权力之一。

司法行政权作为国家权力，从渊源上讲，它是伴随国家权力的发展，特别是国家司法权发展成熟到一定历史阶段的产物，是随着国家司法权的专业化分工和司法权的独立自治，而从司法权中分离出来的、介于司法权与行政权之间的一种权力。

我们知道，国家权力是指国家机关运用国家机器来实现其意志的社会支配力量。就其性质而言，国家权力是一种政治权力。其所表现的最高形式是国家主权，它是国家权力的"最终权力"，是一切国家权力的渊源。国家权力来自于国家主权通过法律的合法授予。

国家权力按照职能不同，一般分为立法权、行政权和司法权。由于各国的国体、政体不同，国家权力及其组成也各不相同。一般来说，在专制国家，君主或独裁者集中掌握国家权力，并通过其军政官僚机构对国家实行统治与管理。在资本主义民主制国家，国家权力一般划分为立法权、行政权、司法权三个部分，分别由立法机关、行政机关、司法机关行使。资本主义国家奉行"三权分立"原则，立法权、行政权、司法权相互分立，又相互制约与平衡。在社会主义国家，国家权力是由民主选举产生的人民代表机关来行使的。

在国家权力中，立法权是指制定、修改和废止法律的权力，它是国家的基本权力。在社会主义国家，立法权一般由人民代表机关来行使，而在资本主义国家一般由议会来行使。行政权是指执行法律的权力，它是国家的重要权力。行政权一般由政府来行使。司法权是国家权力的重要组成部分。通常来讲，司法权是法院和检察院在进行审判、检察活动中行使的审判权和检察权，它是国家权力系统中具有终局性的权力。立法权、行政权和司法权共同构成了现代国家的国家权力体系。

由于司法权在国家权力系统中具有终局性，因此，司法权独立自治逐渐成为现代国家普遍遵循的原则。随着司法权独立自治的发展，司法机关中人、财、物等的管理权逐步从司法权中分离出来，并由相应的国家行政机关来行使，从而为司法活动的正常有效的运行提供保障，司法行政权由此而产生。与此同时，随着社会法治化程度的加深和司法功能的彰显，出现了越来越多的法律事务，包括个人、企业、社会和政府都面临许多法律事务。司法行政从开始主要为司法机关提供保障，逐渐发展为提供各类法律服务或办理法律事务，从而演变成为点多面广、日趋复杂的司法行政权。由此可知，司法行政权是从司法权中派生出来的行政权。

各国司法行政权的配置因受文化传统、政治体制等具体国情因素的影响而各具特色，但基于权力的分立和制衡这一普适性原理又具有某些趋同性。总体而言，当代各国司法行政权的配置大体有以下几种模式：

1. 以美国为代表的配置模式

美国司法部是该国国家机构体系中最为庞大的重要机构，是国家法律事务总机关，也是最高检察机关和最高执法机关。也就是说，除审判权之外，其他司法权力的组成部分，诸如侦查、检察和司法行政权一律由司法部行使。

2. 以德国和法国为代表的大陆法系国家配置模式

以德国和法国为代表的大陆法系国家的司法部，主要管理法院和检察机关的行政组织、人事调动和活动经费、授勋和颁发国家勋章、感化教育（监狱管理）、制定法律草案、执行判决和大赦等司法行政事务。

3. 以俄罗斯为代表的东欧国家配置模式

以俄罗斯为代表的东欧国家将整个国家司法权力变格划分为侦查、检察、审判和司法行政四项主要职能，分别归属四种不同的国家机关行使。一般而言，侦查权由公安机关和国家安全机关行使，检察权由检察院行使，审判权由法院行使，司法行政机关主管统一的司法行政工作。

4. 以英国为代表的配置模式

以英国为代表的极少数国家没有设立司法部，司法行政权通常由大法官行使，正、副检察长也行使一定的司法行政权。

综上所述，美国模式司法部拥有包括侦查、检察和司法行政在内的三项主要权力；大陆法系模式司法部拥有司法行政和检察权；东欧模式司法部拥有司法行政权。可见，除英国等极少数国家以外，当前世界多数国家均由司法部主管法院的司法行政工作。

综观世界各国司法行政权的现状，我们可以看出，司法行政权作为与司法有关的行政管理权，其权能主要包括两部分内容，一是司法机关的行政管理权，它涉及对司法机关人、财、物的管理，目的在于保障司法机关的正常运转；二是与司法活动有关的行政管理权，它涉及为国家司法活动提供保障和服务，目的在于保障国家司法活动正常开展，并为政府和社会提供法律服务。

目前，我国司法行政权的权能主要属于与司法活动有关的行政管理权，即对监狱、戒毒管理、社区矫正、律师、公证、法律援助、司法鉴定、国家司法考试等方面的事务进行管理。与国外司法行政权相比，我国司法行政权还具有一些特殊的权能，如指导和管理人民调解、指导和组织全民普法教育、在全社会进行法制宣传等。

（二）司法行政权的特点

综观世界各国，司法行政权作为国家权力体系中的重要组成部分，它与国家其他权力相比，一般具有以下特点：

1. 复合性

司法行政权的复合性是指司法行政权是介于司法权和行政权之间的复合性权力。虽然从权力的渊源上讲，司法行政权源于司法权，是司法权发展到一定历史阶段的产物，且其权力范围包含一些司法保障，特别是其中涉及司法执行等部分准司法职能。但是从本质上讲，它仍然属于行政权。

2. 独立性

司法行政权的独立性是指司法行政权是独立于司法权的一种公共权力，它相对独立于司法权体系。所以尽管司法行政权派生并服务于司法权，但司法行政权本质上是一种相对独立的权力类型。

3. 广泛性

司法行政权的广泛性是指司法行政权的权力范围和服务对象较为广泛。它是相对于司法权的专一性而言的。司法行政权的权力范围不仅涵盖了监狱管理、戒毒管理、社区矫正、律师管理、公证管理、司法鉴定管理、法制宣传、基层法律服务等职能，而且其服务对象除了司法机关和政府部门以外，还包括社会层面的广大公民和法人。

4. 执行性

司法行政权的执行性是指司法行政权是一种法律执行权。这主要表现在，它既执行与司法行政有关的一般性法律、法规，也执行法院已生效的具有法律效力的判决和裁定。

5. 服务性

司法行政权的服务性是指司法行政权为司法及司法活动提供服务保障。司法行政权的服务性体现在三个方面：一是为法院的服务，这是由司法行政权与司法权的内在渊源关系引发的准司法属性决定的；二是为政府的服务，这是由司法行政的行政属性决定的；三是为社会的服务，这主要是通过培育、发展和规范各类法律服务事业，满足社会不同层次的法律需求。

6. 管理性

司法行政权的管理性是指司法行政权具有行政事务上传下达、上命下从的管理特点。这主要表现在，司法行政机关依法承担着监狱、强制戒毒、社区矫正、律师、公证、法律援助、人民调解、基层法律服务、国家司法考试、普法宣传、司法鉴定等司法行政事务的管理职能。

7. 社会性

司法行政权的社会性是指司法行政权的权力对象很多都是直接面向社会、面向群众的。司法行政机关的法律援助、人民调解、法制宣传和律师、公证、基层法律服务等职能，都涉及社会服务、社会管理和社会建设等诸多方面。这是司法行政权与司法权相比一个显著的特点。

8. 政策性

司法行政权的政策性是指司法行政权的行使受国家政策影响较大。司法行政机关不仅依据国家的法律、法规管理司法行政事务，更多的是通过制定政策和执行政策来管理纷繁复杂的各类司法行政事务。如行政立法政策、法律服务监管政策、刑罚执行政策、司法人事政策和司法财政政策等。因此，司法行政权具有浓厚的政策性。

（三）司法行政权的种类

司法行政权的性质和特点决定了司法行政权的种类较为繁杂。一般司法行政权的种类主要包括以下权力：

1. 行政立法权

从理论上讲，司法行政权不应包含立法权力。但是自 20 世纪以来，伴随世界各国行政管理事务日益纷繁复杂，各国行政权力逐渐膨胀，出现了所谓"行政国家"现象。各国为了提高行政管理效能，往往将议会的立法权限以委托或授权的方式赋予行政机关，行政机关已不再是消极、被动地执行法律和依法行政，而是主动地制定行政法规，积极地介入和干预社会生活，以提高行政效率应对纷繁复杂的行政管理事务。因此，司法行政机关往往承担着主要的或部分的行政立法工作。

2. 政府法律事务管理权

司法行政机关作为政府的法制部门，除了负责行政立法工作外，还往往承担政府法律事务管理职能，担当政府的法律顾问，为政府提供法律意见，解答法律咨询等一系列法律事务。

3. 司法人事管理权

法官、检察官、律师等司法人员的选任和管理职权需要由专门机关进行规范化管理，这是司法职业共同体的内在要求。从世界各国的通行做法来看，多数国家是由司法行政机关全面负责法官、检察官、律师等司法人员的选任和管理工作的。由司法行政机关专门负责行使司法人事管理权，既有利于法院专司审判职能，减少法院审判职能受行政事务的困扰，也有利于统一司法职业的标准，实现司法人员管理的职业化和标准化，还有利于体现行政权对司法权的制约，防止出现司法的垄断和专横。

4. 司法财政及设施装备管理权

司法活动需要国家的财政投入和设施装备的配备。国家对司法的财政投入和设施装备，通常是由司法行政机关具体负责管理的，从这个意义上讲，司法行政机关是司法工作的"财政部、后勤部和装备部"。

5. 司法考试、司法职业培训的组织管理权

司法类职业具有极强的专业性，统一的司法考试和司法职业培训是司法职业共同体的内在要求。司法考试和司法职业培训的组织管理权通常是由司法行政机关统一行使的。

6. 法律服务行业的指导和监督管理权

世界各国的律师、公证等法律服务行业大多实行行业自治，但是行业自治并非放任自流，依然需要司法行政机关代表政府予以指导和监管。事实上，世界各国的司法行政机关大多承担对律师行业的监管职责，如对律师执业机构的资格审查、认定和监管，对律师执业资格和执业活动的监管等。另外，对公证机构和公证员以及其他法律服务行业人员的执业、培训、监督、管理等，也往往由司法行政机关负责指导和监管。

7. 司法裁判的强制执行权

司法行政权的执行性主要体现在负责司法裁判的强制执行。在多数国家，刑事裁判的强制执行权通常由隶属于司法行政机关的监狱及矫正机构负责行使。不少国家的司法行政机关还承担民事裁判的强制执行。

8. 法律援助、法制宣传等事务管理权

法律援助、法制宣传等事务管理权彰显了司法行政权的社会公益色彩，一般这类权力都是由司法行政机关负责行使的。

9. 司法协助事务管理权

世界各国司法协助事务通常是由司法行政机关负责行使的。另外，执行移民法、犯人引渡及国际侦查协助等也往往由司法行政机关负责行使。

我国司法行政权的种类与一般意义上司法行政权的种类有所不同。我国司法行政权具体可以划分为以下若干种类：刑事执行权、劳动教养管理权、律师和公证工作的指导和监管权、刑释和解教人员的帮教安置权、人民调解工作的指导和管理权、法制宣传教育的管理权、法律援助的实施和管理权、国家司法考试的组织和实施管理权、仲裁登记管理权、司法鉴定管理权、政府法律事务的指导和管理权、国际司法协助权。

二、司法行政

(一) 司法行政的概念

司法行政是指与司法有关的行政管理事务，这是由司法行政权的性质所决定的。由于世界各国司法行政权的范围不同，司法行政的概念也不相同，一般来讲，司法行政的概念有广义和狭义之分。

广义上的司法行政是指与司法有关的行政管理事务。这种行政管理事务主要包括两个方面：一方面是司法机关的行政管理事务，它涉及司法机关的人、财、物的管理；另一方面是与司法活动有关的行政管理事务，它涉及为司法活动提供保障和服务。

狭义上的司法行政仅指与司法活动有关的行政管理事务。即它仅涉及为司法活动提供保障和服务的行政管理事务，而不涉及司法机关的人、财、物管理的行政管理事务。

目前，我国的司法行政是狭义上的司法行政，即与司法活动有关的行政管理事务。具体来说，它仅涉及为司法活动提供保障和服务的行政管理事务。

(二) 司法行政的性质

在我国，司法行政事务的管理机关是司法行政机关，作为司法部门的司法行政机关，既是政府的执法机关，又是为政府和社会提供法律服务的职能部门。

1. 司法行政的性质是由司法行政的职能所决定的

司法行政的法律保障和法律服务职能，在为巩固国家的长治久安服务，为社会主义民主与法治建设服务，为社会主义经济建设和改革开放服务，为方便人民群众和维护公民合法权益服务中发挥着独特的作用。比如，司法行政机关运用监狱、劳教（戒毒管理）、社区矫正、人民调解、法制宣传等多种职能，打击和震慑违法犯罪，改造和教育罪犯及劳教（戒毒）人员，预防和调处民间纠纷，避免和减少违法犯罪，对维护社会稳定，营造社会主义市场经济适宜的社会环境，具有明显的保障和服务作用。再如，律师和基层法律服务工作者通过担任法律顾问、参与经济谈判、审查经济合同，严格把好法律关，使企事业法人免受经济损失；通过诉讼代理和非诉讼代理活动，维护当事人的合法权益；律师还通过参与刑事辩护，使案件得到公正裁判，确保法律的尊严；公证机关通过办理各种公证事务，证明公证事项的真实性和合法性，保护公民的人身、财产和其他权利，维护正常的社会、经济和生活秩序，预防和制止非法行为。另外，根据《仲裁法》的规定，司法行政机关承担着仲裁机构的登记管理职责，从而适应了新形势下仲裁工作健康发展的需要。仲裁是通过仲裁机构以公断的形式，和平解决争议的一种重要方法，虽然它是不具有官方性质的民间行为，但其又有"准司法"之称，对解决纠纷和争议、形成良好的社会、经济秩序，是极为有利和不可缺少的。以上这些，都具体体现了司法行政的法律保障和法律服务的作用。

2. 司法行政的性质也是由我国的司法制度所决定的

在我国，司法是指司法机关及司法组织在办理诉讼案件和非诉讼案件过程中的执法活动。这里的司法机关是指负责侦查、检察、审判、刑罚执行的公安（含国家安全）机关、检察院、法院和监狱。这里的司法组织是指律师、公证、仲裁组织，它们虽然不是司法机关，但却是司法系统中必不可少的链条和环节，它们是通过司法分化而产生出来的司法方面的组织。由此不难看出，司法制度是司法机关及其他的司法性组织的性质、任务、组织体系、组织活动的原则以及工作制度的总称，它包括审判、检察、侦查、监狱、律师、公证、仲裁等制度。这些制度对保障我国政治、经济、文化以及社会生活乃至整个国家机器的正常运转具有至关重要的作用。除以上司法行政所属的监狱、戒毒管理、社区矫正和律师、公证、人民调解、仲裁等工作具有司法性之外，司法鉴定、基层法律服务也与司法制度密切相关，可以说，司法行政的各项工作都负有法律保障和法律服务的重要职责。与其他司法机关一样，司法行政机关也担负着打击敌人、保护人民、惩治犯罪、服务社会的重任。

（三）司法行政的特点

司法行政作为与司法有关的行政管理事务，它与其他行政管理事务相比，具有以下特点：

1. 从工作内容来看，司法行政具有综合性

新中国成立以来，虽然我国司法行政的工作领域几经调整，但其工作内容始终非常庞杂。即使就当前司法行政的状态来看，其工作内容也有十几项之多，而且司法行政不仅工作内容繁多，且各项工作之间并无直接相关性，很难说哪项工作是全部工作的中心。可以这样说，司法行政集合了诸多的、彼此关联并不十分紧密的工作，从最能体现行政权力和法律强制性的监狱管理和劳动教养工作，到主要依靠公民自愿和社会努力才能奏效的普法宣传，跨度很大。这种工作之间的较大不同，充分体现了司法行政的综合性。与此对应，不同领域和不同的工作，需要不同的工作方式。所以，司法行政的工作手段也具有综合性，对于监狱管理和劳动教养工作，主要是依法运用行政权力实施教育和改造，对于拒绝教育和改造者可以依法予以强制。但对于普法宣传，因为涉及的是对公民思想意识形态和观念的教育和改造，则只能坚持不懈地进行宣传、影响和引导，而不能采取任何强制措施。

2. 从价值功能来看，司法行政具有基础性

胡锦涛曾指出："社会稳定，是构建社会主义和谐社会的内在要求和质量保证。没有社会稳定，和谐社会就无从谈起。"因而，稳定是和谐的基础，稳定工作对和谐社会的构建具有重要的基础性作用。司法行政通过监狱和劳动教养场所，将少数危害和影响社会秩序的人员集中收治，减少了对社会稳定的压力，并通过强制性教育和改造，将大批罪犯改造为普通公民，使之重新回归社会；对一般违法和轻微犯罪人员予以挽救，预防和减少犯罪，从而保障了社会稳定的基础。此外，社会生活总是具有层级性的，既有政府及各种社会组织的活动构成的社会生活的宏观层面，又有广大社会成员的个体性微观活动构成的社会生活的基础层面。社会的安定和秩序化不仅有赖于宏观层面的和谐运行，更有赖于基础层面的和谐稳定。基础不稳，则整个社会生活都将失去稳定的依托，因而中央一再强调，做好基层基础工作是构建和谐社会的重要内容。司法行政通过遍及全国城乡的基层法律工作，及时发现并疏导、化解社会成员之间的矛盾和纠纷，减少社会基础层面的矛盾积累，在动态的问题解决过程中，实现了社会基础层面的稳定，从而为法律主治下的社会稳定打下了良好的社会基础。

3. 从工作主体来看，司法行政具有社会性

司法行政的工作内容非常宽泛，大致可分为三大类：第一类工作以监狱、

劳教（戒毒管理）、社区矫正为主，这部分工作的对象是特定而具体的，也即服刑罪犯和违法人员，而且工作者是监所干警。司法行政的第二类、第三类工作具有广泛的社会性，它的工作直接面向社会，面向广大的人民群众。具体来说，司法行政的第二类工作，包括律师、公证、法律援助、司法鉴定、国家司法考试、基层法律服务等工作，它的工作对象不再是具体的某个人或某些人，而是社会成员中不特定的一批人，只要他们需要法律服务，就成为司法行政的工作对象，而且它的工作者是具有一定资格和能力的专业人员。司法行政的第三类工作以普法和法律宣传为工作重点，这部分工作对象是全体社会成员，其工作的实施由司法行政机关组织全社会的力量来进行，因而它的社会性更加明显。

4. 从实际效果来看，司法行政具有长效性

司法行政的长效性主要表现在两个方面：一是司法行政需要较长的一段时间，其实际效果才能显现出来；二是司法行政一旦取得成效，则在较长的时期内都能稳定地发挥作用，显现实际效果。比如，对罪犯的改造就不是短期内能够见效的，改造一个罪犯，少则几年，多则十几年，才能真正改造好；基层工作也是这样，它直接贴近百姓生活，着眼于矛盾纠纷的预防和排查，坚持抓早、抓小、抓苗头，把矛盾纠纷努力解决在萌芽阶段，因而基层工作也不可能在短期内取得明显的效果。但是经过多年的努力，以人民调解和基层法律服务为主的基层工作，在农村征地、城镇拆迁、企业改制、工程建设等各项活动中都发挥了很大的作用。广大基层司法行政工作人员积极调处各类矛盾和纠纷，化解社会矛盾，保障社会基本稳定的作用和效果也已经日益显现出来。再比如，普法宣传的长效性更为典型。普法宣传开始于1986年，在当时并未产生立竿见影的实际效果，但是经过30年来坚持不懈地努力，全民普法宣传和法制教育取得了巨大的成效，从领导干部到普通公民，从国家工作人员到企业经营者，全体公民的法治观念和法律意识都有了大幅度提高，有力地促进了国家的法治建设。而全社会法律素质的提高和法治观念的养成，又会长期发挥作用，积极推动国家民主法治建设不断前进。

5. 从政治伦理来看，司法行政具有社会关怀性

在现代文明社会，其社会成员不仅需要从社会获得物质上的保障，也需要从社会获得精神上的帮助和关怀。政府是实施社会关怀的主导力量，在我国，司法行政承担了法治领域内实施社会关怀的重要职责。依据宪法和法律，公民

应该平等地享有各种权利，但是由于生活环境、教育程度和自身所具备法律知识多寡的不同，特别是社会财富拥有上的差异，实际上造成了公民在权利实现的程度上的不平等，形成了权利实现上的差异。法律援助制度的建立，使那些因经济困难而无力支付各项诉讼费用和法律服务费用的公民，无偿获得了由国家提供的法律帮助，使他们能够同其他社会成员一起平等地进入司法程序，平等地行使诉讼权利，消除了法律主体在社会、经济地位上的差距，真正实现了"法律面前人人平等"的原则，完成了公民权利从形式上的平等到实质上的平等的飞跃。同时，社会关怀也给予了认罪服法的违法犯罪者。长期以来，帮教安置工作积极为刑释解教人员回归社会后的工作和生活提供帮助，帮助他们通过劳动自食其力，帮助他们树立重新做人的信心。另外，正在试点中的社区矫正工作，也进一步彰显了司法行政的社会关怀性。所谓社区矫正，实质上就是将判处轻刑的罪犯、监外执行的罪犯和即将刑释的罪犯放在社区，由专门的基层司法行政机关，在规定的期限内，矫正其犯罪意识和行为恶习，并促使其顺利回归社会的非监禁刑罚执行活动。社区矫正不仅是刑罚执行和罪犯改造方法上的一种改变，也充分体现了法治社会的人文关怀。

三、司法行政工作

（一）司法行政工作的地位

在我国，司法行政机关及其所属机构，既承担着刑罚执行和强制性行政处罚的执行职能，又承担着对律师、公证和人民调解等组织的管理职能，还承担着社区矫正、帮教安置、普法宣传等社会职能。其角色的多重性在诸多的政府组成部门中是不多见的。这就决定了司法行政工作在维护社会稳定、促进民主法治建设、关乎国计民生的进程中具有举足轻重的地位。

1. 司法行政工作在构建社会主义和谐社会中的地位

司法行政工作在构建和谐社会中的重要地位与作用凸显，司法行政的每项工作职能都与构建和谐社会息息相关。做好司法行政工作，既是为构建和谐社会增添一份重要的保障力量，也是为构建和谐社会增添一份重要的建设力量。

在构建社会主义和谐社会的总体布局中，充分发挥司法行政工作的职能作用，为构建社会主义和谐社会提供保障和服务，是当前司法行政机关的重大历史使命。从司法行政的性质看，司法行政机关既是在党的领导下通过司法手段管理国家和社会事务的重要力量，又是政府管理司法行政事务的组成部分。所以，司法行政机关所要服务的就是维护稳定、构建和谐社会这一大局。从司法行政的职能看，司法行政机关是维护社会稳定、构建和谐社会的直接参与者。目前，司法行政职能有法律保障和法律服务等职能。这些职能的履行，都直接有助于社会的和谐稳定。

在构建和谐社会的进程中，司法行政工作的实践进一步表明：人民调解和帮教安置工作是和谐社会稳定的根本，法制宣传与依法治理工作是和谐社会法治环境的基础，法律援助工作是和谐社会人人平等的基本，法律服务是和谐社会有力的保障。司法行政部门，担负着人民调解、帮教安置、社区矫正、法律服务和基层普法等工作，在推行民主法治、维护公平正义，化解矛盾纠纷，实现社会和谐过程中，具有不可替代的地位。

当然，目前我国社会总体上是和谐稳定的，但影响和谐稳定的因素依然存在。维护社会和谐稳定，必须彰显法治权威，使全体公民自觉遵守法律秩序，依法行使职权，依法化解纠纷，最大限度地消除不和谐因素。

例如，法律援助在维护社会稳定和构建和谐社会中发挥着"调节器"和"减压阀"的作用，是维护弱势群体和困难群众合法权益的有效法律手段，体现了司法行政机关以人为本的工作原则和扶助弱势群体的工作精神。开展法律援助工作，对促进司法公正，维护弱势群体的合法权益，加强党和政府与人民群众的联系，维护社会稳定具有重要意义。

综上所述，司法行政工作为维护社会和谐，在法制宣传、法律服务、教育改造、教学科研、干警培训以及基础设施等方面的协作，实现了司法行政各单位之间的优势互补、互利共赢。司法行政工作已成为构建社会主义和谐社会的保障者、建设者。

2. 司法行政工作在促进民主法治建设中的地位

司法行政机关是重要的法治工作部门，各项业务工作都是重要的法治工作，是构建民主法治体系的基础性工作。在不断健全的社会主义民主法治建设中，普法教育是民主法治建设的重要基础性工作，普法工作要以社会基层为着力点，以薄弱环节为突破口，广泛调动社会资源和力量，深入开展普法教育。

在推进民主法治建设过程中，到处都能看到基层司法行政机关勤政务实的"身影"，具体表现在：

（1）扎实推进"法律六进"活动。大力推进法律"进机关、进乡村、进社区、进学校、进企业、进单位"，深入开展"学法律、讲权利、讲义务、讲责任"活动，提高普法教育的覆盖面和渗透力。努力使"法律六进"活动成为弘扬法治理念、惠及人民群众的"民心工程"。

（2）开展立体宣传格局，不断创新普法教育的载体和形式。加强宣传工作，进一步扩大司法行政宣传的覆盖面、增强宣传效果，努力形成司法行政机关与新闻媒体互动、领导机关和基层单位联动、省市县各级各类媒体普遍推进的立体宣传格局，做到宣传频率经常化、宣传手段阵地化、宣传形式多样化，多出高端产品，不断提升宣传品位。

（3）坚持法制教育与道德教育相结合。坚持普法教育与法治理论研究相结合，积极推进法治文化建设。深入开展社会主义荣辱观教育，推进全社会形成"知荣辱、守法纪、促和谐"的新风尚。

（4）健全完善普法领导体制和工作机制。研究制定具体措施，全面推进地方和行业依法治理，深化农村、社区、企业、学校等基层依法治理和各类专项依法治理，深入推进"民主法治村"创建活动，推进全社会法治化管理水平不断提高。及时调整完善各级普法依法治理领导机构，督促各行业、各部门建立健全普法教育制度，实现普法教育的制度化、规范化。

在促进民主法治建设中，司法行政机关的工作手段与工作任务相匹配、权力与责任相一致。地方司法行政机关在实践中不断积累总结工作经验，积极推动地方立法工作，完善司法行政地方性法规规章体系，为民主法治化的推进充当积极踊跃的排头兵和宣传兵。

3. 司法行政工作在改善民生中的地位

民生问题就是最广大人民群众的根本利益问题。司法行政工作承担的法制宣传、人民调解、法律服务、法律援助、社区矫正、帮教安置等各项职能无不与关注民生的基础要求相适应。在具体的司法行政工作中，司法行政机关把一心为民、突出解决民生问题作为司法行政工作的灵魂，切实解决好为民服务的问题，把坚持权为民所用、情为民所系、利为民所谋作为司法行政机关工作的宗旨与目标。

特别是担负司法行政基层工作的司法所，是县（区）司法行政基层工作的延伸，负责具体的法制宣传、人民调解、帮教安置、社会治安等工作，是联系群众的一个重要窗口和纽带。它与公安派出所、基层人民法庭共同构成了我国乡镇一级的政法体系，在维护广大民众的根本利益，改善国计民生，促进经

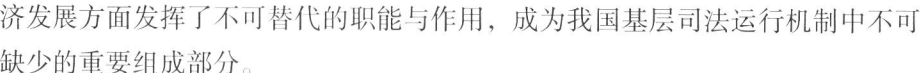

济发展方面发挥了不可替代的职能与作用，成为我国基层司法运行机制中不可缺少的重要组成部分。

可见，司法行政机关始终把关注与改善民生、维护社会稳定作为工作的出发点与落脚点。

（二）司法行政工作的作用

司法行政机关是政法机关的重要组成部分，主要承担着刑罚执行、监管改造和戒毒管理，指导和管理人民调解、法制宣传、律师公证、社区矫正、帮教安置、法律援助、司法鉴定、国家司法考试等多方面的职能，其业务范围涵盖了法律宣传、法律服务、法律保障三大方面。司法行政工作既是政法工作的重要组成部分，又是政府工作的有机组成部分，是党和政府联系人民群众的法律纽带。具体讲，司法行政工作具有以下重要作用：

1. 司法行政工作在推进实施依法治国基本方略中的重要作用

政府组织主导，自上而下开展普法工作，主动把法律交给亿万人民，这是人类法治史上的创举，而承担组织实施普法日常工作的就是各级司法行政机关。这是我国司法行政机关与国外相比的一项独特职能，也是一大特色。从1986年开始，在各级司法行政机关的直接组织指导下，我国已经持续不断地成功实施了六个"五年普法规划"，取得了举世瞩目的巨大成就，在数以亿计的公民中普及了法律知识，传播了法治精神，使全民法律素质大大提高，为贯彻落实依法治国基本方略、建设社会主义法治国家奠定了深刻的社会心理基础。随着普法教育的进一步加强，依法治理工作将在更宏大的背景、更广阔的空间、更强的力度下深入推进，司法行政工作特别是普法教育工作在国家法治建设中的基础地位和先导作用，将得到更加充分的体现。

2. 司法行政工作在维护司法公正、促进社会公平正义中的重要作用

公平正义是现代社会的重要价值。我国司法行政机关负责的监督管理刑罚执行、罪犯改造和社区矫正工作，在刑事司法权的侦查、起诉、审判、执行四项权能中属于执行权能，是刑事司法的重要和最后环节。司法行政机关履行刑罚执行职能，体现了刑事司法权配置中的分工负责、互相配合、互相制约原则，体现了权力监督与制约的法治精神，对于防止刑事司法权的滥用和专横，具有重要作用。目前，我国共有监狱 681 所，在押罪犯 164 万多人，监禁率约为 1.2‰，司法公正在刑罚执行环节得到了切实体现。同时，司法行政机关指导管理的律师、法律援助、司法鉴定工作，是刑事诉讼活动不可或缺的重要内

容，对于维护被告人、犯罪嫌疑人和刑事被害人的合法权益，维护司法公正具有重要意义，特别是律师的刑事辩护权，是一种独立于刑事被告人权利的律师专属权利，在刑事诉讼活动中起着平衡和制约审判、检察权的作用。可以说，没有上述法律服务工作，刑事诉讼活动就不可能顺利进行，也不可能达到公正的彼岸。

3. 司法行政工作在服务经济发展、服务人民群众中的重要作用

市场经济建立法律的基础之上，对法治有着必然的要求，从某种意义上说"市场经济就是法治经济"。在发展社会主义市场经济中，司法行政工作具有重要作用。在今天，律师、公证法律服务与市场经济活动已经密不可分，从政府宏观调控到市场监管，从企业设立到公司上市，从合同订立到履行，从企业兼并到公司破产、重组，无论是宏观经济政策还是微观经济活动层面，离开了律师、公证的专业法律帮助，都已经无法想象。与此同时，随着公民个体经济、社会权利的日益彰显，当今社会人们的民事交往日益频繁，无论是从事市场交易行为，还是办理婚姻、继承、就业、就学、出国（境）等民生事项，都离不开律师、公证法律服务。目前，我国律师事务所已经发展到两万多家，执业律师 25 万多人，为 2 万多个政府机关、45 万多家企业事业单位担任法律顾问，2013 年办理诉讼、非诉讼法律事务 353 万多件，法律援助案件 36 万多件；公证机构 3000 多家，公证员逾 2 万人，2013 年办理公证事项 1258 万多件，其中，国内公证 895 万件，涉外公证 343 万件，涉港澳台公证 19 万件。近年来，各级司法行政机关紧紧围绕党和国家工作大局，立足职能，有效整合法律服务资源，大力推进政府法律顾问和企业法律顾问工作，广泛组织开展专项法律服务活动，深入开展"法律援助便民服务"主题活动，使司法行政职能优势得到充分发挥，为促进经济社会发展、保障和改善民生作出了重要贡献。

4. 司法行政工作在加强社会管理、维护社会稳定中的重要作用

加强和创新社会管理是新形势下中央作出的重大决策，是维护社会和谐稳定和长治久安的战略性举措。司法行政工作在维护社会和谐稳定方面发挥着十分重要的作用。一是在监狱管理方面。近年来，我国监狱场所安全稳定工作连续创历史最好水平，监狱场所的安全稳定，对于增强人民群众安全感具有特殊重要的意义。同时，全国监狱系统把刑满释放人员重新违法犯罪率作为衡量监管工作的首要标准，大力加强罪犯教育改造工作，教育改造质量明显提高。二是在特殊人群教育管理方面。特殊人群教育管理是新形势下社会管理的重点和

难点，社区矫正和安置帮教工作，是加强特殊人群教育管理的重要组成部分。自 2003 年开展社区矫正试点、2009 年在全国全面试行以来，全国各地累计接收社区服刑人员近 184.7 万人，累计解除矫正 113.8 万人，社区服刑人员再犯罪率一直处在 0.2% 的较低水平，收到了良好的法律效果和社会效果。对刑释解教人员进行安置帮教，是旨在帮助他们顺利回归社会、防止重新违法犯罪的一项重要工作。近年来，各级司法行政机关积极协调有关部门，动员社会力量，认真做好刑满释放人员衔接、服务管理、教育帮扶工作，积极促进他们顺利融入社会，在预防和减少重新违法犯罪方面收效明显。三是在社会矛盾纠纷预防化解方面。人民调解工作，是非诉讼、非对抗方式化解矛盾纠纷的有效途径。近年来，各级司法行政机关大力加强矛盾纠纷排查化解工作，广泛组织开展人民调解化解矛盾纠纷专项活动，大力加强专业性、行业性人民调解组织建设，在做好传统的婚姻、家庭、邻里等常见性民间纠纷调解的同时，积极开展劳动人事、医疗卫生、道路交通事故、物业管理等领域矛盾纠纷的调解，仅 2010 年就化解各类矛盾纠纷 700 多万件，调解成功率达 96%。如此庞大数量的矛盾纠纷被及时化解在基层，对于促进社会和谐稳定无疑是一个巨大的贡献。

5. 司法行政工作在政法人才队伍建设中的重要作用

从 2001 年开始，司法行政机关承担起了组织实施国家司法考试的职责。根据有关法律规定，凡担任初任法官、初任检察官和律师、公证员的，必须通过国家司法考试。由此可见，国家司法考试是法律职业的"门槛"。国家司法考试不仅把大批政治上过硬、法律专业精通的法律人才选拔到法律职业人才的储备库，同时，还通过考试大纲的制订、考卷考题以及考试方式的设计，对政法院校法学教育产生了潜在的影响，使法学教育朝着培养国家政法机关和法治建设所需要的专业人才的方向发展，形成符合政法队伍建设要求的高校人才教育培养机制。国家司法考试是政法队伍建设和国家法律人才建设的基础工程。

6. 司法行政机关在对外司法交流合作中的重要作用

随着我国对外开放的不断扩大和深化，我国政府、企业和民间对外联系和交往日益频繁。在这种对外交流中，司法和法律领域的交往与合作占有重要分量，无论是国家间双边或多边条约的签订，还是不同国家或地区间企业和公民个人的交往，大多涉及法律层面。特别为保障不同法域之间民事司法活动的顺利进行，以及打击日益猖獗的跨国犯罪的需要，司法协助越来越成为对外法律合作的重要形式。根据国际惯例和对外法律交流的需要，我国司法部行使司法协助中央机关职能，在实施我国互利共赢的对外开放战略中发挥了重要作用。据统计，目前我国已与 60 多个国家签订了民事司法协助条约，与 20 多个国家签订了引渡条约，每年办理司法协助案件达 3000 多件，并在追缉外逃罪犯、追缴外溢赃款方面取得了重大成绩。

四、我国司法行政工作的历程与成就

（一）我国司法行政工作的历程

新中国成立以来，我国的司法行政工作经历了一个起伏曲折的发展过程。按照历史的发展进程，大致可以分为四个时期：

1. 初创时期

新中国的司法行政工作是在总结和提炼革命时期根据地司法制度的做法和经验、彻底打碎旧的国家机器的基础上建立起来的。1949 年 9 月 29 日根据《中国人民政治协商会议共同纲领》第 17 条 "废除国民党反动政府一切压迫人民的法律、法令……建立人民司法制度" 的规定和《中央人民政府组织法》，中央人民政府和地方各大行政区设立了司法行政机关。大行政区撤销后，又陆续建立了省、自治区、直辖市司法厅（局）、地区、市一级设有专管司法行政工作的机构。司法行政机关的主要职责是：主管司法机关主要是法院的司法行政事务，如机构设置、人员编制、干部任免和财务管理等；主管律师、公证等事务；主管司法干部的教育培训；主管狱政工作；主管法制宣传工作。1950 年 11 月 3 日根据政务院的指示，对司法行政机关的职责进行了调整，将狱政管理工作划归公安机关。1954 年 9 月随着我国第一部《宪法》的颁布，国务院和地方各级政府都设立了司法行政机关，司法行政工作体系初步建成。

2. 停滞时期

从 1957 年开始，由于受 "左" 倾思想、法律虚无主义和封建人治传统等因素的影响，错误地批判了宪法和法律规定的基本司法原则和制度，如公民法律面前一律平等原则、律师制度和公证制度等，国家司法制度遭受严重破坏。1959 年司法行政机关被撤销。社会主义法治建设进程遭受严重挫折。

3. 恢复时期

1978 年召开的党的十一届三中全会，提出了 "加强社会主义民主，健全

社会主义法制"的战略方针，拉开了社会主义法治建设的序幕，也开启了中国特色社会主义司法行政制度发展的新篇章。我国司法行政工作迅速走上了恢复和发展之路。1979 年 9 月 13 日根据第五届全国人大常委会第十一次会议的决定，恢复重建了司法部。同年 10 月中共中央和国务院发布了《关于迅速建立地方司法行政机构的通知》，1980 年 7 月国务院批准司法部报告，决定在各省属市、地区设司法局（处），各县设司法局（科）。接着自上而下地建立了各级司法行政机关，在区、乡基层也设置了司法助理员。重建后的司法部是主管全国司法行政工作的机关。法院的组织机构的设置、人事管理、干部培训、司法财务等，都属于司法行政工作的组成部分，归司法行政机关统一管理。司法行政机关的任务基本上沿袭过去的做法，例如管理法院的机构设置、人员编制、物资装备和司法统计；组织管理公证、律师工作；组织开展法律宣传工作和法学教育活动；研究、整理和编纂法规，协同科学研究单位开展法律科学研究；领导人民调解委员会和基层政权司法助理员的工作；开展司法外事活动，发展国际友好往来，交流法学知识和司法经验等。1982 年《宪法》明确规定，国务院"领导和管理民政、公安、司法行政和监察等工作"，从而确立了司法行政机关的宪法地位。1982 年 6 月经中共中央和国务院批准，司法行政工作的职责进行了大幅度的调整。司法部将所主管的法院司法行政工作，包括机构设置、人员编制、财务装备和司法统计等移交给最高人民法院主管，各地司法厅、局也将当地各级人民法院的司法行政工作移交人民法院自己管理。这个变化，是我国司法行政工作有史以来的一个重大变化，具有深远影响。从此，司法行政工作真正与司法审判脱钩。1983 年根据中共中央和国务院决定，监狱和劳教工作由公安机关移交司法行政机关，司法行政机关新增加了监狱管理和劳教管理两项职责。至此，司法行政工作恢复重建基本定型。

4. 发展时期

20 世纪 90 年代后，随着社会主义市场经济的确立和发展，市场经济的运行主要依靠法律来保障，它对我国司法体制提出了更高的要求。在这样的背景下，中央对司法行政工作的职权范围和任务又进行了调整，司法行政机关的职责又相继增加。1992 年为加强社会治安综合治理，中央规定刑满释放和劳教解教人员的过渡性安置帮教工作由司法行政机关主管。1994 年随着《仲裁法》的颁布实施，司法行政机关依法承担了仲裁登记管理职责。1996 年司法行政机关被赋予监督和管理法律援助职能。2001 年又增加了组织实施国家统一司法考试职能。2005年又被赋予统一管理司法鉴定职能。2008年国务院批准了司法部"三定方案"，新增了"指导、监督司法行政系统戒毒场所的管理工作""指导管理社区矫正工作""指导仲裁机构登记管理工作"等三项职能，增设了法律援助工作司，劳动教养管理局加挂"戒毒管理局"牌子。2013年中央通过了《关于全面深化改革若干重大问题的决定》，彻底废除了劳动教养制度。

经过历次机构改革的调整充实，司法行政职能配置形成今天的格局，中国特色司法行政工作进一步完善，司法行政工作开始向现代化的方向迈进。

新中国成立以来，特别是改革开放三十多年来的建设和发展，我国司法行政机构系统已经形成，司法行政机关的职责也基本稳定。目前，我国司法行政工作主要有以下若干部分所组成：监狱管理、戒毒管理、社区矫正、安置帮教、法制宣传、律师管理、公证管理、人民调解、基层法律服务、法律援助、司法鉴定、法学教育与研究、司法协助和司法外事活动等。

（二）我国司法行政工作的成就

纵观我国司法行政工作的发展历程，各级司法行政机关做了大量工作，为社会主义法治建设作出了重要贡献，其工作成就主要有以下几个方面：

1. 有效实施了监狱管理，管理水平大幅度提升

自从监狱工作划归司法行政以来，经过二十多年的发展，监狱工作取得了卓越的成就。这主要表现在：一是加快了监狱法治建设，制定了一系列有关监狱管理工作的法律法规，健全了监狱管理的法律保障机制。1994年颁布的《监狱法》将监狱明确定位为"国家的刑罚执行机关"，并首次以法律的形式规范了刑罚的执行活动，在我国监狱法治建设中具有划时代的意义。《监狱法》实施后，司法部及有关部门为促进监狱法治建设，相继出台了一系列相关的规章制度，内容涉及刑罚执行、狱政管理、生活卫生管理、罪犯教育和劳动管理，以及监狱人民警察队伍建设等各有关方面，这些都为推动《监狱法》的贯彻实施起到了十分重要的作用。二是加强监狱人民警察队伍建设，提升队伍素质和执法能力。二十多年来，各地监狱为加强监狱人民警察队伍建设做了大量工作，包括领导班子的组织建设、警察队伍的思想教育、业务培训、能力锻炼、监督考核等各个方面，全面提升了监狱人民警察的整体素质和执法水平，一支政治合格、业务精通、纪律严明、作风过硬的高素质的监狱人民警察队伍已经形成。三是监狱管理体制不断深化，监狱管理的科学化、社会化取得

非凡成就。经过二十多年的不断努力，实现了监狱布局合理，关押总量满足需要，建设水平有了很大提高，全国监狱基本形成科学合理的监狱布局框架。积极开展了监狱体制改革工作，"全额保障、监企分开、收支分开、规范运行"的监狱体制改革目标基本实现，从体制上、制度上保证了监狱刑罚执行功能的充分体现。四是监狱工作科学化水平不断提升。充分吸收运用了现代科技成果和科学的教育改造方法，提高了监狱工作整体水平和效果。改革并完善了监狱工作体制和运行机制，科学整合管理、教育、劳动三大基本改造手段，在探索罪犯改造工作上不断取得进展。合理配置了监狱的人力、物力和财力等各种资源，大力提高了监狱人民警察的科学文化素养和狱政设施及装备的现代化程度。

2. 有效开展劳动教养工作，并取得了非凡的成就

新中国成立以来，劳动教养的对象发生了根本性的变化，由劳动教养工作创建初期的旧社会遗留下来的历史反革命、社会渣滓变为违法犯罪的失足青少年。劳动教养工作切实承担起了收容管理和教育改造的重担，首先通过行政的强制手段，将社会上濒临违法犯罪边缘的失足青少年收容管理起来，防止他们继续违法犯罪，危害社会。同时卓有成效地进行了强制性的教育改造工作，认真细致地做好思想转化工作，清除他们头脑中的违法犯罪思想，转变他们的世界观，从而达到预防犯罪、减少犯罪的根本目的。劳动教养工作在长期的实践工作中，遵循党的方针政策，成功地教育和改造了大批有各类罪错的劳教人员，教育和改造工作逐年得到加强。

3. 不断推动人民调解工作的改革和发展，筑牢维护社会稳定的基础防线

人民调解作为广大基层群众预防和化解民间矛盾纠纷的有效形式，是中国特色社会主义司法制度的重要组成部分。新中国成立以来，在党和国家高度重视和关怀下，人民调解取得了令人瞩目的发展成就。目前，我国已建立人民调解委员会84万多个。其中村（居）调解委员会68万多个，基本覆盖了全部村民（居民）委员会；乡镇、街道调解委员会4万多个，占全国乡镇、街道建制数的99%；消费者协会、残疾人联合会、集贸市场、经济开发区、物业管理小区、房地产开发区，以及贸促会、商会等区域性、行业性的人民调解组织大量涌现，基本形成了有效预防和化解各类矛盾纠纷的组织网络。同时，人民调解纠纷的类型也从婚姻、家庭、邻里、损害赔偿、房屋、宅基地以及生产经营等常见性、多发性民间纠纷，逐步拓展到征地拆迁、劳动争议、交通肇事、

医患纠纷等社会难点、热点纠纷，不仅调解了大量的公民之间、公民与法人及其他社会组织之间的矛盾纠纷，还介入了法人之间、法人与其他社会组织之间的争议。据不完全统计，近年来，全国各类人民调解组织每年调解各类矛盾纠纷 400 余万件，调解成功率达 95% 以上，充分发挥了人民调解在社会矛盾纠纷调解工作体系中的基础作用。

4. 繁荣法学教育，培养了大批法律人才

新中国成立以来，特别是十一届三中全会以来，司法部在加强培训司法干部，弥补法制人才短缺的同时，重新恢复了部属的北京政法学院、西南政法学院、西北政法学院、华东政法学院、中南政法学院等 5 所高等政法院校，恢复和繁荣了法学教育，为新时期的法治建设和各行各业培养输送了大批法律人才。经过世纪之交国家对高校的布局调整，目前司法行政系统所属的中央司法警官学院和司法警官高等职业学院，继续承担着为全面落实依法治国基本方略培养合格法律人才的任务。

5. 广泛开展普法教育，全民的法律素质不断提高

从 1986 年开始，司法部组织了在全国范围内以公民为教育对象的法制宣传教育活动，目前正在进行"六五普法"。在我国这样一个受封建专制影响较深的国家，开展由政府主导、全民参与、声势浩大、时间长久的普法"补课"活动，可谓亘古未有的创举。法制宣传和普法教育活动取得了举世瞩目的成效，法律观念深入人心，公民自觉遵守法律，并运用法律武器自觉维护自身合法权益的意识普遍提高。

6. 建立健全律师和公证制度，律师和公证管理体制不断完善

新中国成立以后，新中国律师和公证制度应运而生，并得到迅速发展。但在"文革"期间受到重创，律师和公证工作被迫停止。改革开放三十多年来，我国的律师和公证制度逐渐恢复，律师和公证工作得到了前所未有的发展。律师队伍人数和律师事务所的数量发展迅速，律师事务所的规模和专业化分工也有了较大发展，在一些大中城市出现了一大批规模较大、具有专业特色、管理规范、条件优越、社会信誉良好的律师事务所。律师管理也逐步规范化和法治化，特别是 1996 年 5 月 15 日《中华人民共和国律师法》的通过，标志着我国律师制度发展进入了一个全新的阶段。与此同时，公证事业也取得了长足发展，2005 年 8 月 28 日《中华人民共和国公证法》获得通过，结束了公证制度没有法典规范的历史。目前律师和公证工作都已经形成适应社会主义市场经济

要求的、科学的管理体制，律师和公证事业正沿着健康的轨道不断发展、不断完善。

7. 不断加强法律服务工作，基层法律服务能力大幅提升

新中国成立以来，基层法律服务不断壮大，为基层社会特别是农村提供法律服务发挥了重要作用。近二十多年来，基层法律服务坚持面向基层、面向社会、面向群众的服务方向，为农村乡镇、城市街道的公民、企业提供了大量法律咨询、民事代理、非诉讼调解、协办公证等法律服务。如 2007 年上半年，全国基层共办理民事诉讼事务 381 万件，办理非诉讼事务 301 万件，调解纠纷 38 万件。

8. 建立法律援助制度，开展了大量法律援助工作

1994 年初，司法部首次公开提出建立中国法律援助制度的设想，随后陆续在北京、上海、广州、青岛等城市开始了法律援助制度的试点。经过二十几年的发展，法律援助日益成为帮助弱势群体解决法律纠纷，呼唤正义的重要力量。2003 年 7 月 16 日国务院制定的《法律援助条例》获得通过，我国法律援助制度得到了根本确立。截至 2007 年底，全国共设立法律援助机构 3259 个，其中地市和县区级机构 3176 个，除西藏等个别地区外，全国所有的县区都设有法律援助机构。同时，法律援助办案量逐年增加，2007 年全国法律援助办案量达 42 万件，平均每年以 30% 的比例递增。法律援助制度的确立，有效解决了困难群众的法律援助需求。

9. 建立国家统一司法考试制度，为提高法律职业人的素质作出了重要贡献

2001 年 6 月 30 日全国人民代表大会常务委员会通过了《法官法》和《检察官法》修正案，明确规定国家对初任法官、检察官和律师、公证员的职业资格实行统一的司法考试制度，并由司法部负责组织实施国家统一司法考试。司法部通过司法考试，为国家选拔了大批合格的法律人才，也为法律职业共同体的构建作出了历史性的贡献。

10. 健全司法鉴定管理体制，司法鉴定工作水平不断提高

改革开放以来，我国司法鉴定的管理工作始终处于多部门管理的状态。自从 2005 年 2 月 28 日第十届全国人大常委会第十四次会议审议通过了《关于司法鉴定管理问题的决定》起，司法部逐渐承担起统一管理司法鉴定工作的职责，司法鉴定的管理体制不断健全。通过十几年的努力，不断加强了对司法鉴定职业行为的监管，建立健全了行政管理和行业管理相结合的管理制度，健全

和完善了司法鉴定管理的法律规范、管理规范和技术规范，全面推进了司法鉴定工作的法治化、规范化和科学化建设，确保为社会提供优质高效的司法鉴定服务。

上述十个方面的工作成就，是司法部及各级司法行政机关所做工作的最为突出的方面，在其他司法行政工作的领域，如安置帮教和社区矫正等方面，司法行政机关也做了大量细致而周密的工作。可以肯定的是，新中国成立以来特别是改革开放以来，在恢复和重建法制以及依法治国、建设社会主义法治国家的伟大实践道路上，司法部及各级司法行政机关一直承担着基础性的工作，正是这些基础性的工作积累，才取得了中国社会法治观念和意识的深入人心，法治国家建设日益完善的巨大成就。

五、我国司法行政工作的改革与展望

(一)我国司法行政工作的改革

随着我国社会主义法律体系的形成，中国特色社会主义司法行政制度也基本形成。总的来看，我国司法行政工作符合中国国情，符合现阶段经济社会发展和人民群众需要，具有鲜明的中国特色和优越性。然而，毋庸讳言的是，由于我国司法行政工作恢复重建的历史不长，还处在探索与发展的过程之中，我国司法行政工作仍然存在一些不适应不符合现实状况的地方，需要不断改革完善。党的十八大报告将"全面推进依法治国"确立为推进政治建设和政治体制改革的重要任务，对"加快建设社会主义法治国家"作了重要部署，同时对进一步深化司法体制改革，落实依法治国基本方略亦提出了新的要求。

司法行政体制和工作机制改革是司法体制机制改革的重要组成部分。我国司法行政工作改革是司法体制改革的重要组成部分，司法行政工作改革的目标就是建立与社会主义市场经济和民主法治建设相适应的现代司法行政体制。近些年来，司法行政工作的改革着重在以下几个方面推开：

1. 关于司法行政工作职能

深化司法体制改革是一项系统工程，不仅直接涉及法院、检察院，更与司法行政机关紧密相关。法院体制、检察院体制的深化改革和司法行政体制的改革与完善具有高度的关联性。建设公正的司法体制必须将审判机关、检察机关承担的与审判权、检察权不相符合的职能予以转移，从而确保司法机关能够专司审判和检察职能。可以说，只有将审判机关、检察机关从目前所承担的司法行政事务中剥离出来，才能有司法行政职能的拓展。就发展的角度来看，司法行政机关还应承担以下新的职能：主要包括法院和检察院的机构编制、司法统计、计财装备、干部教育培训、诉讼裁判的执行。

2. 关于基层司法行政工作体制

基层司法所、人民调解、基层法律服务、戒毒人员的管理、刑满释放人员的安置帮教、社区矫正等构成了我国基层司法行政工作体制。其中，基层司法所是我国基层司法行政制度建设的关键部分，它是县（区）级司法局的派出机构，是最直接与广大群众接触并开展司法行政工作的基层单位。但基层司法所自从 20 世纪 80 年代中期诞生以来，长期存在着管人与管事脱节、业务指导难以到位、人员专职不专用、办公经费和条件等方面保障不力等问题。目前这些问题已经得到较好解决。但在此基础上，还应当进一步理顺司法局与司法所的关系，真正贯彻以县（区）司法局管理为主，乡镇政府和街道办事处管理为辅的管理体制。同时，基层司法所必须强化其职能，建立基层司法行政的制度体系，积极开展人民调解、基层法律服务、普法宣传以及刑释解教人员的安置帮教等工作。

3. 关于监狱管理制度

2003 年监狱体制改革开始试点，改革的目标是"全额保障、监企分开、收支分开、规范运行"。在多年试点的基础上，2008 年监狱体制改革在全国全面实行。截至目前，监狱经费财政全额保障基本实现，监狱和监狱企业分开、收支基本完成，监狱办社会问题基本解决，规范运行正在深化，一个公正高效廉洁文明的新型监狱体制初步形成。同时，随着国家经济与人权事业的发展，在监狱管理中有必要积极采取先进的管理方法和现代化的技术手段，加强对罪犯的人权保障措施，提高对罪犯的教育和改造力度。

4. 关于强制隔离戒毒制度

强制隔离戒毒工作是新时期司法行政工作的重点之一，是对强制隔离戒毒人员实施教育、矫治、医疗、康复、救助的重要手段，是促进社会治安综合治理、维护社会长治久安、建设社会主义和谐社会的重要举措。强制隔离戒毒机关应在原劳教场所职能转向戒毒管理后，扎实做好废止劳教制度后续工作，切实转变工作理念、方式方法和管理方式。建立健全戒毒工作机构，加强戒毒医疗、教育矫治、康复训练工作，不断提高戒毒工作水平。

5. 关于社区矫正制度

2003 年司法部在北京等六个省、市开始社区矫正试点。2009 年司法部又与最高人民法院、最高人民检察院、公安部联合部署在全国全面试行社区矫正工作。2011 年全国人大常委会通过刑法修正案，把社区矫正写进刑法，正式确立了社区矫正法律制度。目前，社区矫正工作进展顺利，一项具有中国特色的非监禁刑罚执行制度正在形成。

6. 关于律师与公证管理制度

目前我国制定的《律师法》和《公证法》，确立了我国律师和公证的管理体制，即实行司法行政机关的行政管理与律师协会、公证员协会的行业管理相结合的管理体制。从管理职责来看，司法行政机关主要负责行业准入、制定规则、行业监管和指导，而律师协会和公证员协会是律师和公证员的行业自律组织，分别负责律师事务所和公证处依据章程开展活动，并对律师和公证员的执业活动进行监督。这种体制符合律师和公证员的职业特征，也有利于转变政府职能。在这种体制下，司法行政机关一方面要严格依据《律师法》和《公证法》等法律法规进行管理，理顺与两个协会的关系，进一步完善职业准入、评价考核和奖惩机制；另一方面也要积极推动行业自律组织的自律能力建设，监督自律组织建立完善的行业规范体系，从而有效发挥律师和公证员的法律服务作用。

7. 关于司法鉴定管理制度

2005 年第十届全国人大常委会第十四次会议通过了《关于司法鉴定管理问题的决定》（以下简称《决定》），《决定》以法律的形式对司法鉴定管理体制作出了重大调整，确立了司法鉴定管理体制的框架，赋予了司法行政机关对司法鉴定进行管理的职能。这是一个具有深远意义的司法体制改革和创新的举措，司法鉴定工作将因此走上法治的轨道。目前司法行政机关已组织完成了对法医、物证、声像资料三大类鉴定机构和鉴定人的登记管理工作，开展了侦查机关所属鉴定机构登记备案工作，将军队司法鉴定纳入国家司法鉴定统一管理体制，司法部牵头遴选公布了 10 家国家级司法鉴定机构，司法鉴定统一管理体制初步形成。在此基础上，各级司法行政机关还应当加强对面向社会服务的司法鉴定工作的管理，健全司法鉴定机构及人员的行业和职业准入制度，完善司法鉴定机构的服务标准体系、职业道德与执业纪律，加强对司法鉴定机构的业务指导，以及违法违纪的惩处机制建设等。可以说，司法鉴定管理体制改革

与发展的任务艰巨，需要不断努力。

8. 关于法律援助制度

自 2003 年 9 月 1 日施行的《法律援助条例》（以下简称《条例》），对法律援助的政府责任、管理体制、法律援助的范围、法律援助的申请与审查和法律援助的实施等作了详细的规定。该《条例》所规定的法律援助的总体制度是科学合理的，但也有一些问题需要进一步完善。比如，扩大法律援助的范围，强化各级法律援助机构的职能，加大政府的法律援助投入等。目前非刑事诉讼中的法律援助范围，主要局限于请求国家赔偿，请求给予社会保险待遇或者最低生活保障待遇，请求发给抚恤金、救济金，请求给付赡养费、抚养费、扶养费，请求支付劳动报酬，主张因见义勇为行为而产生的民事权益等类纠纷中，这明显不符合法律援助的本质。法律援助是国家对确有经济困难，无力支付法律服务费用，又确需专业人士提供法律服务的制度。这项制度存在的根据是当事人无经济能力负担法律服务费用，并不包括当事人要求的包含经济内容的请求。很明显目前规定的这些范围将法律援助限定在了金钱内容的纠纷，而忽视了其他非金钱内容的纠纷。其实不管当事人是否提出直接包含金钱内容的请求，只要当事人确实因为没有经济能力或无完全的经济能力支付法律服务费用的，都应纳入法律援助的范围。同时各级司法行政机关还应积极推动法律援助政府责任的落实，推动"三个纳入"即将法律援助纳入地方经济社会发展规划，纳入党和政府主导的维护群众权益机制，将法律援助经费纳入同级财政预算，不断降低法律援助受援门槛，扩大法律援助覆盖面，提高法律援助保障能力，完善法律援助便民措施，初步建立起了覆盖城乡、运转高效、便民利民的法律援助工作网络和管理体制。

9. 关于国家司法考试制度

2001 年修改通过的《法官法》和《检察官法》是国家统一司法考试建立的法律基础，这也确立了国务院司法行政机关会同最高人民法院、最高人民检察院共同制定司法考试实施办法，由国务院司法行政机关负责实施的体制。我们认为这种司法考试的管理体制是正确的，应当予以坚持。但是国家司法考试制度本身也需要继续完善的，以充分发挥其在选拔法律人才方面的科学作用。这就需要一方面继续完善国家司法考试的各项管理制度，如报名管理、考场设置管理、考试过程管理、考试的评阅与录取、考试权利的救济等各项制度，以建立一个更加科学的司法考试制度，维护国家司法考试的权威性；另一方面，必须重点探讨完善司法考试的内容、方式，将社会主义法治理念和有关政法工作的重大理论观点、重大指导原则纳入考试大纲。同时实施并不断完善对中西部及少数民族地区考生在报名条件、录取等方面的优惠政策，有效缓解了中西部地区和基层法律职业人才短缺问题。

总之，从我国司法行政工作改革的过程可以看出，司法行政工作正朝着科学化、民主化、法治化和现代化的方向前进，它的改革必将会为社会主义市场经济的发展、政治体制的改革，以及法治国家的实现起到巨大的推动和促进作用。

（二）我国司法行政工作的展望

建立健全中国特色社会主义司法行政制度是一项长期的任务。随着司法体制和工作机制改革的不断深化，我国司法权配置将进一步优化，侦查权、检察权、审判权、执行权将在公安机关、人民检察院、人民法院、司法行政机关之间得到科学合理的配置，司法行政职能将得到进一步明确，司法行政工作将得到进一步强化，更能反映司法行政工作内在的逻辑和自身的规律性，一个成熟的中国特色社会主义司法行政制度将最终确立。

1. 刑罚执行职能

随着社区矫正法律制度的确立，司法行政机关承担监狱工作、负责监禁刑刑罚执行权的行使，还负责非监禁刑刑罚执行权的行使，从而形成统一的刑罚执行体制。刑罚执行权统一由司法行政机关行使，是优化司法职权配置的重要体现，反映了公安、检察、审判、司法行政四机关分工负责、互相配合、互相制约的刑事诉讼活动规律，体现了侦查权、检察权、审判权、执行权分别行使、互相衔接、互相配合制约的司法权配置格局。

2. 特殊人群管理职能

根据禁毒法的规定，司法行政机关承担强制隔离戒毒职能，负责对吸毒人员进行强制性收戒。与此同时，司法行政机关承担安置帮教工作，负责对刑满释放人员进行过渡性安置和教育帮扶，帮助他们重新回归和融入社会。对吸毒人员和安置帮教对象等特殊人群进行教育、管理，是社会管理的一项重要工作，履行上述职责，反映和体现了司法行政机关作为执法部门和公共管理机关的重要属性。

3. 司法活动服务保障职能

为司法审判活动提供服务支撑和保障，是司法行政工作的传统职能。在我国司法行政制度体系中，这一传统职能依然是其中的重要组成部分。它由律师刑事辩护制度、律师民事代理制度、公证制度、司法鉴定制度、法律援助制度、司法考试制度、司法协助制度等构成。其中，律师刑事辩护制度是实现犯罪嫌疑人、被告人辩护权，维护其诉讼权利的基本保障，律师民事代理制度是维护当事人合法权益的重要手段；公证制度是指导公民的法律行为，消除纠纷隐患，制止违法行为，减少和预防纠纷的重要手段。司法鉴定制度是帮助司法机关查明案件事实、实现司法公正的重要手段；法律援助制度是维护特定身份犯罪嫌疑人、被告人权利，维护困难人群合法权益，保障司法人权的重要途径；司法考试制度是统一法律职业准入门槛，保证法官、检察官、律师等法律职业人基本素质，从而维护司法公正和社会公平正义的重要制度；司法协助制度是我国与外国在维护司法主权和对等原则的基础上相互保障司法活动顺利进行的重要制度平台。上述法律制度充分体现了司法行政职能在司法活动中不可替代的重要功能，再次证明了我国司法行政工作在整个司法制度体系中的重要位置。

4. 社会法律服务职能

面向社会，为企业、政府部门和公民个人提供法律服务，是法治社会条件下司法行政工作的重要职能，这一职能由律师法律服务制度和公证制度组成。律师通过担任政府法律顾问、企业法律顾问等，为政府行政行为和企业经营管理行为提供法律服务；受公民个人的委托，为其从事民商事活动提供法律咨询帮助。公证机构依法对民事法律行为、有法律意义的事实和文书的真实性、合法性予以证明，在预防社会纠纷、维护社会秩序、促进社会诚信方面发挥独特作用。社会法律服务制度对于满足社会法律需求、提高社会法治化水平具有不可或缺的重要作用。

5. 法制宣传教育职能

司法行政机关将长期承担法制宣传教育职能，这是由我国法治建设的长期性、艰巨性、复杂性所决定的。相对于漫长的封建专制历史和根深蒂固的人治传统，我国开展社会主义法治建设的时间还很短暂，提高全民法律意识和法律素质的任务还很艰巨。在六个五年普法成就的基础上，今后的法制宣传教育在传播宪法和各种法律法规知识的同时，还担负着宣传社会主义法治理念、建设社会主义法治文化、弘扬社会主义法治精神、推进社会主义法治实践的重要职责，这些无疑为司法行政机关承担的法制宣传教育职能增添了重要性和生命力。

建立健全中国特色社会主义司法行政制度，是我国司法制度成熟的重要标志，这必将彻底改变司法行政工作在整个司法制度体系中不相适应的局面，实现和保证司法行政权与其他各项司法权的协调统一，司法行政工作在服务经济社会发展、服务人民群众、维护社会稳定、促进依法治国中的职能作用将得到更加充分的发挥，从而为加快建设社会主义法治国家，全面建设小康社会作出更大的贡献。

 拓展学习

司法行政工作具有功能上的基础性、内容上的综合性和效果上的长效性等特点，具体来说，司法行政工作通过教育、改造、挽救违法犯罪人员的方法，积极营造稳定、和谐、有序的社会环境，为经济社会发展提供强有力的法律保障；通过法制宣传的办法，加强对公民的法律教育，逐步培养公民的法律信仰，增强公民尊重司法权威的法律意识和法治理念；通过说服教育的办法，疏导、防范人民群众之间的矛盾纠纷，最大限度地减少"民转刑"案件、群体性事件和涉法上访事件，维护基层社会的和谐和稳定；通过提供法律服务的办法，不断拓展和规范法律服务。满足社会日益增长的法律服务需求，努力维护困难群众和社会弱势群体的合法权益；通过帮助的方法，对刑满释放人员、社区矫正和强制隔离戒毒对象进行引导、扶持、教育、管理，充分保障其生存权和发展权，减少其重新违法犯罪率，维护社会的稳定与和谐。

2014年10月23日，中国共产党第十八届中央委员会第四次全体会议审议通过的《中共中央关于全面推进依法治国若干重大问题的决定》（以下简称《决定》）为司法行政工作全面发展提供了难得的历史机遇。《决定》涉及司法行政机关职能的工作就有十余处，这在我国法治建设史上是少有的。全会对司法行政作出新的重要部署，充分体现了党中央对司法行政工作的高度重视，同时对司法行政工作提出了新的更高的要求，也为司法行政事业的发展提供了难得的历史机遇。另一方面，司法行政机关作为法治建设的主要实践者，在加快推进依法治国进程中具有不可替代的特殊作用。

思考问题

1. 根据司法行政的性质和特点，谈谈司法行政工作如何为建设和谐社会服务。

2. 根据国家权力分工的原理，结合我国司法行政的实际情况，谈谈你对我国司法行政工作改革的看法。

学习单元二 司法行政机关

学习目标

1. 了解司法行政机关的性质、地位及各级司法行政机关的主要职能；

2. 了解各级司法行政机关的主要内设机构及其职责；

3. 理解司法行政机关与其他政法机关的关系，以及党对政法工作的领导。

学习任务

1. 司法行政机关的性质、地位；

2. 司法行政机关的主要职能及其内设机构；

3. 乡镇（街道）司法所规范化建设。

 问题导入

2015 年 11 月 13 日《法制日报》报道，近年来，江西省万年县大力实施以"一村一顾问""一企一律师""一校一课堂""一县一基地"为内容的法治万年"四个一"工程，全面推动法治建设进乡村入农户、进校园入企业、进学校入课堂、进公园入基地，努力营造办事依法、遇事找法、解决问题用法、化解矛盾靠法的良好法治氛围。

"青云镇史桥村的变化，就是一个典型例子。"万年县司法局局长程枝英告诉《法制日报》记者，和其他村一样，以前的史桥村也面临"三多三少"的难题：游手好闲的多、矛盾纠纷多、困难群体多，自主创业的少、遵纪守法的少、生活宽裕的少。法治沃土孕育出文明硕果。如今的史桥村呈现出"三无三有"的新面貌，即无重大民事纠纷、无重大刑事及治安案件、无非法上访人员，有文明秀美的环境、有邻里和睦的集体、有发家致富的产业。2015 年 3 月，史桥村被评为第六批"全国民主法治示范村"。

在"四个全面"战略布局的大背景下，我国基层司法行政机关积极主动作为，主要采取了以下措施：其一，积极做好法律服务工作。京津豫的农村法律服务工作坚持"面向基层，扎根基层"，创新服务方式和服务内容。河南律师为2357家乡镇企业担任常年法律顾问，为农民企业家和农业大户带头致富提供法律帮助。其二，积极参与政府决策管理，为政府提高依法行政水平服务。政府法律顾问制度是转变政府职能、推进依法行政的一项重要手段。近年来，政府为加快推进依法行政，做到严格规范公正文明执法，积极建立和完善政府法律顾问工作机制，充分发挥政府法律顾问在做好重大决策、重大行政行为的法律咨询和论证、规范性文件及各类合同审查等方面做了较大努力和积极尝试。其三，整合现有法律服务资源，及时化解社区和农村矛盾纠纷。北京顺义区整合区域内公共法律资源，组织广大律师、法律工作者深入社区、农村开展以"加强法制宣传教育促进社会矛盾化解"为主题的公益法律服务进社区（农村）活动，取得显著实效，为维护社会和谐稳定发挥了"稳定器""减压阀""防火墙"的作用。其四，积极做好法律援助工作。近5年来，全国共办理法律援助案件499万余件，年均增长14.3%，受援群众超过558万人；提供法律咨询超过2900万人次，年均增长8.7%，有力维护了困难群众的合法权益。其五，发挥公证的作用。在签订土地、滩涂、荒地、林地等承包经营合同时，以及在房地产等不动产的登记、继承、转移等方面办理公证，减少了大量纠纷。

讨论题：在实现中华民族伟大复兴的进程中，司法行政机关在"四个全面"战略布局，特别是在全面依法治国过程中如何更好地发挥其地位和作用？

党的十八届四中全会作出的《中共中央关于全面推进依法治国若干重大问题的决定》，从完善司法体制、优化司法职权配置的高度和刑事诉讼运行程序角度，第一次鲜明地提出公安机关、检察机关、审判机关、司法行政机关"四机关"各司其职，侦查权、检察权、审判权、执行权"四权力"互相配合、互相制约，大大强化了司法行政职能作用，进一步完善了中国特色社会主义司法行政制度。司法行政机关是指政府主管司法行政事务，对司法行政事务行使管理权的职能部门。我国的司法行政机关既属于国家行政机关的体系，也属于国家司法机关的重要组成部分，是我国国家政权的重要组成部分，在我国司法体系和法制建设中占有重要地位。我国的司法行政机关不是单纯的行政管理机关，同时也是拥有执法权限的执法机关，在管理监狱、戒毒、律师等工作中往往与公安机关、检察机关、审判机关互相配合，严格执行法律。

我国的司法行政机关主要包括中央司法行政机关（中华人民共和国司法部）和地方司法行政机关［省、自治区、直辖市司法厅（局），市（地）、县（区）司法局和乡镇司法所］。

一、中央司法行政机关

（一）司法部的性质和地位

中华人民共和国司法部为中央司法行政机关，是国务院组成部门之一，主管全国司法行政工作，为最高国家司法行政机关。司法部由国务院领导，其任务和职责由国务院规定，对国务院负责并报告工作。司法部根据法律和国务院的行政法规、决定、命令，在本部门的权限内，发布命令、指示和规章。司法部实行部长负责制，部长领导本部门的工作，负责召集和主持部务会议和部长办公会议，讨论决定本部门工作的重大问题。

新中国成立后，根据《中央人民政府组织法》，于 1949 年 10 月 30 日设立中央人民政府司法部。1954 年《中华人民共和国宪法》颁布后，改称中华人民共和国司法部。1959 年，司法部被撤销，直至"文化大革命"结束，这种状况整整延续了 20 年。1979 年 9 月召开的第五届全国人大常委会第十一次会议决定，加强司法行政工作，重建司法部。

新中国成立以来，特别是改革开放以来，司法部在党中央、国务院的正确领导下，坚持为巩固人民民主政权和国家长治久安服务，为改革开放和经济建设服务，为社会主义民主和法制建设服务，为实现"四个全面"战略、建设社会主义法治国家、构建和谐社会服务，为保护人民民主权利、方便人民群众生活服务，监狱、戒毒、律师、公证、司法鉴定、法制宣传、依法治理、人民调解、基层法律服务、法律援助、社区矫正等司法行政业务蓬勃发展。在司法外事领域，截至 2014 年 11 月，我国已与 30 多个国家签订了 39 项引渡条约（其中 29 项已生效），52 项刑事司法协助条约（其中 46 项已生效）。

（二）司法部的主要职能

根据《国务院办公厅关于印发〈司法部主要职责内设机构和人员编制规定〉的通知》（国办发［2008］64 号），司法部的主要职能有：

（1）拟订司法行政工作方针、政策，起草有关法律法规草案，制定部门规章，制定司法行政工作的发展规划并组织实施；

（2）负责全国监狱管理工作并承担相应责任，监督管理刑罚执行、改造罪犯的工作；

（3）负责指导、监督司法行政系统戒毒场所的管理工作；

（4）拟订全民普及法律常识规划并组织实施，指导各地方、各行业法制宣传、依法治理工作和对外法制宣传；

（5）负责指导监督律师工作、公证工作并承担相应责任，负责港澳的律师担任委托公证人的委托和管理工作；

（6）监督管理全国的法律援助工作；

（7）指导、监督基层司法所建设和人民调解、社区矫正、基层法律服务和帮教安置工作；

（8）组织实施国家司法考试工作；

（9）主管全国司法鉴定人和司法鉴定机构的登记管理工作；

（10）参与有关国际司法协助条约的草拟、谈判，履行司法协助条约中指定的中央机关有关职责；

（11）指导司法行政系统的对外交流与合作，组织参与联合国预防犯罪组织和刑事司法领域的交流活动，承办涉港澳台的司法行政事务；

（12）负责司法行政系统枪支、弹药、服装和警车管理工作，指导、监督司法行政系统计划财务工作；

（13）指导、监督司法行政队伍建设和思想作风、工作作风建设，负责司法行政系统的警务管理和警务督察工作，协助省、自治区、直辖市管理司法厅（局）领导干部；

（14）承办国务院交办的其他事项。

（三）司法部内设机构的职能

1. 办公厅

拟订司法行政工作发展规划并督促落实；负责文电、会务、机要和档案等机关日常运转工作；负责信息、保密和信访工作；组织新闻发布工作；指导全国司法行政通信信息技术网络建设；负责司法行政系统科技项目开发的协调、申报工作；负责司法行政系统统计工作。

2. 监狱管理局

监督检查监狱法律法规和政策的执行工作；负责全国监狱的设置、布局和规划工作；监督管理全国监狱刑罚执行、狱政管理、生活卫生管理、教育改造、劳动改造和信息化建设工作；组织实施重要罪犯的关押改造和省际调犯工作；指导全国监狱的财务、装备和资产管理等工作；管理燕城监狱。

3. 戒毒管理局

监督检查强制隔离戒毒法律法规和政策的执行工作；负责司法行政系统强制隔离戒毒场所、戒毒康复场所的设置、布局、规划工作；指导对强制隔离戒毒人员的接收、管理、治疗康复、教育、生活卫生、解除等工作；监督管理司法行政系统强制隔离戒毒场所、戒毒康复场所的财务、装备和资产管理等工作；指导支持社区戒毒和社区康复工作。

4. 社区矫正管理局

根据中央机构编制委员会《关于设立司法部社区矫正管理局的批复》（中央编办复〔2012〕4号），司法部社区矫正管理局主要有以下职能：负责监督检查社区矫正法律法规和政策的执行工作；拟定全国社区矫正工作发展规划、管理制度和相关政策并组织实施；监督管理对社区服刑人员的刑罚执行、管理教育和帮扶工作；指导开展社区矫正社会工作和志愿服务。

5. 法制宣传司

拟订全民法制宣传教育规划并组织实施；负责司法行政系统的宣传工作；指导检查法制宣传、依法治理工作；组织、指导法制宣传报道和对国（境）外的法制宣传工作。

6. 律师公证工作指导司

指导、监督律师、公证的法律法规和政策的执行工作；承担律师、律师事务所、公证机构、公证员的指导、监督工作；承办特许律师执业考核工作；审批和管理外国及港澳律师事务所驻华（内地）办事机构；承担律师事务所在国（境）外设立分支机构的指导、监督工作；承担企事业单位法律顾问的指导、监督工作；承办任命公证员的具体工作；承办委托港澳律师担任委托公证人的具体工作。

7. 法律援助工作司

指导、检查法律援助的法律法规和政策的执行工作；规划法律援助事业发展布局；承担法律援助机构、法律援助工作人员的监督管理工作；指导社会组织和志愿者开展法律援助工作。

8. 基层工作指导司

指导、监督基层司法所、人民调解、社区矫正、基层法律服务工作；指导、监督刑满释放人员和解除强制隔离戒毒人员帮教安置工作；会同人民法院指导人民陪审员工作。

9. 国家司法考试司

监督检查国家司法考试的法律法规和政策执行工作；会同有关部门制定国家司法考试实施办法，承担国家司法考试的组织实施工作；编审国家司法考试大纲和考试试题；承担国家法律职业资格证书审核、授予工作，负责对取得资格证书者的有关管理工作；参与指导面向社会的法学教育和司法行政系统高等职业教育工作。

10. 司法鉴定管理局

拟订司法鉴定管理规定和技术规范并组织实施；主管全国司法鉴定人和司法鉴定机构的登记管理工作；负责国家级司法鉴定机构的遴选和管理工作；指导面向社会的司法鉴定资质管理、质量管理和司法鉴定人专业教育培训工作。

11. 法制司

组织起草司法行政法律法规草案和部门规章；指导地方司法行政法制工作；指导司法行政系统执法监督工作；负责机关行政复议、应诉工作；指导仲裁机构登记管理工作；协调推进司法行政体制改革工作。

12. 司法协助与外事司

参与有关国际司法协助条约草拟、谈判工作；承办被判刑人移管条约的缔结，承办国际司法协助条约和被判刑人移管条约执行的有关事宜；承办国（境）外司法机关处理的重要涉华案件司法协助事项；组织参与联合国预防犯罪和刑事司法领域的活动；组织参与有关司法领域的多边或双边交流与合作；管理机关和直属单位的外事工作；承担司法行政涉港澳台的具体事务；审核司法行政系统出国（境）项目。

13. 计财装备司

指导司法行政系统财务、物资装备和基本建设的管理工作；指导监督司法行政系统中央政法补助专款和基建投资的使用；负责机关、直属单位的预决算、财务管理、审计和政府采购工作；负责司法行政系统的枪支、弹药、服装和警车等管理工作。

14. 政治部（含人事警务局、组织培训局）

指导司法行政系统队伍建设和思想作风、工作作风建设；负责机关和直属单位机构编制、劳动工资及相关人事工作；承担司法行政系统警务管理和警务督察工作；对协管干部进行考核并提出任免和交流意见；负责机关和司法行政系统干部教育培训工作；指导司法部直属院校工作。

此外，机关党委负责机关和在京直属单位的党群工作；离退休干部局负责机关离退休干部工作，指导直属单位的离退休干部工作。

与1998年司法部"三定"（定机构、定编制、定职能）方案相比，2008年新的"三定"方案对司法部的定位更为明确，主要职责得到了进一步的扩展和充实，组织机构得到进一步完善，行政责任也更加具体。主要体现在：取消已由国务院公布取消的行政审批事项和指导监督社会法律服务机构审批工作、指导公证员考试工作的职责，增加了"指导监督司法行政系统戒毒场所的管理工作""加强监督管理法律援助工作""指导管理社区矫正工作"和"指导仲裁机构登记管理工作"的职责。机构设置得到了加强，司法部设13个内设机构和政治部，新增设法律援助工作司和社区矫正管理局，政治部内设2个局。

二、县以上地方各级司法行政机关

（一）省级司法行政机关

省、自治区、直辖市司法厅（局）和新疆生产建设兵团司法局、监狱局［以下简称省（区、市）司法厅（局）］为省级司法行政机关，是省、自治区、直辖市人民政府和新疆生产建设兵团（以下简称"省级人民政府"）的工作部门，受省级人民政府统一领导，并且依照法律或者行政法规的规定受司法部的业务指导或者领导。

1. 省级司法行政机关的职责

省（区、市）司法厅（局）主管全省（区、市）的司法行政工作，一般有如下主要职责：①制定本省、自治区、直辖市的地方性法规和省级政府规章草案，编制司法行政工作的中长期规划、年度工作要点并监督实施；②指导、监管监狱工作，指导、监督执行刑罚、改造罪犯的工作；③指导、监督、管理司法行政系统强制隔离戒毒场所的管理工作；④制定法制宣传教育和普及法律常识规划并组织实施，指导各市、州（盟）、县（旗）和各行业的依法治理工作；⑤指导、监督律师、法律顾问、法律援助工作，综合管理社会法律服务机构；⑥指导、监督公证机构和公证业务活动；⑦指导、管理律师协会、公证员协会；⑧指导司法行政机关管理人民调解工作及司法助理员、基层司法所和基层法律服务、刑释和解除强制隔离戒毒人员安置帮教、社区矫正、法律援助工作，参与社会治安综合治理工作；⑨管理所属院校，指导法学教育工作和法学理论研究工作；⑩指导、管理司法行政系统的法制工作，负责地方司法行政、法规、规章和规范性文件的起草、清理、汇编工作，参与有关部门的立法活动；⑪审核登记、监督管理司法鉴定机构和司法鉴定人，负责仲裁机构的登记管理工作；⑫监督监狱、戒毒场所国有资产的保值增值，管理直属单位的国有资产；⑬指导管理司法行政系统的计划、财务及枪支、弹药、服装、车辆等物资装备；⑭负责司法行政系统的思想政治工作、党的建设、团的建设和干警队伍建设，管理厅机关和直属单位的人事工作，按照干部管理权限，考核任免干部，协助市、州（盟）党委管理司法局领导干部，指导、管理司法行政系统的警务、警衔评授工作；⑮承办省（自治区、直辖市）政府交办的其他事项。

2. 省级司法行政机关内设机构及其职责

根据上述职能，省级司法行政机关一般设如下内设机构：

（1）办公室（监狱戒毒应急指挥中心）：拟订全省（区、市）司法行政工作发展的中长期规划、年度工作计划并督促落实；负责全省司法行政系统工作情况的调查与综合；负责机关重大政务活动的组织实施和督办；负责综合性文件报告的起草、审核；负责文秘档案、保密信访、外事接待等工作；指导全省司法行政系统通信信息技术网络建设；协调指挥全省监狱、戒毒系统突发事件的应急处置工作。

（2）法制宣传处：管理全省（区、市）的法制宣传教育工作；研究制订全省（区、市）法制宣传工作规划，组织实施全民普及法律常识教育工作；指导各市、州（盟）、县（旗）和各行业依法治理工作；指导对外法制宣传工作；承担省依法治省领导小组办公室日常工作。

（3）律师工作管理处：监督、指导、管理全省（区、市）律师工作和机关、团体、企事业单位的法律顾问工作，以及社会法律咨询服务机构的工作；依照有关规定和程序，审核律师事务所机构的设置；负责律师执业证的发放、年检注册工作；参与对律师事务所和律师违纪的惩戒工作；管理外国（境外）在本省（区、市）设立的法律咨询服务机构；协调本省（区、市）律师协会秘书处的工作；参与律师专业职务评聘工作。

（4）公证工作管理处：管理、指导全省（区、市）公证工作；依照有关规定和程序，审核、审批公证机构的设置；负责全省（区、市）公证员资格考试、公证员资格的授予和公证员执业证的发放、年检注册工作；依照职权负责有关涉外、涉台（港澳）公证事项的审核、审批；检查监督公证法律政策的执行情况和公证业务活动，协调各公证机构之间的关系和业务管辖；协调本省（区、市）公证员协会秘书处的工作；参与公证员专业职务评聘工作。

（5）法律援助工作处：指导、监督有关法律援助的法律法规和政策的执行工作；规划本省（区、市）法律援助事业的发展布局；承担法律援助机构、法律援助工作人员的监督管理职责；指导社会组织和志愿者开展法律援助工作。

（6）基层工作处：指导司法助理员工作和司法行政基层工作；指导人民调解工作，直接参与调解突发性、群体性纠纷事件的现场组织指挥；指导管理基层法律服务工作；负责检查有关法规政策的执行情况，配合有关部门搞好社会治安综合治理工作；指导协调刑释和解除强制隔离戒毒人员的帮教和过渡性安置工作；承担本省（区、市）安置帮教领导小组办公室的日常工作。

（7）国家司法考试处：负责贯彻落实国家司法考试的工作规划和有关要求；负责国家司法考试组织工作有关规章制度的拟定；组织全省（区、市）国家司法考试考务工作，对考试工作进行监督；收集反馈国家司法考试的有关信息；承担授予国家《法律职业资格证书》的材料初审、复核、报批工作；指导本省（区、市）司法行政机关国家司法考试的有关工作。

（8）司法鉴定管理处：拟定全省（区、市）司法鉴定发展规划并组织实施；负责全省（区、市）司法鉴定人和司法鉴定机构的登记管理工作；负责国家、省级司法鉴定机构的遴选、推荐和管理工作；负责对司法鉴定机构的监督检查和对违法行为的查处。

（9）法制处：组织协调起草、审核全省（区、市）司法行政法规、规章；负责本系统执法检查工作；承办厅（局）机关行政复议和应诉、行政处罚和国家赔偿工作；组织法律政策理论调研工作；参与省（区、市）内立法工作；负责（或协助负责）人民陪审员和人民监督员选任、管理、考核、监督等工作；管理指导全省（区、市）司法行政系统开展涉港澳台法律事务；指导省（区、市）内法学专业社团和厅（局）属院校的工作。

（10）计划财务装备处：负责全省（区、市）司法行政系统装备的计划、审核及分配；管理全省（区、市）司法行政系统的枪支、弹药、服装、车辆、通信设备及物资装备；管理厅（局）机关和直属单位各项经费和固定资产；指导本省（区、市）司法行政系统财务管理；协调监狱、戒毒系统突发事件的后勤保障工作等。

省（区、市）司法厅（局）内设政治部：负责指导、协调全省（区、市）司法行政系统政治工作；拟定系统队伍建设、干部教育、思想政治工作规划和年度计划，并组织实施；管理、协调干部人事、组织宣传、警务、教育培训等工作。政治部根据工作职责一般设有若干工作处，如干部处、组织宣传处、警务处等。

（11）干部处：负责厅（局）机关和直属单位的人事工作；指导管理厅（局）属系统领导班子建设和干部队伍建设，按照干部管理权限负责干部的考核、任免、调配、奖惩；组织、实施领导班子的考核工作；负责系统内公务员录用、人事调配及日常管理工作；管理本省（区、市）司法行政系统机构编制工作和专业技术职务的评审工作；负责干部人事统计、劳资、职称评审、干部人事档案管理等工作。

（12）组织宣传处：负责拟定全省（区、市）司法行政系统党组织建设、宣传教育、精神文明创建工作发展规划、管理制度和规范性文件；负责组织厅（局）级干部的教育培训，指导、管理全系统干部教育培训工作，组织实施系统普法工作；指导、管理全系统干部理论学习和对内对外宣传工作；指导、管理系统表彰奖励工作；指导、管理全系统精神文明创建工作和思想政治工作，包括团委相关工作。

（13）警务处：负责司法行政系统人民警察警衔评授的审核、呈报工作；指导、管理警衔培训、警容风纪和警务督察以及人民警察队伍的警务建设。

另外，按有关规定设置厅（局）机关党委和纪检监察机构。

目前，全国各地的省级司法行政机关内设机构不尽相同，一般一种职能设置一个内设机构，但因劳教转型后，各省（区、市）司法行政工作情况不一，有的省级司法行政机关探索建立教育矫治机构，将轻刑犯纳入教育矫治范围；有的省级司法行政机关将两种或两种以上的职能归口一个内设机构，或者该内设机构为"两块牌子、一套班子"。如，多数省级司法行政机关分设律师工作管理处和公证工作管理处，少数省级司法行政机关则合并设置律师公证工作管理处。再如，有些省级司法行政机关的"法制处"加挂"监狱戒毒政策研究室"或"执业监督处"的牌子，"基层工作处"加挂"安置帮教工作办公室"

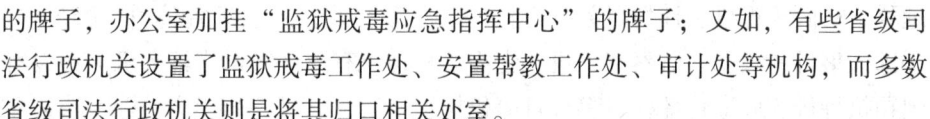

的牌子，办公室加挂"监狱戒毒应急指挥中心"的牌子；又如，有些省级司法行政机关设置了监狱戒毒工作处、安置帮教工作处、审计处等机构，而多数省级司法行政机关则是将其归口相关处室。

此外，各省（区、市）公证处、律师协会、公证员协会、司法鉴定中心、法律援助中心、所属院校等为省级司法行政机关直属单位，各省（区、市）监狱管理局、戒毒管理局为省级司法行政机关归口管理的单位。

（二）地级司法行政机关

自治州（盟）、地区和设区的市司法局为地级司法行政机关，是自治州（盟）、设区的市人民政府和地区行政公署的主管司法行政工作的职能部门，受人民政府统一领导，并且依照法律或者行政法规的规定受上级人民政府主管部门的业务指导或者领导。[1]

1. 地级司法行政机关的职责

地级司法行政机关主管全市（州、盟、地区，下同）司法行政工作，一般有如下主要职责：①制定本市司法行政工作规章、编制全市司法行政工作中长期发展规划、年度计划并监督实施；②制定全市依法治市、法制宣传、普法教育的规划并组织实施，指导全市的依法治理、法制宣传工作；③指导、管理全市的律师工作、法律顾问工作和法律援助工作，综合管理社会法律服务机构；④指导、管理全市公证机构和公证业务活动；⑤指导人民调解工作及管理基层司法所、司法助理员和基层法律服务工作、社区矫正、刑释和解除强制隔离戒毒人员安置帮教工作，参与社会治安综合治理；⑥指导、管理司法行政系统的法制工作，参与地方司法行政法规、规章和规范性文件的起草、修改、清理、汇编工作，负责有关法律、法规起草的咨询工作；⑦指导、管理面向社会服务的司法鉴定管理工作；⑧组织国家司法考试工作；⑨指导全市司法行政系统的思想政治工作、文明单位的创建和队伍建设，协助所辖区、县（市）委组织部管理司法行政系统的领导干部；⑩负责人民陪审员和人民监督员的选任、管理、考核、监督工作；⑪承办市人民政府交办的其他事项。

2. 地级司法行政机关内设机构

根据上述职责，地级司法行政机关一般内设办公室、法制宣传科、基层工作科、公证管理科、律师管理科、法规教育科、国家司法考试科、司法鉴定管

---

〔1〕　有些地区行政公署称司法处，如西藏自治区山南地区司法处。

理科、社区矫正科、计划财务装备科，政治部（处）及组织宣传科、警务科、干部人事科，纪委、监察室、机关党委等机构。有些地级司法行政机关还设有刑罚执行科、戒毒管理科、综合科等机构。

副省级市司法局内设机构大多相应称"某某处"，其中，戒毒管理机构称戒毒管理局，为市司法局直属机构。

（三）县级司法行政机关

县（旗）、自治县、不设区的市、市辖区司法局为县级司法行政机关，是县（旗）、自治县、不设区的市、市辖区人民政府的主管司法行政工作的职能部门，受本级人民政府统一领导，并且依照法律或者行政法规的规定受上级人民政府主管部门的业务指导或者领导。

1. 县级司法行政机关的职责

县（旗）、自治县、不设区的市、市辖区司法局主管全县（市、区、旗，下同）司法行政工作，一般有如下主要职责：①制定全县司法行政工作的管理办法，编制司法行政工作的中长期规划、年度工作要点，并监督实施。②制订全县法制宣传教育和普法工作规划并组织实施；指导各乡、镇、街道办事处和各行业的依法治理工作。③指导、监督全县的律师、法律顾问、法律援助工作，综合管理社会法律服务机构，规范法律服务市场。④指导、监督全县公证机构和公证业务活动。⑤指导全县司法行政机关管理人民调解工作及司法助理员、基层司法所和基层法律服务、刑释和解除强制隔离戒毒人员的帮教安置，参与社会治安综合治理工作。⑥负责全县社区矫正的组织、协调、指导、督促、检查等管理工作。⑦指导、管理全县"12348"[1]法律服务。⑧指导、管理全县司法行政系统的法制工作，负责地方司法行政规范性文件的起草、清理、汇编工作。⑨指导、管理全县司法行政系统的财务计划及服装、车辆等物资装备。⑩指导、管理面向社会服务的司法鉴定工作。⑪负责全县司法行政系统的思想政治工作、党的建设和队伍建设，管理局机关和直属单位的人事工作，按照县委规定的干部管理权限，会同乡镇党委政府考核、管理司法所干部。⑫承办县人民政府交办的其他事项。

---

[1] "48"取"司法"的谐音，"12348"是县（市、区）司法局及法律援助中心的法律咨询专用电话，主要解答法律咨询，普及法律常识；实施内部联动，搞好上门服务；沟通外部信息，做好受案分流；加强区域合作，搞好职能部门间协调联动；做到快速反应，防止纠纷激化；遵循有关规定，提供法律援助；掌握社情民意，当好党政参谋；接受社会监督，提高法律服务机构的服务质量等。

2. 县级司法行政机关内设机构

根据上述职责，县级司法行政机关一般内设办公室、法制宣传教育科、基层工作科、公证管理科、律师管理科、社区矫正科（社区矫正办公室）、计划财务科、政治处（政工科）等机构，有些县级司法行政机关还设有司法鉴定管理科、法律援助工作科等机构。

三、乡镇（街道）司法所

（一）乡镇（街道）司法所的性质和地位

乡镇（街道）司法所（下称"司法所"）是我国司法行政机关最基层的工作部门，负责指导管理和组织本辖区司法行政各项业务工作，承担着面向基层社会和广大人民群众提供法律保障、法律服务、法制宣传教育等项重要任务。司法所是县（区）级司法行政机关的派出机构，是司法行政机关在基层服务大局、服务群众、服务社会的窗口和前沿阵地，是乡镇人民政府（街道办事处）管理司法行政工作的职能部门，是基层政权建设的重要组成部分。司法所承担的各项职能是县级司法行政机关的职能在乡镇（街道）的延伸和拓展，它所开展的各项业务工作是县区司法行政工作的重要内容。

司法所作为基层政权组织，它与基层公安派出所、人民法庭共同构成了我国乡镇（街道）一级的政法组织体系，它们各司其职、优势互补、协作联动，共同担负着维护基层社会稳定、保障法律正确实施、完善基层法制建设的重要使命。司法所承担着本辖区普法工作的具体组织和实施，担负着推进依法治乡（街）、依法治村等法治基础工程的职责，是基层政府依法决策、依法建制、依法行政的参谋助手；司法所通过履行指导人民调解工作、代表基层政府处理民间纠纷、组织开展刑释和解除强制隔离戒毒人员的帮教安置工作等项职能，发挥着维护基层社会稳定的重要防线作用；通过组织开展基层法律服务工作，对促进城乡经济发展、维护群众合法权益起着重要的服务和保障作用。司法所在化解民间纠纷、解决人民内部矛盾、维护基层社会稳定、构建和谐社会方面发挥着十分重要的作用，是司法行政工作的基础。司法所的基础地位决定了它是司法行政机关，特别是县级司法行政机关履行法定职能的组织保障，尤其是在司法行政机关所指导和依托的社会组织网络体系（包括人民调解、法制宣传、法律服务、帮教安置四支队伍和工作网络）中发挥着承上启下的龙头作用。

（二）乡镇（街道）司法所的管理体制

司法所一般按行政区划单独设置，原则上每个乡镇（街道）设置一个司法所。根据工作需要，也可在经济技术开发区、农林牧区、大型集贸市场等区域设置司法所。司法所实行县（市、区）司法局和乡镇人民政府（街道办事处）双重管理，以司法局为主的管理体制。司法所所长配备、人员编制和业务培训、指导、监督由县（市、区）司法局负责；司法所人员在乡镇（街道）工作，党团关系由乡镇（街道）管理；司法所人员任免调动，县（市、区）司法局须征求乡镇（街道）党委（工委）意见，按干部管理权限办理。根据事权划分的原则，司法所正常公用经费由县（市、区）、乡镇两级财政共同负担，人员经费列入县级财政预算，司法所人员的工资关系随编制列入县级司法行政机关统一管理。

司法所应由3名以上人员组成，实行所长负责制。工作人员在5人以上的，根据工作需要可设1名副所长。司法所工作人员一般应具备国家公务员条件，热爱司法行政工作，具有相关的法律专业知识和一定的工作经验。司法所工作人员的录用必须坚持"凡进必考、省级统考"的原则，由省级司法行政机关会同公务员管理部门按照规定程序和标准，面向社会公开招考。新任命的司法所长应当具有大专以上法律专业学历或相当学历。司法所有3名正式党（团）员的，应建立党（团）支部。

理顺司法所管理体制，是加强基层司法行政工作的需要，对于提升司法所的服务能力、增强工作效能、提高规范化建设水平具有很大的推动作用。按照中央关于规范化司法所建设的要求，管理体制理顺后，司法所以县级司法行政机关管理为主，但仍然实行双重管理，职能并没有发生变化，仍然为乡镇（街道）中心工作服务，为基层党委政府服务，为人民群众服务。管理体制理顺工作仅仅在县（市、区）一级，乡镇（街道）党委（工委）、政府和县级司法行政机关始终在县（市、区）党委、政府的统一领导之下，按照其部署开展工作。只要县（市、区）党委、政府加强领导，建立可靠有效的监督考核工作机制，司法所服务乡镇（街道）党委（工委）、政府和服务人民的职能将会更强，不会削弱。

（三）乡镇（街道）司法所的工作职能

乡镇（街道）司法所负责指导管理和组织实施本辖区的司法行政各项业

务工作，主要承担九项职能：

1. 指导、监督人民调解工作，参与调解疑难、复杂民间纠纷

指导村（居）委会和辖区内的企事业单位、城乡集贸市场建立健全调解委员会和县乡村三级调解网络，在城乡接合部、厂村（街）结合部和纠纷多发的毗邻地区建立发展联合调解组织，并指导调解组织搞好队伍建设、思想建设、业务建设和制度建设；坚持调解主任例会制度，以多种形式开展调解人员的业务培训，不断提高调解队伍的法律素质和调解水平；及时总结交流人民调解工作的经验，加强对调解工作的业务指导，结合本地区民间纠纷发生、发展的规律及新情况、新特点，重点抓好防止纠纷激化工作，有针对性地组织开展民间纠纷排查和专项治理活动，积极协助和参与重大疑难和易激化民间纠纷的调解，并虚心接受有关部门和群众的监督，及时发现纠正不当和错误的调解；主动向本地党政领导和有关政法部门反映情况和意见，争取有关部门的重视和支持，解决调解工作遇到的困难，有效维护调解人员履行调解职能的正当权利，保障调解委员会的组织、制度、工作、报酬的落实。

2. 承担社区矫正日常工作，组织开展对非监禁服刑人员的管理、教育和帮助

按照社区矫正工作流程的规定，接收矫正对象，办好有关衔接手续；贯彻落实国家有关非监禁刑罚执行的法律、法规、规章和政策；根据矫正对象实际情况，制订教育矫正方案；依照有关法律、法规和规章的规定，加强对社区服刑人员的管理和监督，确保刑罚的顺利实施；依照有关规定，对社区服刑人员实施管理，会同公安机关对社区服刑人员进行监督、考察；采取多种形式，对社区服刑人员进行思想教育、法制教育和道德教育，矫正其不良心理和行为，促使其成为守法公民；帮助社区服刑人员解决在就业、生活和心理等方面遇到的困难和问题，以利于其顺利适应社会生活；对社区服刑人员进行考核，根据考核结果实施奖惩；组织相关社会团体、民间组织和社区矫正工作志愿者，对社区服刑人员开展多种形式的教育，帮助社区服刑人员解决遇到的困难和问题；组织有劳动能力的社区服刑人员参加公益劳动；接受人民法院委托开展审前调查；加强与社区公安民警、社会志愿者以及其他力量的配合协调，努力形成工作合力，最大限度地为矫正工作服务；接受上级机关以及地方检察院的监督，维护矫正工作的公平、公正和合法性。

3. 指导管理基层法律服务工作

根据司法部的有关政策、规定和本地司法行政机关的部署，负责规划、指

导、监督本乡镇（街道）的基层法律服务工作，巩固健全基层法律服务组织，建立健全各项工作制度和内部管理与运行机制，争取基层政府支持，不断改善办公用房及装备设施建设；指导法律服务所认真充分履行法律服务职能，围绕基层工作重心，大力开拓业务领域，积极探索和实践新的业务切入点和增长点，不断提高服务质量，严禁越权或违法执业，并主动争取本地律师、公证组织的支持和协作；加强基层法律服务工作队伍的思想建设、业务建设和执业监督检查工作，保障其依法执业，恪守职业道德和执业纪律。

4. 协调有关部门和单位开展对刑释和解除强制隔离戒毒人员的帮教安置工作

在本地社会治安综合治理部门领导下，承担本乡镇（街道）帮教安置工作的规划、组织、实施和有关协调工作；组织辖区内的村（居）民组织和企事业单位建立健全刑释和解除强制隔离戒毒人员过渡性帮教安置队伍及其组织网络，并指导其建立健全相应的工作制度和运行机制；全面掌握本辖区刑释和解除强制隔离戒毒人员和在押在戒人员情况，组织落实接茬帮教措施，建立实施帮教责任制；积极协调争取多方支持和有关部门扶持性政策与经费保障，及时解决安置工作中的困难和问题，广辟安置就业渠道，有条件的应利用社会企业发展过渡性安置基地或创办安置实体；加强工作调研、指导和检查督促，不断提高安置率和帮教质量。

5. 组织开展法制宣传教育工作

根据全国和地方人大普法决议和本地有关普法工作部署，承担本乡镇（街道）普法工作的规划、组织和实施工作；组织建立基层法制宣传网络，负责培训法制宣传员队伍；根据各时期普法重点并结合本地实际，切实加强有关重点法律的普及宣传工作，把普法工作与逐步推进依法治理工作紧密结合起来，重点加强对乡村干部、企业经营管理人员和青少年的法制教育；充分利用广播、电视、墙（板）报、社区微信群和QQ群、讲台、夜校等宣传阵地，大力开展法律讲座、以案讲法、知识竞赛、咨询解答、文艺表演、巡回演讲等丰富多彩、群众喜闻乐见的法制宣传教育活动；定期对普法工作进行考核验收，及时总结交流普法宣传和法制教育工作的经验，不断提高普法宣传和法制教育工作的质量和实效。

6. 组织开展基层依法治理工作，为乡镇人民政府（街道办事处）依法行政、依法管理提供法律意见和建议

协助本乡镇政府（街道办事处）制定依法治理工作规划，积极推进和逐步深化依法治乡（街）、依法治村（居）、依法治厂（矿）等各层次依法治理活动的有效开展；充分发挥参谋助手作用，主动为乡镇政府（街道办事处）的政务决策、建章立制和行政执法提供法律咨询和建议，协助基层政府依法处理好本地区的重大经济、社会事务，特别是事关社会稳定和群众利益的各种涉法的热点、难点问题；指导辖区内各村（居）委会依法自治，依法制定和实施村规民约（居民公约），特别是农村地区要帮助建立健全村民选举、民主议事、村务公开等各项制度，逐步实现村务管理的民主化、规范化、法制化；协助乡镇政府（街道办事处）建立行政执法责任制和行政执法检查、监督机制；加强对乡村基层干部法律培训，不断提高其依法行政意识和依法行政的水平。

7. 协助基层政府处理社会矛盾纠纷

代表基层政府及时受理调处群众要求政府解决的纠纷或调解委员会解决不了的疑难纠纷；在处理民间纠纷中，要坚决贯彻调解为主和依法处理的原则，主动争取有关协助，努力解决纠纷所涉及的实际问题，对重大疑难纠纷特别是群体性纠纷的调处，要及时向基层政府请示汇报，对随时可能激化的纠纷，应采取必要的措施控制事态的扩大与恶化；对作出处理决定的纠纷，应当监督当事人自觉执行，对事后反悔拒不执行又不起诉的，可以采取法律许可的措施督促执行，或动员帮助当事人诉诸司法程序解决。

8. 参与社会治安综合治理工作

在本地综治部门领导下，充分利用自身职能优势，通过法制宣传，努力提高广大群众遵纪守法和依法维权的自觉性，积极参与对本地区治安隐患和不安定因素的排查、治理和防范工作，协助参与对外来流动人口的管理工作，协助组织开展创建"安全文明小区""治安模范村"和评选"遵纪守法光荣户"等群众性活动；按照综治部门的部署，积极配合、参与本地各项综合治理工作。

9. 完成上级司法行政机关和乡镇人民政府（街道办事处）交办的维护社会稳定的有关工作

树立全局意识和组织观念，认真完成基层政府和上级司法行政机关交办的有关工作和法律事务，充分运用各种职能手段，自觉地服从服务于基层党委、政府的中心工作和改革、发展、稳定的大局。

（四）乡镇（街道）司法所规范化建设

司法所在各级党委、政府的关心支持下，充分发挥扎根基层、贴近群众、便民利民的优势，在调处矛盾纠纷，化解人民内部矛盾，为基层政府、乡镇企业担任法律顾问，开展普法宣传，帮教安置刑释和解除强制隔离戒毒人员，降低犯罪率和复吸率，维护社会和谐稳定等方面做出了贡献。但是，司法所的建设还存在一些有待解决的问题：司法所的组织机构不够健全，管理体制不顺，工作条件较差，队伍整体素质有待提高。新形势下进一步加强司法所规范化建设，是加强基层政权建设、巩固党的执政地位的客观需要，是司法行政工作为推进依法治国基本方略的实施、构建社会主义和谐社会和建设社会主义新农村服务的迫切需要，是司法行政事业发展的基础工程，也是加强司法行政自身建设的内在要求，事关党和国家的工作大局，事关司法行政事业的长远发展。

1. 组织机构规范化

司法所的组织建设要同基层政权建设、社会治安综合治理、基层组织建设紧密结合起来，在乡镇机构改革中，进一步健全司法所组织机构，不断扩大司法所工作覆盖面。各级党委、政府要将司法所建设列入当地的经济社会发展规划。尚未解决司法所机构设置的地方，要紧抓机遇，尽快予以解决；已经解决的地方，要按照"机构独立、编制单列、职能强化、管理规范"的要求，加强司法所规范化建设，提升司法所建设整体水平。

2000 年以来，各级党委、政府和有关部门对司法所的组织建设高度重视并且大力支持，司法所"实现双重管理、以司法局管理为主"的管理体制进一步理顺。大力加强对理顺体制后司法所的组织管理，确保司法所依法、全面、正确履行职责，确保县区司法局与司法所形成上下协调、运转有序、灵活便利的工作运行机制和管理机制。加强对司法所的指导，进一步增强司法所和基层干部服务党委政府、服务人民群众的能力。司法所要立足基层、植根乡镇，自觉接受乡镇党委政府的统一领导和指导，自觉为乡镇中心工作服务，为基层党委政府服务，为人民群众服务。

2. 队伍建设规范化

（1）积极落实司法所人员编制。切实管好、用好现有政法专项编制，进一步精简机关，充实基层，特别要将力量充实到维持稳定工作任务重的广大农村乡镇司法所。积极争取人事、编制等部门支持，进一步增加专项编制。继续争取地方党委、政府的重视和支持，积极利用地方编制充实司法所，以确保司法所工作的正常开展。

（2）采取多种措施加强司法所工作力量。健全、完善县（市、区）司法局与司法所的干部交流、锻炼和任职对接机制，每年有计划地选派政治业务素质好的机关干部和监狱、戒毒干警到司法所锻炼或任职。整合系统资源，从上级司法行政机关选派干部支持和指导司法所工作。充分利用社会资源，积极培育和发展社会志愿者队伍，帮助乡镇司法所开展相关工作。

（3）建设一支严格、公正、文明执法的司法所干部队伍。坚持把思想政治建设放在首位，坚持不懈地用中国特色社会理论体系武装头脑，坚定不移地做中国特色社会主义事业的建设者和捍卫者。深入开展社会主义法治理念教育，引导司法所干部牢固树立并自觉践行依法治国、执法为民、公平正义、服务大局、党的领导的理念，始终做到党在心中、人民在心中、法在心中、正义在心中，始终坚持党的领导、人民当家作主、依法治国的有机统一，始终坚持党的事业至上、人民利益至上、宪法法律至上，努力实现法律效果、社会效果与政治效果的有机统一。按照统一规划、分级负责、分类指导的原则，加强司法所干部教育培训，实现培训工作经常化、制度化，确保全面实现司法所干部教育培训目标。要在落实司法所人员编制中，合理调整工作人员，优化队伍结构，特别是要按照懂业务、知民情、善管理，熟悉法律、作风扎实、善于做群众工作的基本要求，认真选好配好乡镇司法所所长。

3. 业务工作规范化

司法所要坚持把服务经济社会发展作为首要任务，进一步做好政府法律顾问工作，为政府部门加强和改善宏观调控提供服务；适应建设社会主义新农村的要求，着力围绕发展农村经济、推进农村改革、加强和改善农村社会管理，努力提供优质高效的法律服务。要认真贯彻调解优先原则，加强对人民调解工作的指导，健全和完善矛盾纠纷预警、排查、调处机制，深入开展矛盾纠纷排查活动，积极推进人民调解与行政调解、司法调解的衔接配合，及时把矛盾纠纷解决在基层、化解在萌芽状态。要按照把刑释和解除强制隔离戒毒人员重新违法犯罪和复吸率作为衡量监管工作的首要标准的要求，改进刑释和解除强制隔离戒毒人员的帮教安置工作，加强衔接管理，动员和组织社会力量共同做好对刑释和解除强制隔离戒毒人员的就业指导和培训工作，有效预防和减少重新违法犯罪和吸毒的发生。要全面开展社区矫正，加强对服刑和解除强制隔离戒毒人员的教育、监督与管理，进一步提高矫正质量，把重新违法犯罪和复吸率控制在较低水平。要积极参加平安建设和社会治安综合治理，把维护稳定的各项措施落到实处，切实增强人民群众的安全感。要加强基层法律服务工作，为广大群众提供方便快捷、收费低廉的法律服务。积极开展法律援助，加大援助力度，努力满足人民群众的法律需求。要深入开展法制宣传教育，积极推进法律进乡村、进社区，深化基层依法治理，提高公民法律素质和基层社会法治化管理水平。要协助基层政府依法处理好本地区的重大经济、社会事务，当好基层政府的法律参谋和助手。

司法所要加强技能培训，开展符合基层特点的、形式多样的培训活动，引导司法所干部更加注重向社会学习、向群众学习。要强化对基层工作的指导，使司法所紧紧围绕人民群众的需要开展工作，在实践中进一步提高业务能力。要在乡镇党委、政府的统一领导下，加强与有关部门的沟通协调，健全协作联动机制，落实工作责任，立足本职，发挥部门优势和工作优势。要认真执行法律、法规、规章和政策，严格依法办事，不得超越职权范围办理依法应由其他部门办理的事务。要联系和组织群众，依靠群众开展工作，不得从事侵犯群众利益、加重农民负担的活动。

4. 基础设施规范化

中西部地区要进一步落实国务院《中西部地区基层派出所、乡镇司法所、人民法庭建设规划》的规定，加快乡镇司法所办公用房建设步伐。根据乡镇机构改革情况，按照"一乡镇一所"的原则，及时调整建设布局，完善司法所建设规划。认真落实司法所项目选址和地方政府建设用地、规费减免等配套措施，加快工程进度，力争司法所早日投入使用。积极会同发改、财政、建设等部门，加强工程项目和资金监管，自觉接受有关部门的跟踪检查和审计监督，确保专款专用，确保工程质量。进一步争取地方党委、政府和有关部门的重视和支持，落实好地方支持资金，确保司法所建设经费足额到位。认真谋划街道司法所建设，尽早安排，推动街道司法所建设同步发展。东部地区要努力将司法所建设纳入当地经济社会发展规划，加强与有关部门沟通协调，落实项目与资金，尽快解决司法所无房和危房问题。

要采取有效措施，努力提高司法所保障水平。认真贯彻财政部、司法部《关于制定基层司法行政机关公用经费保障标准的意见》的精神，制定完善司法所经费保障标准，加强督促检查，确保经费落实到位。积极落实中央政法委员会《关于深化司法体制和工作机制改革若干问题的意见》，逐步建立"明确责任、分类负担、收支脱钩、全额保障"的政法经费保障新体制，推进建立与经济社会发展水平相适应的司法所经费动态增长机制。认真制定业务装备配备标准，管好用好中央政法补助专款，改善司法所办公条件和设施装备。

各级党委、政府要高度重视司法行政基层工作，切实加强对司法所建设的领导，按照国家发展和改革委员会、司法部关于加强乡镇司法所建设的要求，建设司法所办公用房。司法所办公用房以新建为主，可与乡镇政府合建，也可购买乡镇政府现有较好的办公用房，其房地产权划归县（市、区）司法局，由其管理。各级财政部门要加大对司法所基础设施建设的投入，努力解决司法所日常运转必需的办公场所和办公、交通、通信设备，使司法所逐步达到有办公用房、有办公桌椅、有档案资料柜、有办公电话、有办案用的交通工具、有办公电脑，更好地适应办公值班、人民调解、社区矫正、法律援助、安置帮教、法律服务、档案管理等工作需要，为司法所依法行使职能提供良好的保障。

四、司法行政机关与其他政法机关的关系

行使审判权的人民法院、行使检察权的人民检察院、行使侦查权的公安（国家安全）机关和行使刑罚执行权的司法行政机关，在国家司法体制中，因其性质、职权不同而形成有机联系。《宪法》规定："人民法院、人民检察院和公安机关办理刑事案件，应当分工负责，互相配合，互相制约，以保证准确有效地执行法律。"

（一）人民法院与司法行政机关

我国的人民法院是国家司法机关中的审判机关，国家设立最高人民法院、地方各级人民法院和军事法院等专门人民法院。人民法院依照法律规定独立行使审判权，不受行政机关、社会团体和个人的干涉。最高人民法院是最高审判机关。最高人民法院监督地方各级人民法院和专门人民法院的审判工作，上级人民法院监督下级人民法院的审判工作。最高人民法院对全国人民代表大会和全国人民代表大会常务委员会负责。地方各级人民法院对产生它的国家权力机关负责。

人民法院判处罪犯死刑缓期二年执行、无期徒刑、有期徒刑的刑罚，由司法行政机关负责执行（罪犯在被交付执行刑罚前，剩余刑期在 1 年以下的由看

守所代为执行)。人民法院判处罪犯管制、缓刑、单独判处剥夺政治权利、暂予监外执行的，由司法行政机关负责执行社区矫正。司法行政机关承担的国家司法考试、法律事务管理与指导、法制宣传教育、审前社会调查和律师承担的刑事辩护、民事代理等工作，都为人民法院的法官选任及审判过程中当事人权益维护、证据采信、判决裁定等提供服务。另外，根据全国人大常委会《关于完善人民陪审员制度的决定》的规定，人民法院和司法行政机关共同选任、培训、考核人民陪审员。

（二）人民检察院与司法行政机关

我国的人民检察院是国家司法机关中的法律监督机关，国家设立最高人民检察院、地方各级人民检察院和军事检察院等专门人民检察院。人民检察院依照法律规定独立行使检察权，不受行政机关、社会团体和个人的干涉。最高人民检察院是最高检察机关。最高人民检察院领导地方各级人民检察院和专门人民检察院的工作，上级人民检察院领导下级人民检察院的工作。最高人民检察院对全国人民代表大会和全国人民代表大会常务委员会负责。地方各级人民检察院对产生它的国家权力机关和上级人民检察院负责。

人民检察院在隶属司法行政机关的监狱派驻检察员，对执行刑罚的活动是否合法实行监督。如果发现有违法情况，有权通知执行机关纠正。另外，根据中央深化改革领导小组《深化人民监督员制度改革方案》的要求，人民监督员由司法行政机关负责选任、管理、培训、考核、免职，省级和设区的市级司法行政机关分别选任、管理、培训、考核同级人民检察院人民监督员。

（三）公安机关与司法行政机关

公安机关与司法行政机关都是人民政府的组成部门，是国家的行政机关。公安机关担负着刑事案件的侦查任务，因而它又是国家的司法机关之一。公安机关依法管理社会治安，行使国家的行政权，同时公安机关又依法侦查刑事案件，行使国家的司法权。公安机关与司法行政机关都具有双重性，既有行政性又有司法性。

公安机关、审判机关与司法行政机关共同参与社会矛盾纠纷大排查、大调解。在社区矫正、强制戒毒、帮教安置等法律（法规）保障方面，公安机关与司法行政机关分工负责、互相配合。

人民法院的审判工作、人民检察院的法律监督工作和公安机关的侦查工作、社会治安综合治理都与司法行政机关的法制宣传教育、依法治理相联系。随着司法体制改革的不断深入，司法行政机关与其他政法机关的联系将更加密切。

五、党对政法工作的领导

（一）政法委员会

政法工作必须置于党的领导之下，这种领导关系取决于中国社会主义政治制度本身。"政法口作为归口管理中的一个组成部分，它的主体是国家机构中的司法部门，但司法体制上受到党的政法工作部门——政法委员会的领导。"党的领导主要是通过各级党组织来实现的。而党委实现领导的方法，就是实行归口管理，即在党的各级委员会，一般是县级以上党委设立若干职能部门作为党委的参谋助手，主要有组织部、宣传部、统战部等。政法委就是这些职能部门之一，是在党委设立的专门主管政法工作的职能部门，也是综合协调机构。

政法工作是在党委及其政法委的统一领导下进行的。因此，政法委由公安、检察、法院、司法行政、国家安全等部门负责人参加，分工合作，共同完成政法各项工作任务。

政法委设书记、副书记、委员，中央和省政法委还设秘书长（必要时设副秘书长）。政法委书记由党委分管政法工作的负责同志担任。政法委根据工作需要设若干副书记，委员则由政法委组成部门的负责人（包括政法委员会秘书长）担任。政法委机关内设若干机构。一般情况是，党委层级越高，其工作范围越大、工作任务越重，内设机构及工作人员就多一些。这方面没有统一规定，主要是结合各自工作实际，自行决定。[1]

政法委作为党委领导政法工作的职能部门，从宏观上组织领导政法各部门的工作，指导下级党委政法委的工作。其主要职责任务是：根据党中央的路线、方针、政策和部署，统一政法各部门的思想和行动；协助党委研究制定政法工作的方针、政策，对一定时期内的政法工作作出全局性部署，并督促贯彻

---

〔1〕　中央政法委员会设有办公室、研究室、综合治理协调室、综合治理督办室、队伍建设指导室、中央新疆工作协调小组办公室。省级以下一般对应上级政法委机关内设职能部门，设立相应处室。总体上，省级一般设 6 个处室左右，工作人员 40 人左右；地市级和县级一般不超过 6 个内设机构，工作人员分别在 30 人左右和 10 人左右。

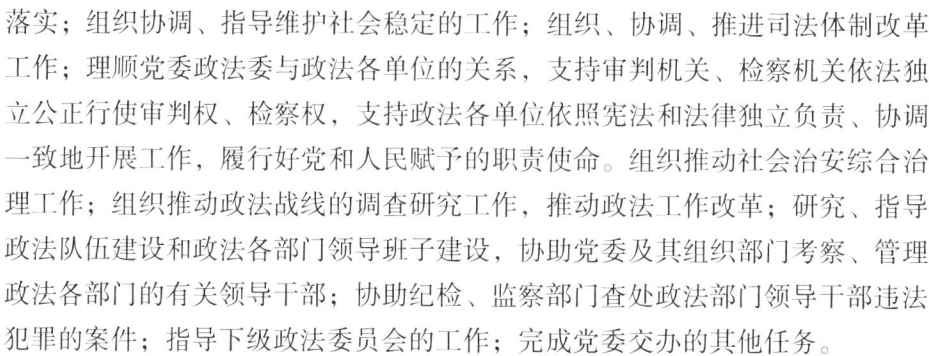

落实；组织协调、指导维护社会稳定的工作；组织、协调、推进司法体制改革工作；理顺党委政法委与政法各单位的关系，支持审判机关、检察机关依法独立公正行使审判权、检察权，支持政法各单位依照宪法和法律独立负责、协调一致地开展工作，履行好党和人民赋予的职责使命。组织推动社会治安综合治理工作；组织推动政法战线的调查研究工作，推动政法工作改革；研究、指导政法队伍建设和政法各部门领导班子建设，协助党委及其组织部门考察、管理政法各部门的有关领导干部；协助纪检、监察部门查处政法部门领导干部违法犯罪的案件；指导下级政法委员会的工作；完成党委交办的其他任务。

（二）党对政法工作的领导

在我国，共产党执政是历史的选择，人民的选择。坚持党的领导是我国宪法确定的一项基本原则，是我国司法体制的重要特征和政治优势，也是政法工作不可动摇的根本政治原则。政法工作是党和国家工作的重要组成部分，坚持党的领导是做好政法工作的根本政治保证。加强和改进党对政法工作的领导是实现"四个全面"战略、构建社会主义和谐社会、巩固党的执政地位、建设高素质政法队伍的需要。我们党历来高度重视和不断加强对政法工作的领导，充分发挥政法部门在维护国家安全、化解社会矛盾纠纷、打击预防犯罪、维护社会秩序、实现社会公平正义等方面的重要作用。

党对政法工作的领导，主要是思想领导、政治领导和组织领导。党的政治领导，是指路线、方针、政策的领导，或者说是政治原则、政治方向和重大决策的领导，其主要任务是依据马克思主义的理论和客观实际，确定党在一定时期政法工作的目标和任务，制定科学的路线、方针、政策；党的思想领导，是按照辩证唯物主义和历史唯物主义的世界观和方法论，加强政法部门的理论工作和思想政治工作；党的组织领导，是实现政治领导和思想领导的物质保证，是服务于政治领导的，其主要任务是培养、选拔和使用政法干部，把比较恰当的人选派遣到领导岗位上去，并依靠党的组织和人民群众对其实行认真的监督。

新的历史时期，坚持党的领导，就是要坚持人民当家作主，实施好依法治国这个党领导人民治理国家的基本方略。既要坚持党对政法工作的领导不动摇，又要加强和改善党对政法工作的领导，不断提高党领导政法工作的能力和水平。

1. 正确处理党的政策和国家法律的关系

党的政策和国家法律都是人民根本意志的反映，在本质上是一致的。党既领导人民制定宪法法律，也领导人民执行宪法法律，做到党领导立法、保证执法、带头守法。政法工作要自觉维护党的政策和国家法律的权威性，确保党的政策和国家法律得到统一正确实施。要正确处理坚持党的领导和确保司法机关依法独立公正行使职权的关系。各级党组织和领导干部要支持政法系统各单位依照宪法法律独立负责、协调一致开展工作。党委政法委要明确职能定位，善于运用法治思维和法治方式领导政法工作，在推进国家治理体系和治理能力现代化中发挥重要作用。

2. 维护社会大局稳定是政法工作的基本任务

要处理好维稳和维权的关系，要把群众合理合法的利益诉求解决好，完善对维护群众切身利益具有重大作用的制度，强化法律在化解矛盾中的权威地位，使群众由衷感到权益受到了公平对待、利益得到了有效维护。要处理好活力和秩序的关系，坚持系统治理、依法治理、综合治理、源头治理，发动全社会一起来做好维护社会稳定工作。

3. 促进社会公平正义是政法工作的核心价值追求

公平正义是政法工作的生命线，司法机关是维护社会公平正义的最后一道防线。政法战线要肩扛公正天平、手持正义之剑，以实际行动维护社会公平正义，让人民群众切实感受到公平正义就在身边。要重点解决好损害群众权益的突出问题，决不允许对群众的报警求助置之不理，决不允许让普通群众打不起官司，决不允许滥用权力侵犯群众合法权益，决不允许执法犯法造成冤假错案。

4. 保障人民安居乐业是政法工作的根本目标

政法机关和广大干警要把人民群众的事当作自己的事，把人民群众的小事当作自己的大事，从让人民群众满意的事情做起，从人民群众不满意的问题改起，为人民群众安居乐业提供有力法律保障。要深入推进社会治安综合治理，坚决遏制严重刑事犯罪高发态势，保障人民生命财产安全。

5. 政法机关必须严格执法、公正司法

"公生明，廉生威。"要坚守职业良知、执法为民，教育引导广大干警自觉用职业道德约束自己，做到对群众深恶痛绝的事零容忍、对群众急需急盼的事零懈怠，树立惩恶扬善、执法如山的浩然正气。要信仰法治、坚守法治，做知法、懂法、守法、护法的执法者，站稳脚跟，挺直脊梁，只服从事实，只服从法律，铁面无私，秉公执法。要靠制度来保障，在执法办案各个环节都设置隔离墙、通上高压线，谁违反制度就要给予最严厉的处罚，构成犯罪的要依法追究刑事责任。要坚持以公开促公正、以透明保廉洁，增强主动公开、主动接受监督的意识，让暗箱操作没有空间，让司法腐败无法藏身。

6. 各级党政领导干部要善于运用法治思维和法治方式解决问题

坚持依法治国、依法执政、依法行政共同推进，坚持法治国家、法治政府、法治社会一体建设。领导干部要带头依法办事，带头遵守法律，牢固确立法律红线不能触碰、法律底线不能逾越的观念，不要去行使依法不该由自己行使的权力，更不能以言代法、以权压法、徇私枉法。要建立健全违反法定程序干预司法的登记备案通报制度和责任追究制度。

 拓展学习

第十一届全国人大常委会第十九次会议于 2011 年 2 月 25 日在京闭幕，会议表决通过了《刑法修正案（八）》。《刑法修正案（八）》有关对判处管制、缓刑以及假释的罪犯依法实行社区矫正的规定，使得"社区矫正"一词第一次正式出现在刑法文本中，从法律意义上充分肯定了社区矫正在我国试行 7 年的成功经验，确立了社区矫正的刑罚性质，符合刑罚轻缓化、行刑社会化的国际化刑罚文明潮流。《刑法修正案（八）》有关社区矫正的通过，解决了令司法界长期头疼的社区矫正法律依据问题，标志着社区矫正制度正式上升到了法律层面，是社区矫正法律制度建立的重大标志，对于建立和完善中国特色的社区矫正制度，为最终形成具有中国特色的非监禁刑罚执行制度奠定了坚实的法律基础，并且对于加强和创新司法领域的社会管理，具有十分重要的现实意义。

做好社区矫正，使确有依法从轻情节的罪犯在社区进行教育矫治，对于罪犯顺利回归并融入社会，促进家庭和睦、社会和谐稳定具有重要作用。同时，对于加强和创新社会管理，贯彻落实宽严相济的刑事政策，探索完善中国特色非监禁刑罚执行制度，降低刑罚执行成本、提高刑罚执行效率，最大限度地增加和谐因素，最大限度地减少不和谐因素，维护社会和谐稳定，都具有重要的现实意义。

当然，《刑法修正案（八）》中有关"依法实行社区矫正"的规定只是解决社区矫正的法律依据问题。在司法实践中，依然存在着许多制约社区矫正发展的法律性和制度性障碍，有必要制定一部专门的社区矫正法，对社区矫正的法律性质、适用范围、监督管理措施、保障体系、工作程序以及社区矫正机构和人员的设置、职责、权利和义务，执法监督，法律责任等作出明确规定，为社区矫正的健康顺利发展奠定更好的法制基础。除此之外，建立一支以专职社工和兼职志愿者为主的社区矫正辅助工作队伍，也是十分必要的。如上海就组建了专门的民间社团组织（"新航"社会服务站），由政府出资购买矫正服务，壮大了社区矫正志愿者队伍。总之，社区矫正被载入刑法意义重大，社区矫正立法还需要继续努力，社区矫正在社会管理创新领域大有可为、大有作为。

 思考案例

1. 近年来，福建省司法厅严格执行最高检、司法部制定的《关于人民监督员选任管理方式改革试点工作的意见》，先后制定《关于推荐省人民检察院人民监督员人选的通知》《关于福建省人民检察院人民监督员选任事项的通告》等文件，明确了省级人民监督员选任名额分布、选任方式、选任程序、选任原则等，并通过媒体向社会公开。各设区市规范选任程序，严格选任条件，做到公开、公平、公正。至 2015 年 7 月中旬，全省共计选任出 492 名人民监督员，其中：省级 121 名，9 个设区市 371 名。选任后的全省人民监督员总数较改革前增加 57 人，其中，中共党员 294 人，占总数的 59.8%；各级人大代表、政协委员 216 人，占总数的 43.9%；民主党派、无党派人士 150 人，占总数的 30.5%；女性代表 131 人，占总数的 26.6%。这充分体现了人民监督员应具备较高的政治素质，较广泛的群众基础和代表性。其中，各级机关、团体、事业单位人数 232 人，占总数的 47.2%，人民监督员的年龄、学历、界别、专业更加合理。

选任工作展开的同时，福建省司法厅研发成功全省人民检察院人民监督员管理信息系统，实现了对全省人民监督员管理的信息化、实时化。该系统依托省司法厅门户网站运行，具有接受社会公众网上报名、案件监督受理、人民监督员随机抽选、人民监督员履职管理、信息动态发布等多种功能，是福建省开展人民监督员选任管理方式改革试点的重要工作平台。

为增加人民监督员参与案件监督的次数与机会，福建省在全国率先开展案件监督模式改革，探索打破省级人民监督员监督省级检察院办理的案件，地市级人民监督员监督地市级检察院和县级检察院办理案件的界限，开展"案件上提一级、省市两级人民监督员共同参与、适当增加每次案件监督抽取人数"的监督模式改革。

结合本单元知识，试论司法行政机关在确保司法公正、维护社会公平正义中的重要作用。

2. 当前，我国正处于经济加快转型期、社会矛盾凸显期"双期"叠加的特定历史时期，新常态下，各类市场主体经济纠纷明显增多，各类社会矛盾日益凸显，加强社会管理、维护基层稳定的任务日益艰巨，基层司法所承担的任务越来越繁重。以江苏省南京市浦口司法局盘城司法所为例，2014 年，该所主要做了以下工作：一是广泛开展普法宣传和法治创建活动。累计开展普法活动共 13 场次，分别是：送法进工地法制宣传活动 1 次；"喜迎青奥盛会，建设和谐浦口"的主题活动 1 次；法律咨询活动 1 次；"18"法律广场活动 10 次；发放各类宣传资料共 1900 余份，解答群众咨询共达 850 多人次；创建省级民主法治社区 5 个，市级民主法治社区 4 个。二是完善大调解工作机制，筑牢第一道防线。全年调处各类矛盾纠纷 258 起，调解成功 258 起，纠纷受理率达到100%，调处成功率达到 100%，无调解不当而发生民转刑或非正常死亡的情况发生。三是切实加强社区矫正工作。目前有矫正对象 18 名，全年有 6 名矫正对象到期，新增矫正对象 11 名，严格管理的有 1 名，采取手机定位管理的有 3 名，普通管理等级的有 15 名，宽松管理的有 2 名。实现矫正对象 100% 信息化管理。四是切实加强刑满释放人员安置帮教工作。目前共有帮教对象 78人，全年新增帮教对象 12 人，帮教期满 17 人，重点人员 2 人。五是法律服务工作。办理非诉讼案件 4 件，民事案件 6 件，为街道办理民事案件一审 4 件、二审 4 件，行政诉讼案件一审 1 件、二审 1 件，劳动仲裁案件 1 件，行政复议案件 1 件，全部顺利完成并达到预期效果。同时协助办理公证共 16 件，为社区和有关单位审理合同共 23 份。接待群众来访 80 起，人数 160 人。工作中存在的主要困难：一是普法工作资金不足；二是随着人民法律意识的不断提高，人民调解工作中遇到的新问题、新矛盾比较多，调解难度不断增加；三是日常矫正和安置工作任务不断加大，人员编制不足。

在实习地就司法所工作情况进行调研，通过对比盘城司法所，对加强基层司法所建设提出意见和建议。

学习单元三　法律服务机构

学习目标

1. 掌握各类法律服务机构、人民调解委员会的概念；

2. 掌握各类法律服务机构、人民调解委员会的业务范围或职责。

学习任务

1. 律师事务所、公证机构的概念、组织形式、业务范围；

2. 法律援助机构的概念、法律援助的对象与援助范围；

3. 基层法律服务所的概念、业务范围、历史与现状；

4. 司法鉴定机构的概念、管理体制、业务范围；

5. 人民调解委员会的概念、组织形式、职责，人民调解员的产生方式、任职条件。

❓ 问题导入

2002 年 6 月 27 日，金羊网—羊城晚报刊登了《百家律师事务所通通没"户口"》的新闻报道，主要内容是：6 月 26 日广州市工商局某负责人在向广州市政协汇报工作时提到，广州市律师事务所、公证机构等中介机构实际上都是营利性组织，但按现行法规，缺乏登记注册依据，没有办理工商登记，只凭借《执业资格许可证》或《合格证书》开展营业活动。在与政协委员座谈时，工商局等单位负责人认为，中介组织作为市场主体，要取得独立经营的法律地位，只有通过工商登记注册，取得资格后才得以确认。同日，南方网也以"广州竟有 119 家律师事务所没办工商登记"为标题进行了转载。

以上报道引起了社会公众对广州市律师事务所、公证机构合法性的质疑。6 月 29 日，广州市司法局、律师协会的负责人出面对以上报道进行了澄清。6 月 30 日，金羊网—羊城晚报又刊登了《广州市所有律师事务所均为合法执业机构》一文，文中写道：广州市司法局、律师协会负责人表示，根据《律师法》和《律师事务所登记管理办法》规定，律师事务所由省、自治区、直辖市以上司法行政机关审核登记并领取执业证书。律师事务所凭执业证书刻制公章、开立银行账户、办理税务登记后，即可开展律师业务活动，并不需要办理工商登记。要求律师事务所办理工商登记的说法是没有法律依据的，也与国家对律师的管理法规相抵触。另外，根据 2000 年经国务院批准的司法部《关于深化公证工作改革的方案》的精神，公证机构属于国有事业单位，为非营利性的事业法人，也不需要办理工商登记。

讨论题：引起这场律师事务所、公证机构该不该进行工商登记争议的根源是什么？

法律的复杂性、专业性，催生了人类社会对法律服务的需求，于是出现了以法律服务为职业的专业人员以及法律服务组织。市场经济和法治社会，更是促进了法律服务市场的繁荣和发展。在法治社会里，法律服务应以维护服务对象权利、维护法律正确实施、促进社会公平正义为己任，具有国家性、公益性；在市场经济条件下，法律服务又是一种交换，具有商业性、营利性。我国现在的法律服务机构，大多形成于计划经济时期，在市场经济时期，正面临着改革、发展的挑战。监督管理法律服务主体，规范法律服务市场秩序，是司法行政工作的一项重要内容。

一、律师事务所

（一）律师事务所的概念

律师事务所是指符合法定条件，经司法行政机关批准成立，面向社会提供法律服务的组织，是律师的执业机构。这一定义，包括下列内容：

1. 律师事务所的功能，是面向社会提供法律服务

法律服务，是指具有一定法律专业知识或其他专业知识、技能的人，为帮助他人解决法律问题所提供的专业性服务。为社会提供法律服务，是律师事务所的唯一功能。根据《律师法》第 27 条的规定，律师事务所不得从事法律服务以外的经营活动。律师事务所的服务对象包括国家机关、企业事业单位、个人等各类社会主体。

2. 律师事务所的设立，必须符合法律规定的条件，经过司法行政机关批准

维护当事人权利，维护国家法律正确实施，实现社会公平正义，是世界各国法律服务工作的共同宗旨。为了保证律师事务所的法律服务工作不偏离宗

旨，除了对其日常执业活动进行监督外，法律还需要从开始就对其设立规定一定的条件，实行行政审批制度。《律师法》和司法部《律师事务所管理办法》对律师事务所的设立条件作了明确规定，律师事务所的设立由省级司法行政机关审批。

3. 律师事务所是律师的执业机构

《律师法》规定，律师是指取得律师执业证书，接受委托或指派，为当事人提供法律服务的执业人员。为了加强对律师的管理，规定律师必须在律师事务所执业。《律师法》规定，律师只能在一个律师事务所执业，律师承办业务，由律师事务所统一接受委托，与委托人签订书面委托合同。律师的执业活动应接受律师事务所的监督。这里所讲的律师，是指社会律师。根据服务对象的不同，律师可分为社会律师、公职律师、公司律师。社会律师在律师事务所执业，不占用国家编制和经费，面向各类社会主体提供法律服务；公职律师在国家部门或公益性组织执业，占用国家行政编制或事业编制，为所在部门或特定的社会群体提供法律服务，由国家财政提供工资和福利；公司律师在公司等企业执业，为所在企业提供法律服务，由企业提供工资和福利。社会律师、公职律师、公司律师执业资格的取得并无区别，但管理体制不同。公职律师、公司律师目前在我国处于试点阶段，数量不多。我们通常所讲的律师即《律师法》所指的律师，是社会律师。

律师事务所是法律服务组织，只是从功能角度对律师事务所下的定义，并没有明确律师事务所的性质。律师事务所应该是什么性质的组织，在理论上至今没有形成共识，1996 年制定的《律师法》及后来对该法的修订对此问题都没有作出规定。在我国律师制度的恢复、发展过程中，有关文件在不同时期对律师事务所的性质曾经有过不同的表述。律师制度恢复初期，1980 年颁布的《律师暂行条例》将法律顾问处（律师事务所的前称）规定为事业单位，由国家核拨编制、核拨经费，实行人事、业务、财务的全面管理；随着市场经济机制的建立和发展以及合伙制、合作制律师事务所的出现，1993 年党的十四届三中全会《中共中央关于建立社会主义市场经济体制若干问题的决定》中将律师事务所规定为市场中介组织，进一步推动了律师事务所走向市场，向不占用国家编制和经费、"个人出资、自愿组合、自我管理、共担风险"的运行机制转变。

我们认为，律师事务所的性质具有商业性、社会性的双重特征。商业性是指律师事务所要通过市场竞争获取业务，靠收取法律服务费来维持生存和发展，具有营利性的一面；社会性是指律师事务所必须以维护当事人合法权益，维护法律正确实施，实现社会公平正义为服务宗旨，不得以营利为目的，具有公益性的一面。将律师事务所的性质规定为事业单位，强调了其公益性的一面，造成了国家对律师事务所及律师管制过多，无法调动律师的工作积极性，法律服务质量难以提高；而将律师事务所的性质规定为市场中介组织，则强调了其商业性的一面，会造成有些人将律师事务所当作企业对待，某些律师事务所及律师也可能因此而唯利是图。此外，律师的很多业务，如辩护、代理、咨询，并不具有中介性质。如何让律师事务所在商业性、社会性之间保持适当平衡，是我国律师制度改革中一个非常复杂的问题。

（二）律师事务所的组织形式

律师事务所的组织形式是指根据律师事务所财产所有权、承担责任的方式不同而对律师事务所进行的分类。我国律师事务所的组织形式，由早期单一的国资所，发展到后来的合伙所、合作所、国资所并存，再到今天的合伙所、个人所、国资所并存的格局。

1. 合伙律师事务所

合伙律师事务所是指由 3 名以上具有 3 年以上执业经历，并且能够从事专职律师工作的律师共同出资设立的律师事务所。合伙所的负责人，经全体合伙人选举产生。合伙所不具有法人资格，根据合伙人对律师事务所债务承担责任的方式不同，合伙所可分为两类：

（1）普通合伙律师事务所。在普通合伙律师事务所中，由全体合伙人对律师事务所的债务承担无限连带责任。该形式是目前我国最普遍的律师事务所组织形式。

（2）特殊合伙律师事务所。在特殊合伙律师事务所中，一个合伙人或者数个合伙人在执业活动中因故意或者重大过失造成的律师事务所债务，由该合伙人承担无限责任或者由该数个合伙人承担无限连带责任，其他合伙人以其在律师事务所中的财产份额为限承担责任；合伙人在执业活动中非因故意或者重大过失造成的律师事务所债务，由全体合伙人承担无限连带责任。特殊合伙律师事务所，是 2007 年修订《律师法》时参照《合伙企业法》的规定增设的律师事务所组织形式。

2. 个人律师事务所

个人律师事务所，是指由 1 名具有 5 年以上执业经历，并且能够从事专职律师工作的律师出资设立的律师事务所。个人所的设立人是该所的负责人。个人所不具有法人资格，设立人对律师事务所的债务承担无限责任。个人所是 2007 年修订《律师法》时增设的律师事务所组织形式，在此之前，在广东、上海、北京等经济发达地区曾进行过有益探索，目前我国个人所发展较快。

3. 国资律师事务所

国资律师事务所是指由当地县级司法行政机关筹建，由国家出资设立的律师事务所。国资所由县级人民政府核拨事业编制、提供经费保障，以该律师事务所的全部资产对其债务承担责任。由此可见，与合伙所、个人所不同，国资所具有法人资格。国资所的负责人，由本所律师推选，经所在地县级司法行政机关批准。随着我国律师制度的发展，国资所已从原来的主流组织形式演变成一种补充组织形式，现主要分布在我国中西部经济落后地区。我国各地经济社会发展很不平衡，但都需要律师提供法律服务。由于中西部地区的一些律师事务所靠自收自支难以生存和发展，律师事务所数量较少，由国家出资设立律师事务所可以满足当地群众和社会对法律服务的需求。因此，2007 年修订《律师法》时保留了国资所这种组织形式。目前国资所中有的能够自收自支，有的需要政府提供财政补贴。

在我国律师制度改革过程中，根据 1988 年司法部《合作制律师事务所试点方案》的精神，曾出现过合作制组织形式的律师事务所，并在 1996 年制定的《律师法》中得到了肯定。合作制律师事务所与合伙制律师事务所都采取"个人出资、自愿组合、自我管理、共担风险"的运行机制，不同的是合作制律师事务所具有法人资格，合作人以其出资额为限对律师事务所的债务承担有限责任，而合伙律师事务所不具有法人资格，合伙人对律师事务所的债务承担无限责任。由于合作制律师事务所的诸多弊端，2007 年《律师法》修订时，参照国际惯例，废除了合作制律师事务所，原有的合作制律师事务所已基本改制为合伙制律师事务所。

（三）律师事务所的业务范围

律师的业务范围就是律师事务所的业务范围。根据《律师法》第 28 条的规定，律师事务所的业务范围可概括为诉讼业务、非诉讼业务两大类型。

1. 诉讼业务

诉讼业务是律师事务所的传统业务，是指接受当事人委托或法律援助机构的指派，在诉讼中为当事人提供的法律服务。诉讼业务具体可分为民事诉讼代理、行政诉讼代理、刑事诉讼代理、刑事诉讼辩护、刑事诉讼其他服务（指侦查阶段为犯罪嫌疑人提供的法律服务）以及各类诉讼案件的申诉代理。

2. 非诉讼业务

非诉讼业务是指不涉及诉讼的其他法律服务。非诉讼业务范围很广，目前主要包括：①担任国家机关、公民、法人或其他组织的法律顾问；②代理参加调解、仲裁活动；③代理调查、收集证据材料；④代理参加谈判；⑤发表法律声明；⑥为公司上市、企业改制等事务出具法律意见书；⑦解答法律咨询；⑧代写法律文书；⑨办理见证。

随着我国政治、经济、文化等方面的改革和发展，社会各阶层对律师行业将提出更高的要求和多层次的法律服务需求，律师的业务范围，尤其是非诉讼业务领域将更加广阔。

二、公证机构

（一）公证机构的概念

公证，是指国家法律授权的专门机构及其专业人员，经当事人申请，对民事法律行为、有法律意义的文书和事实，证明其真实性、合法性的一种非诉讼活动。"公证"一词是相对"私证"而言的。由于公证行为只能由法律授权的专门机构及专业人员进行，因此与私证相比较，其证明的公信力较强，法律对经过公证的事项也赋予了一定的效力，社会公众对公证机构也比较信赖。公证制度是世界各国法律制度的重要组成部分，通过公证，可以起到预防纠纷，减少诉讼的作用。

根据我国《公证法》第 6 条的规定，公证机构是指依法设立，不以营利为目的，依法独立行使公证职能、承担民事责任的证明机构。根据司法部规定，公证机构的名称在我国统称为公证处。公证机构具有下列特征：

1. 公证机构的基本职能是公证，即从事证明活动

公证的本质是一项法律服务，面向社会提供公证服务，是公证机构的基本职能，除了法律、行政法规允许办理的一些辅助性事务之外，公证机构不得有

其他的经营活动。公证机构的证明活动，是对没有发生争议的相关事项的真实性、合法性进行确认；对已经发生争议的事项，公证机构无权进行公证，这是公证行为与法院、仲裁机构的裁判行为的重要区别之一。

2. 公证机构的设立必须符合法定条件，依法设立

"诚实信用"是公证机构取得社会信赖的基石，是公证行为获得社会公信力的根本保证。同时，公证又是一项专业性极强的工作，关系到当事人的权利和法律的正确实施。因此，一个机构要想赢得社会公众的信赖，获得法律授权从事公证活动，就必须符合一定的条件，严格的设立条件是公证行为具有公信力的根本保证，也是公证与私证的主要区别。我国公证机构的设立，必须符合《公证法》和司法部《公证机构执业管理办法》规定的设立原则、条件，并经省级司法行政机关审核批准。

3. 公证机构不得以营利为目的，具有公益性

国家建立公证制度的宗旨，是预防纠纷，减少诉讼。因此，公证具有维护社会秩序的功能，具有社会公益性。如果允许公证机构像企业一样以营利为目的，完全市场化，公证机构就必然丧失公信力。我国对公证机构的设立，实行合理布局、总量控制的原则，对公证机构的执业规定了管辖标准并划分执业区域，其目的就是防止公证机构之间的竞争过于激烈，保证公证行业的公益性。同时，公证作为一项法律服务行为，又具有商品交换的价值，不以营利为目的并不排除公证机构按照规定收取适当的公证服务费，以维持公证机构的正常运转。根据《公证法》的规定，公证收费标准由国家统一制定，而不是通过市场竞争机制形成，其目的也是为了保证公证机构的公益性。

前面提到，律师事务所也具有公益性的一面，但与公证机构相比较，律师事务所的设立不受地域限制、总量控制，律师事务所的执业范围也不受地域限制，不存在管辖分工，可见，国家更强调公证机构的公益性，限制其过度市场化。

4. 公证机构依法独立行使公证权，具有独立性

公证的目的，是证明民事法律行为、有法律意义的文书和事实的真实性、合法性。因此，公证机构的公证行为，必须以尊重客观事实、遵守法律法规为唯一准则，任何单位、个人都不得对公证机构的公证行为进行干涉。公证机构独立行使公证权，并不排除司法行政机关对公证机构的行政监督和人民法院对公证机构的司法监督。司法行政机关对公证机构的监督是宏观监督，主要表现

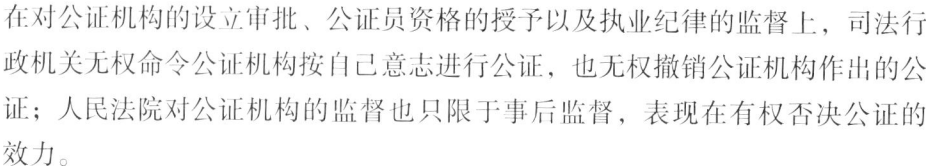

在对公证机构的设立审批、公证员资格的授予以及执业纪律的监督上，司法行政机关无权命令公证机构按自己意志进行公证，也无权撤销公证机构作出的公证；人民法院对公证机构的监督也只限于事后监督，表现在有权否决公证的效力。

5. 公证机构依法独立承担民事责任，属于民事法人

公证机构与公证申请人的关系，是平等主体之间发生的民事法律关系，公证机构凭借自己的专业知识和社会公信力为申请人提供法律服务，申请人从公证机构的服务中获得利益，并向其支付适当的报酬。因此，公证机构因过错给申请人或其他利害关系人造成损失的，应依法承担民事责任。《公证法》将公证机构承担的责任规定为民事责任，而不是国家赔偿责任，表明了公证行为的性质是民事行为，公证机构的性质不是国家机关，而是民事主体；公证机构独立承担民事责任，而不是由公证员个人承担民事责任，表明了公证机构属于法人组织。

公证机构的性质是国家机关、公益性事业单位，还是市场中介组织，是我国公证体制改革过程中一直存在争议的问题，理论上至今没有形成统一的认识。对公证机构的性质，我国在不同的时期有过不同的定位：1982年国务院《公证暂行条例》中将公证机构规定为国家公证机关；1993年党的十四届三中全会《中共中央关于建立社会主义市场经济体制若干问题的决定》中将公证机构规定为市场中介组织，并由此推动了公证体制市场化改革；2000年经国务院批准的司法部《关于深化公证工作改革的方案》中又将公证机构定性为执行国家公证职能、自主开展业务、独立承担责任、按市场规律和自律机制运行的公益性、非营利的事业法人。将公证机构规定为公益性、非营利的事业法人，其实是在公证机构的性质是国家机关还是市场中介组织的争议之间寻求一种平衡。既规定了公证机构是公益性、非营利的事业单位，又要求其按市场规律运行，也是互相矛盾的。由于对公证机构的性质缺乏统一认识，《公证法》中回避了这个问题，只从功能角度规定了公证机构是证明机构，没有明确规定公证机构的性质及组织形式。但从《公证法》将公证机构的责任规定为民事责任，还是可以看出法律从另一个侧面明确了公证机构不再具有国家机关的性质。

公证的实质在于公信力，而公信力并不在于公证的主体必须是国家机关。为了保证公证的公信力，法律可以对公证机构的设立规定严格的条件，可以授

权国家机关对公证机构的执业活动进行监督，而不必非要将公证权交由国家机关行使不可。因此，将公证行为理解为国家职能行为，将公证权理解为国家证明权，公证机构必须是国家机关的看法是不妥的。随着我国市场经济体制的建立和完善，政府职能正在发生转变，将公证权交由社会组织行使，也符合"小政府，大社会"的发展趋势。从《公证法》规定的精神来看，将公证行为非国家化、将公证权交由符合条件的事业单位或其他社会组织行使，将会是我国公证体制改革的方向。

（二）公证机构的组织形式

我国的公证体制正处于改革过程中，受不同时期对公证机构性质认识的影响，加上各地经济社会发展水平的差异，目前我国公证机构的组织形式分为三类：

1. 行政体制的公证机构

这类公证机构根据 1982 年国务院《公证暂行条例》设立，由所在地司法行政机关组建，性质上属于国家行政机关，占用国家行政编制，由国家提供经费保障，隶属于同级司法行政机关。根据 2000 年 7 月国务院批准的司法部《关于深化公证工作改革的方案》的精神，行政体制的公证机构从此不再设立，已有的公证机构开始向事业体制的公证机构改制。目前除少数边远、贫困地区之外，行政体制的公证机构已不存在。

2. 事业体制的公证机构

根据司法部 2000 年《关于深化公证工作改革的方案》、2006 年《公证机构执业管理办法》的规定，这类公证机构由所在地司法行政机关设立，大多由行政体制的公证机构改制而来，性质上属于国家事业单位，占用国家事业编制，接受司法行政机关的监督管理，但与司法行政机关之间没有隶属关系，财务上实行独立核算，经费上实行自收自支、统收统支、差额补贴三种不同形式。事业体制的公证机构是目前我国公证机构的主要组织形式，有的地方已成为公证机构的唯一组织形式。

3. 合作制的公证机构

这类公证机构由个人共同出资设立，具有法人资格，不占用国家编制，国家也不提供经费保障，按照自主经营、自负盈亏、共担风险的市场机制运行。这类公证机构是根据 2000 年初司法部律师公证司《关于开展合作制公证处试点工作的通知》的精神设立的，是我国公证体制市场化改革的尝试，目前已经停止设立，现存的数量很少。

此外，2000 年司法部还曾在深圳市尝试过合伙制公证机构试点工作，但这项工作以失败告终，合伙制公证机构在我国已不存在。

(三) 公证机构的业务范围

根据《公证法》规定，公证机构的业务范围可分为证明业务、非证明业务两大种类，其中证明业务是公证机构的基本业务。

证明业务具体包括：

1. 证明民事法律行为的真实性、合法性

公证机构根据当事人的申请，可以对合同、继承、委托、声明、赠与、遗嘱、财产分割、收养、招标投标、拍卖、公司章程的制定与修改等民事法律行为的真实性、合法性进行证明。

2. 证明有法律意义的事实的真实性

公证机构根据当事人的申请，可以对出生、生存、死亡、身份、经历、学历、学位、职务、职称、有无违法犯罪记录、婚姻状况、亲属关系状况、收养关系状况等法律事实的真实性进行证明。

3. 证明有法律意义的文书的真实性

主要包括：证明有法律意义的文书上的签名、印鉴、日期真实；证明有法律意义的文书的副本、影印本与原本相符。

根据《公证法》和有关法律的规定，经过公证的民事法律行为、有法律意义的文书和事实，分别具有三种不同的法律效力，即证据效力、强制执行效力、促使法律行为生效的效力。

非证明业务主要包括：保全证据；法律、行政法规规定由公证机构登记的事务（目前主要指《担保法》规定的抵押物登记）；提存；保管遗嘱、遗产或者其他与公证事项有关的财产、物品、文书；代写与公证事项有关的法律事务文书；提供公证法律咨询。

根据《公证法》第 31 条的规定，具有下列情形之一的，公证机构不予办理公证：①无民事行为能力或限制民事行为能力人在没有监护人代理情况下申请办理公证的；②当事人与申请公证的事项没有利害关系的；③申请公证的事项属于专业技术鉴定、评估事项的；④当事人之间对申请公证的事项有争议的；⑤申请公证的事项不真实、不合法、违反社会公德的；⑥当事人虚构、隐瞒事实或提供虚假证明材料的；⑦当事人提供的证明材料不充分或拒绝补充证明材料的；⑧当事人拒绝按规定支付公证费的。

（四）公证员

公证员是指符合法定条件，取得《公证员执业证书》，在公证机构执业从事公证业务的人员。公证员必须在公证机构执业，且只能在一个公证机构执业。公证员的执业活动除了接受司法行政机关、公证协会的监督外，还应接受所在公证机构的监督。《公证法》第18～20条对担任公证员的条件作了明确规定。根据《公证法》第21条的规定，担任公证员，由本人提出申请，经公证机构推荐，由所在地司法行政部门报省级司法行政部门审核同意后，报请司法部任命，并由省级司法行政部门颁发公证员执业证书。

三、法律援助机构

（一）法律援助机构的概念

根据国务院《法律援助条例》的规定，我国的法律援助指有关法律服务组织对符合条件的当事人无偿提供法律服务的活动，减收法律服务费的不包括在内。根据《法律援助条例》的规定，我们可以将法律援助机构定义为：法律援助机构，是指由政府或社会组织设立的，对经济困难的公民或法律规定的其他公民无偿提供法律服务的社会公益性组织。法律援助中心，是目前我国政府设立的法律援助机构的统称。

法律援助机构具有下列特征：

1. 法律援助机构的职能是为社会弱势群体无偿提供法律服务，其性质是社会公益性组织

市场经济和法治社会，是当今社会的发展方向。在法治社会中，法律事务是高度专业化的，没有律师和其他专业人员的帮助，一般人较难维护自己的权益；而市场经济又使法律服务成为一种职业，律师等专业人员提供的法律服务是有偿的。法律援助机构为贫困或处于不利地位的人提供无偿的法律服务，使他们为法律所认可和保护的权利得以实现，维护了社会公平正义，其性质又是社会公益性组织。

根据《法律援助条例》第4条的规定，法律援助的监督管理工作应该由司法行政机关负责，但由于内部机构设置、人员编制的原因，长期以来，各级（尤其是中央、省两级）司法行政机关普遍将法律援助管理工作授权给本机关

设立的法律援助中心行使，使得这部分法律援助中心具有行政管理和实施法律援助的双重职能，导致了当前各地法律援助中心性质不统一的现象。截至2014年底，全国法律援助管理机构数为474个，法律援助机构数为3263个，其中，行政性质机构和参照公务员管理的事业单位分别为1530个和628个，这两类机构占机构总数的66.1%；全额拨款事业单位（不含参照公务员管理的事业单位）1054个，占机构总数的32.3%。[1]

2008年9月，根据国务院批准的"三定方案"，司法部设立了法律援助工作司，专门负责全国的法律援助管理工作，以此为契机，目前地方各级司法行政机关正在争取地方政府的支持，增设管理法律援助工作的内设机构。根据司法部《2009～2012年深化司法行政体制和工作机制改革规划》的精神，进一步理顺法律援助管理体制，形成"司法行政机关切实履行监督管理职能、法律援助机构有效组织实施法律援助的工作格局"，是当前深化法律援助制度改革工作的一项重要任务。

2. 法律援助机构由政府或社会组织设立

为社会弱势群体提供帮助，保障他们的基本权利，是国家对公民应尽的义务。因此，《法律援助条例》第3条规定："法律援助是政府的责任，县级以上人民政府应当采取积极措施推动法律援助工作，为法律援助提供财政支持，保障法律援助事业与经济、社会协调发展。"扶弱济困，是国家和社会倡导的社会公德。社会组织自愿设立法律援助机构，既弘扬了社会公德，又能减轻政府的经济负担，弥补专职法律援助人员的不足。《法律援助条例》第8条规定："国家支持和鼓励社会团体、事业单位等社会组织利用自身资源为经济困难的公民提供法律援助。"目前社会组织设立的法律援助机构，主要由高等院校、妇联、残联设立，如武汉大学法学院设立的"武汉大学法律援助中心"等。

从1994年初司法部开展法律援助试点工作起，经过二十多年的努力，我国已初步形成了以中央、省、地、县四级司法行政部门设立的专职法律援助机构为主，工会、妇联、残联、高等院校等社会组织设立的各类社会法律援助机构为辅的法律援助机构体系。《法律援助条例》对政府设立的法律援助机构作了较为详细的规定，但对社会组织设立的法律援助机构如何管理、运作，没有

---

〔1〕 数据来源：《司法部法援司简报》，2015年4月22日第7期。

作出任何规定。如何管理社会组织设立的法律援助机构、处理好两类法律援助机构之间的分工与协作，是法律援助管理体制、工作机制改革过程中司法行政机关需要解决的问题。

（二）法律援助的对象和援助范围

根据《法律援助条例》规定，法律援助的对象只限于经济困难的公民和符合条件的刑事案件犯罪嫌疑人、被告人，法人及其他组织不属于法律援助的对象。[1]公民经济困难的标准，由省、自治区、直辖市人民政府根据本行政区域经济发展状况和法律援助事业的需要规定。目前全国大多数地方都以低保条件作为法律援助经济困难的标准。

根据《法律援助条例》规定，法律援助的范围包括：

1. 民事、行政诉讼代理和非诉讼事务代理

下列需要代理的事项，公民因经济困难没有委托代理人的，可以向法律援助机构申请法律援助：依法请求国家赔偿的；请求给予社会保险待遇或者最低生活保障待遇的；请求发给抚恤金、救济金的；请求给付赡养费、抚养费、扶养费的；请求支付劳动报酬的；主张因见义勇为行为产生的民事权益的。这些代理内容，根据案情的不同，可以是民事诉讼代理、行政诉讼代理、劳动仲裁代理或其他非诉讼事务的代理。

2. 为犯罪嫌疑人提供法律帮助

犯罪嫌疑人在被侦查机关第一次讯问后或者采取强制措施之日起，因经济困难没有聘请律师的，本人或者近亲属可以向法律援助机构申请指派律师提供法律帮助。

3. 刑事代理

公诉案件中的被害人及其法定代理人或者近亲属，自案件移送审查起诉之日起，自诉案件的自诉人及其法定代理人，自人民法院受理案件之日起，因经济困难没有委托诉讼代理人的，可以向法律援助机构申请法律援助。

4. 刑事辩护

法律援助机构为被告人提供刑事辩护援助只能由人民法院指定。人民法院指定刑事辩护的情形包括：公诉人出庭公诉的案件，被告人因经济困难或者其

---

〔1〕 有的地方规定，公益福利组织可以成为法律援助的对象。参见《湖北省法律援助办法》第8条。

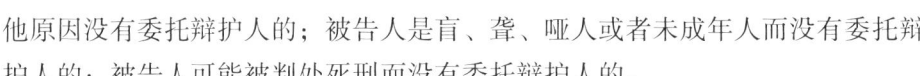

他原因没有委托辩护人的；被告人是盲、聋、哑人或者未成年人而没有委托辩护人的；被告人可能被判处死刑而没有委托辩护人的。

5. 法律咨询

公民可以就法律援助范围内的事项向法律援助机构申请法律咨询。公民申请法律咨询的，法律援助机构应当安排人员即时办理；复杂疑难的，可以预约择时办理。

6. 其他需要法律援助的事项

考虑到各地经济社会发展水平的差异和公民对法律援助需求的不同，《法律援助条例》授权省级人民政府可以对法律援助代理事项作出补充规定。

近几年来，为了进一步发挥法律援助工作在维护社会稳定、实现社会公平正义中的作用，按照中央关于做好法律援助工作的一系列指示精神，各地加大了法律援助工作力度，扩大了法律援助覆盖面，法律援助经济困难的标准正在适度放宽，法律援助的范围也日益扩大，一些与民生问题紧密相关的事项，如工伤事故、医疗事故、交通事故、农村生产经营纠纷、家庭暴力、虐待、遗弃以及公证、司法鉴定等事项，正在逐步纳入各地法律援助的范围。

（三）法律援助机构的工作内容

根据《法律援助条例》的规定，法律援助机构的工作内容主要包括：

1. 审查申请

对公民提出法律援助的申请，法律援助机构应依法进行审查。审查的内容包括：申请人是否符合经济困难条件；申请事项是否属于法律援助的范围。符合条件的，应及时决定提供法律援助，不符合条件的，应书面告知申请人并说明理由。但是，被告人是盲、聋、哑人或者未成年人而没有委托辩护人的，被告人可能被判处死刑而没有委托辩护人的，人民法院为被告人指定辩护时，法律援助机构应当提供法律援助，无需对被告人的经济状况进行审查。此外，有的地方规定，对农民工请求劳动报酬和工伤赔偿的案件、见义勇为的案件也不需要审查申请人的经济状况。申请人对法律援助机构作出的不予援助决定有异议的，可向司法行政机关申请复查。

2. 组织、实施法律援助

对决定提供法律援助的事项，法律援助机构可以安排本机构工作人员实施，也可以指派律师事务所安排律师实施，还可以根据其他社会组织的要求，安排其所属人员实施。

根据《法律援助条例》第 23 条的规定，法律援助实施过程中，出现下列情形之一的，法律援助机构审查核实后，应该决定终止该项援助：①受援人的经济收入状况发生变化，不再符合法律援助条件的；②案件终止审理或者已被撤销的；③受援人又自行委托律师或者其他代理人的；④受援人要求终止法律援助的。

3. 结案、支付办案补贴

法律援助事项结案后，实施人员应该向法律援助机构提交有关法律文书副本等结案材料。法律援助机构收到结案材料后，应向接受指派的律师或接受安排的其他社会组织人员支付办案补贴。根据目前各地规定，对本机构的专职人员，援助事项结案后法律援助机构也应支付办案补贴。法律援助办案补贴的标准由省级司法行政部门会同同级财政部门，根据当地经济发展水平，参考法律援助机构办理各类法律援助案件的平均成本等因素核定，并可以根据需要调整。

公证法律援助依法只能由公证处实施。但公证法律援助的申请，向谁提出、由谁决定，目前没有统一规定。有的地方规定，由申请人向法律援助机构提出申请，由法律援助机构审查决定，指派公证处实施；有的地方规定，由申请人向公证处提出，由公证处审查决定；还有的地方规定，既可以向法律援助机构提出，也可以向公证处提出，但由双方共同审查决定。司法鉴定法律援助也面临同样的问题。为了建立统一的法律援助工作机制，我们认为，应该由法律援助机构统一受理申请、审查决定。

（四）法律援助人员

法律援助人员包括政府设立的法律援助机构中的专职人员和其他组织的人员。专职人员是目前法律援助的主体力量，由公职律师和其他符合条件的人员组成，这部分人占用国家编制，由政府提供工资、办案补贴、福利保障。其他组织的人员主要包括律师、基层法律服务工作者、公证员、司法鉴定人、社会志愿者。

四、基层法律服务所

（一）基层法律服务所的概念

基层法律服务所是乡镇法律服务所、街道法律服务所的总称，是指符合一定条件，经司法行政机关审批，在农村乡镇、城市街道设立的面向基层社会提供法律服务的组织，是基层法律服务工作者的执业机构。这一定义包括下列内容：

1. 基层法律服务所的功能是提供法律服务，属于法律服务组织

同律师事务所一样，基层法律服务所的功能也是面向社会提供法律服务，并收取适当的服务费，只不过在服务对象上，基层法律服务所强调面向基层，服务对象主要是辖区内的单位和个人。另外，受法律规定的限制及自身业务素质的影响，基层法律服务所的法律服务范围比律师事务所要狭窄一些，服务费也要低廉一些。

2. 基层法律服务所的设立必须符合一定的条件，经过司法行政机关审批

同律师事务所一样，基层法律服务所的工作也关系到当事人权利的实现、法律的正确实施和社会公平正义的实现，因此对其设立也应该规定一定的条件，实行行政审批制度。我国至今没有对基层法律服务工作进行立法，基层法律服务所的设立条件、审批程序，目前由司法部《基层法律服务所管理办法》进行规范。

3. 基层法律服务所按乡镇、街道行政区划设立

律师事务所的设立不受行政区划的限制，当前我国律师事务所主要集中在大中城市和县城。与律师事务所不同，基层法律服务所必须按乡镇、街道设立，要受到行政区划的限制。贴近基层、面向社区、方便群众，是基层法律服务所具有的鲜明特色。

4. 基层法律服务所是基层法律服务工作者的执业机构

基层法律服务工作者是指取得《法律服务工作者执业证》，接受委托或指派，为当事人提供法律服务的执业人员。根据《基层法律服务工作者管理办法》的规定，基层法律服务工作者必须在基层法律服务所执业，且只能在一个基层法律服务所执业。基层法律服务工作者承办业务，由基层法律服务所统一接受委托，与委托人签订书面委托合同。基层法律服务所对基层法律服务工作者的执业活动进行监督。

对基层法律服务所的性质，目前缺乏法律的明确定位。在不同的时期，对基层法律服务所的性质有过多种不同的提法：20 世纪 90 年代初期，《中央中共、国务院关于加强社会治安综合治理的决定》等有关文件中，将基层法律服务所规定为"政法基层组织"；20 世纪 90 年代末期，随着基层法律服务所

向自收自支、独立核算方向发展，有的地方开始将其调整为事业单位，2000年3月，司法部《基层法律服务所管理办法》中也将基层法律服务所规定为事业法人；2000年8月，国务院清理整顿经济鉴证类社会中介机构领导小组《关于进一步明确经济鉴证类社会中介机构清理整顿范围的通知》中将基层法律服务所列为"经济鉴证类社会中介机构"，并要求其按《国务院办公厅关于清理整顿经济鉴证类社会中介机构的通知》的精神与政府部门脱钩改制。我们认为，同律师事务所的性质一样，基层法律服务所的性质也具有商业性、社会性的复合特征，将其定性为事业单位或市场中介机构，都是片面的。

（二）基层法律服务所的历史与现状

基层法律服务所最早于1980年底出现在广东、福建等农村地区，主要是面向广大农民，提供简单的法律服务。广大农村进行的经济体制改革使经济得到了迅速的发展，伴随经济发展的同时，来自基层的大量经济、民事纠纷急需法律的调整，群众对法律服务的需求与日俱增。当时我国律师制度刚刚恢复，律师数量难以满足群众对法律服务的需求，在这样的背景下基层法律服务所应运而生。自1984年以来，经司法部和中央书记处先后以会议、文件等形式肯定推广之后，基层法律服务所在全国范围内迅速发展，并普及到大中城市的街道和厂矿企业。在基层法律服务所的发展过程中，司法部制定了一些部门规章，有的地方也制定了一些地方性法规、政府规章进行规范。然而，由于缺乏法律进行统一规范，基层法律服务所的名称、性质、设立、组织形式、业务范围一直比较混乱，基层法律服务所挂靠政府部门或其他单位的现象也比较普遍。脱钩改制前，全国近八成的基层法律服务所与司法所政事合一、合署办公，实行"两块牌子、一套人马"。2000年9月，根据中央有关文件，司法部出台了《基层法律服务机构脱钩改制实施意见》，在司法部的统一部署下，绝大多数的基层法律服务所开始了与政府部门或组建单位脱钩改制，基层法律服务所的组织形式由占用国家编制、国家提供全额拨款或差额补贴，向不占用国家编制和经费、"自愿组合、自我管理、共同出资、共担风险"的合伙制转变，基层法律服务所无序现象得到了一定改善。2003年国家颁布了《行政许可法》，受此影响，近几年来基层法律服务所和基层法律服务工作者的数量明显下降。

由此可知，基层法律服务所是在我国法制建设不完善、律师数量严重不足的社会背景下自发产生的，依靠政策和行政手段的推动得以发展，依靠司法部的规章取得法律地位，它的存在长期以来缺乏法律依据。随着我国法制建设的完善，特别是《律师法》《行政许可法》的颁布，以及律师队伍的发展壮大，基层法律服务所的生存与发展正面临着法律、市场的双重挑战。从目前来看，我国律师队伍仍存在总体数量不足、区域分布不均的问题，律师主要集中在大中城市，基层法律服务所在一些经济欠发达地区，特别是农村地区还有长期存在的必要性；从长远来看，随着我国经济社会的发展，律师队伍的进一步发展壮大，人民群众对法律服务要求的提高，通过法律、政策限制基层法律服务所的发展，帮助其转变发展方向，现有的基层法律服务所逐步减少、消灭将是必然趋势。在大中城市，如何引导街道法律服务所转型；在农村，如何规范乡镇法律服务所建设，帮助其提高服务质量，为农村经济、社会发展提供优质高效的服务，是当前基层法律服务工作改革中司法行政机关面临的重要任务。

（三）基层法律服务所的业务范围

根据 1991 年司法部《乡镇法律服务业务工作细则》第 3 条的规定，基层法律服务所的业务范围包括：①应聘担任法律顾问；②代理参加民事、经济、行政诉讼活动；③代理非诉讼法律事务；④主持调解纠纷；⑤解答法律询问；⑥代写法律事务文书；⑦协助办理公证事项；⑧协助司法助理员开展法制宣传教育和其他有关业务工作。

其中的第④、⑦、⑧项，是在将基层法律服务所的性质定位为政法基层组织的历史背景下，对其设定的职责，并不属于法律服务方面的业务范围。《基层法律服务所管理办法》中也规定了基层法律服务所有接受县级司法行政机关或司法所的委托，协助开展基层司法行政工作的职责。根据司法部《基层法律服务机构脱钩改制实施意见》，基层法律服务所脱钩改制后，其接受司法行政机关或基层政府委托，协助开展基层司法行政工作的职责不变。

比较《乡镇法律服务业务工作细则》《律师法》的规定，可以看出，在法律服务业务范围方面，除了不得从事刑事诉讼活动之外，基层法律服务所与律师事务所并无其他不同。

诉讼代理是目前基层法律服务所的主要业务。随着我国法制建设的完善，基层法律服务所通过部门规章形式取得的该项业务，因有违《民事诉讼法》《行政诉讼法》《立法法》《律师法》的有关规定，一直受到非议。早在 2002 年 8 月，时任司法部部长张福森在上海举行的加强大中城市社区法律服务工作座谈会上，就提出大中城市街道法律服务所要逐步退出诉讼代理领域。个别地方法院，甚至禁止基层法律服务工作者在本院出庭。[1]可以预见，除非法律赋予基层法律服务工作者诉讼代理权，否则，基层法律服务所退出诉讼代理领域将是必然趋势。

五、司法鉴定机构

（一）司法鉴定机构的概念

鉴定是指运用科学技术和专业知识对专门性问题进行鉴别、判断的活动，如考古学家对历史文物进行鉴定。司法鉴定是鉴定活动的一种，是指对涉及法律实施的有关事项进行的鉴定，比如刑事诉讼中对被告人的精神状况进行鉴定，判断其是否应承担刑事责任。司法鉴定的概念在我国有广义和狭义之分。广义的司法鉴定，是指在裁判和证明活动中，鉴定人运用科学技术和专业知识对专门性问题进行鉴别、判断并提供鉴定意见的活动，其服务领域包括诉讼、行政执法、仲裁、调解、公证等裁判和证明活动。狭义的司法鉴定服务领域仅限于诉讼活动。根据 2005 年 2 月全国人大常委会《关于司法鉴定管理问题的决定》（以下简称《决定》）第 1 条的规定，我国对司法鉴定采用的是狭义的概念。

据此，在我国，所谓司法鉴定机构，是指在诉讼活动中，接受司法机关或当事人委托，运用科学技术和专业知识对诉讼涉及的专门性问题作出鉴别和判断并提供鉴定意见的法人或其他组织。正确理解司法鉴定机构的含义，应注意以下两点：

1. 司法鉴定机构的功能是为诉讼提供专业性证明服务，属于法律服务组织

诉讼活动中有些事实的认定，需要凭借科学技术和专业知识，而这是一般法官、检察官、侦查人员及当事人所不具备的，因而需要专业人员提供帮助。司法鉴定机构正是凭借自己的科学技术和专业知识优势，帮助司法机关及当事人解决诉讼中遇到的专业性事实认定问题，因此，它的性质是法律服务组织。现实生活中侦查机关因工作需要设立司法鉴定机构，其职能也只是为侦查工作提供专业服务，鉴定人员不得兼任侦查人员，参与侦查活动，其性质仍属于内

---

[1] 据《潇湘晨报》报载，2005 年 10 月，衡阳市中级人民法院作出了"法律工作者"不得在该院出庭的决定。

部服务机构。

司法鉴定机构与律师事务所、基层法律服务所、法律援助机构相比较，虽同属于法律服务组织，但在诉讼活动中的服务内容则有所不同：司法鉴定机构仅就案件涉及的专业性事实认定问题提供鉴别、判断意见，供司法机关参考，而不就案件法律问题发表意见；律师事务所、基层法律服务所、法律援助机构是就案件如何认定事实、如何适用法律等法律问题发表意见，供司法机关参考。因此，前者要求服务者具备相关领域的专业知识，后三者要求服务者具备法律专业知识。司法鉴定机构和公证机构的功能虽然都是提供证明服务，但司法鉴定具有专业性、科学性，两者的服务领域有明确的区分，根据《公证法》第31条的规定，申请公证的事项属于专业技术鉴定、评估事项的，公证机构不予办理。

2. 司法鉴定机构应该独立于司法机关和当事人之外，具有中立性

司法鉴定机构及其鉴定人提供的鉴定意见，是我国民事诉讼法、刑事诉讼法、行政诉讼法中规定的重要证据种类之一。因其科学性、客观性较强，在诉讼中往往起到关键作用，直接影响到法律的正确实施，影响到公平正义的实现。为了保证司法鉴定意见的科学性、客观性，就必须从制度上确保司法鉴定机构和鉴定人独立于司法机关和当事人之外，与案件不存在任何利害关系，在诉讼中处于中立的地位。

根据我国诉讼法律和《最高人民法院关于审判人员在诉讼活动中执行回避制度若干问题的规定》，审判人员、检察人员、侦查人员不得兼任本案鉴定人，鉴定人不得与当事人存在利害关系，否则，当事人有权申请其回避。可见，我国已从法律上实现了鉴定人的独立。根据《决定》第7条的规定，人民法院、司法行政部门不得设立司法鉴定机构，侦查机关根据工作需要可以设立司法鉴定机构。可见，我国已从法律上实现了司法鉴定机构与审判机关、司法鉴定管理机关的独立，但还没有实现司法鉴定机构与侦查机关的独立。刑事诉讼中，尽管规定了鉴定人不得兼任侦查人员，但由于侦查机关设立的司法鉴定机构不具有独立性，在其中执业的鉴定人也依附于侦查机关，由其作出的鉴定意见当然会引起被告人、辩护人的质疑，在审判环节往往导致申请重新鉴定的现象，既影响了公正，也影响了效率。因此，为保证司法鉴定机构的独立性，我国在今后的司法鉴定体制改革中，也应实现司法鉴定机构与侦查机关的分离。

（二）司法鉴定机构的管理体制

长期以来，由于缺乏立法，我国司法鉴定机构设置混乱，管理体制不顺，条块分割、各自为政现象严重，公安机关、安全机关、检察院、法院、司法行政机关以及其他部门、组织都设立有自己的鉴定机构，并各自制定管理办法，司法实践中自侦自鉴、自诉自鉴、自审自鉴，多头鉴定、重复鉴定的现象非常普遍，严重损害了司法公正和诉讼效率。为此，全国人大常委会通过了《关于司法鉴定管理问题的决定》，为我国理顺司法鉴定管理体制确定了基本框架。根据《决定》及有关规定，目前我国的司法鉴定机构管理体制可分为：

1. 司法行政机关管理的司法鉴定机构

这类司法鉴定机构由社会上法人或其他组织申请设立，面向社会提供下列事项的司法鉴定服务：①法医类鉴定；②物证类鉴定；③声像资料鉴定；④司法部商同最高人民法院、最高人民检察院确定的其他应当对鉴定人和鉴定机构实行登记管理的鉴定事项。

《决定》实施以来，由于至今司法部、最高人民法院、最高人民检察院还没有商定第四类鉴定事项的范围，因此，目前司法行政机关管理的仅限于从事前三类鉴定事项业务的司法鉴定机构。

根据《决定》及 2005 年司法部《司法鉴定机构登记管理办法》的规定，法人或其他组织从事上述司法鉴定事项，由省级人民政府司法行政部门负责核准登记、名册编制、公告，并接受其监督检查。任何法人或其他组织未经省级司法行政机关审批取得《司法鉴定许可证》，不得从事上述三类事项的司法鉴定业务。

其实，国务院早在 1998 年批准《司法部职能配置、内设机构和人员编制规定》中，就赋予司法行政机关对面向社会服务的司法鉴定机构及鉴定人的管理权。司法部据此于 2000 年颁布《司法鉴定人管理办法》（现已失效）和《司法鉴定机构登记管理办法》（现已失效），要求面向社会服务的司法鉴定机构及鉴定人应到省级司法行政机关进行审核登记，接受统一管理。2005 年《决定》实施前，有些地方制定的《司法鉴定管理条例》中，也授权司法行政机关管理面向社会服务的司法鉴定机构及鉴定人。但由于缺乏法律依据，司法部颁布的《司法鉴定人登记管理办法》和《司法鉴定机构登记管理办法》以及地方性法规在效力上无法与其他部门规章、有关司法解释抗衡，司法行政部门对面向社会服务的司法鉴定机构及鉴定人难以实行统一有效的管理。全国人

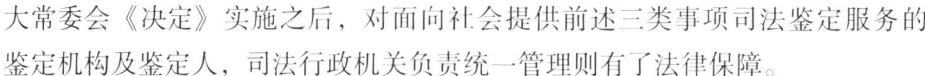

大常委会《决定》实施之后，对面向社会提供前述三类事项司法鉴定服务的鉴定机构及鉴定人，司法行政机关负责统一管理则有了法律保障。

2. 侦查机关管理的司法鉴定机构

这类司法鉴定机构由侦查机关（公安机关、国家安全机关、检察机关）因侦查工作需要设立，不得面向社会提供司法鉴定服务，主要由各级公安机关及其所属院校、科研机构设立的鉴定机构组成。《决定》第 7 条对侦查机关设立的司法鉴定机构作了保留，但没有明确规定这类鉴定机构由司法行政机关统一管理，因此对其仍沿用原来的管理体制，由侦查机关依其规定自行管理。目前对这类鉴定机构的管理依据分别有公安部《公安机关鉴定机构登记管理办法》、最高人民检察院《人民检察院鉴定机构登记管理办法》以及国家安全部制定的有关管理文件。

《决定》实施后，为了进一步完善对侦查机关设立的司法鉴定机构的管理，根据中央政法委员会《关于进一步完善司法鉴定管理体制遴选国家级司法鉴定机构的意见》（政法〔2008〕2 号），2008 年 11 月 20 日最高人民法院、最高人民检察院、公安部、国家安全部、司法部联合颁发了《关于做好司法鉴定机构和司法鉴定人备案登记工作的通知》（司发通〔2008〕165 号），规定对侦查机关设立的司法鉴定机构及鉴定人由省级司法行政机关进行备案登记、名册编制（按系统单独编制）、公告（国家安全机关设立的司法鉴定机构及鉴定人不公告）。这样，从 2008 年 12 月开始，对侦查机关设立的司法鉴定机构，我国实行了侦查机关直接管理与司法行政机关备案登记相结合的管理模式。

3. 其他部门管理的司法鉴定机构

这类司法鉴定机构是指由国家有关部门、高等院校、科研机构、社会团体或个人设立，从事法医类、物证类、声像资料三类司法鉴定事项之外，面向社会提供司法鉴定服务的机构，主要包括从事知识产权、司法会计、建筑工程质量与造价、物价等司法鉴定事项的机构，如物价局设立的价格认证中心、个人设立的合伙制会计师事务所等。《决定》实施以来，由于司法部、最高人民法院、最高人民检察院至今尚未商定将其中哪些司法鉴定事项列入司法行政机关的管理范围，因此对从事这些司法鉴定事项的鉴定机构仍沿用原来的管理体制，由有关部门按其规定各自管理。这类鉴定机构在设立时由相关行业部门依其规定进行审批，取得主体资格，但要想对其业务范围内的事项进一步获得司法鉴定资格，一般要根据最高人民法院 2002 年《人民法院对外委托司法鉴定管理规定》、2004 年《人民法院司法鉴定人名册制度实施办法》的规定，向人民法院提出申请，经上一级法院批准列入下级法院的司法鉴定人名册并在《人民法院报》上公告。如果司法鉴定涉及的专业未列入名册的，人民法院也可以从社会相关专业中，择优选定受委托单位或专业人员进行鉴定。此外，也有的地方性法规规定，这类司法鉴定机构要由省级司法行政机关审批。于是，目前这类司法鉴定机构，有的只出现在行业主管部门的登记名册中，有的只出现在人民法院的登记名册中，有的则同时出现在人民法院、省级司法行政机关的登记名册中。可见，目前这类司法鉴定机构的管理体制需要进一步理顺。

可以看出，目前我国还未形成统一的司法鉴定管理体制，自侦自鉴、自诉自鉴、多头管理带来的弊端仍然存在。为了保证司法公正，提高诉讼效率，借鉴国外司法鉴定制度的经验，我国有必要建立由司法行政部门统一管理的司法鉴定管理体制。

以上三种管理体制是从行政管理角度进行区分的。按照司法部《司法鉴定机构登记管理办法》第 4 条的要求，对司法行政机关管理的司法鉴定机构，应实行司法行政机关行政管理和司法鉴定人协会行业管理相结合的管理体制。由于司法鉴定活动的专业性、科学性，如司法鉴定机构及鉴定人资质、资格的认定和司法鉴定行业标准的制定等，单靠司法行政机关的行政管理存在明显不足。因此，在对司法鉴定机构及鉴定人进行管理时，应充分发挥行业协会的作用。如何建立和完善行政管理和行业管理相结合的司法鉴定管理体制，是司法行政部门在深化司法鉴定管理体制改革中面临的一项重要课题。

（三）司法鉴定机构的业务范围

司法鉴定的业务范围很广，各类鉴定机构应在主管部门核准的资质范围内从事司法鉴定业务。目前司法鉴定机构的业务范围主要包括：①法医类鉴定，包括法医病理鉴定、法医临床鉴定、法医精神病鉴定、法医物证鉴定和法医毒物鉴定；②物证类鉴定，包括文书鉴定、痕迹鉴定和微量鉴定；③声像资料鉴定，包括对录音带、录像带、磁盘、光盘、图片等载体上记录的声音、图像信息的真实性、完整性及其所反映的情况过程进行的鉴定和对记录的声音、图像中的语言、人体、物体作出种类或者同一认定；④司法会计鉴定；⑤知识产权鉴定；⑥产品质量鉴定；⑦建筑工程质量和造价鉴定；⑧物价、资产评估鉴定。

（四）司法鉴定人

司法鉴定人是指运用科学技术或者专门知识对诉讼涉及的专门性问题进行鉴别和判断并提出鉴定意见的人员，也称"专家证人"。司法鉴定人申请执业，应符合一定条件，从有关部门取得执业证书。司法鉴定人应在一个司法鉴定机构执业，遵守司法鉴定机构内部管理制度，受司法鉴定机构指派，独立完成鉴定工作，出具鉴定意见。受目前司法鉴定管理体制的影响，我国对司法鉴定人也没有建立统一的管理制度，司法鉴定人根据其所在的执业机构，分别接受不同部门的管理。

六、人民调解委员会

（一）人民调解委员会的概念

调解，从基本词义上来讲，是指由第三方劝说双方消除纠纷的活动。根据主持调解的主体不同，我国现行的调解可分为司法调解、行政调解、仲裁调解、民间调解。人民调解是民间调解的一种主要形式，是指在特定的民间组织（人民调解委员会）的主持下，以国家法律、法规、规章、政策和社会公德为依据，对民间纠纷双方当事人进行疏导、劝说，促使他们平等协商、互谅互让、自愿达成协议，解决纠纷的民间活动。人民调解在我国有着悠久的历史和文化传统，作为一种诉讼外的纠纷解决机制，人民调解因其灵活、便利、高效的优势，长期以来深受人民群众欢迎，在解决民间纠纷、维护社会稳定方面发挥着重要作用，在国际社会享有"东方经验""东方一枝花"的美誉。

人民调解委员会就是主持人民调解的特定民间组织。我国《宪法》《民事诉讼法》都肯定了人民调解委员会的法律地位，国务院《人民调解委员会组织条例》、司法部《人民调解工作若干规定》以及各地地方性法规对人民调解委员会及人民调解工作作出了具体规定。在此基础上，2010 年 8 月 28 日，国家制定了《人民调解法》，第一次以法律形式对人民调解工作作出了专门规定。根据以上法律、法规、规章的规定，人民调解委员会的特点是：

1. 人民调解委员会的性质是群众自治组织

人民调解委员会是人民群众进行自我教育、自我管理、自我约束的自治组织，不是国家机关，不带有官方色彩。人民调解委员会的产生是人民群众自我管理、自我教育、自我服务的自发要求的结果，满足了人民群众借助自身的力量而不是通过国家机关解决民间内部纠纷的内在需要，符合人民群众的根本利益。

人民调解委员会属于群众自治组织，实际上在国家管理之外，承担着社会自我管理的功能，人民调解工作也不具有商品交换性，不收取任何费用。因此人民调解委员会的性质不同于前述五类法律服务组织，不属于法律服务机构。

2. 人民调解委员会的根本职责是调解民间纠纷

纠纷，是指社会主体之间因现实生活中的利害关系所发生的公开对立。现有的法律、法规、规章都规定人民调解委员会的职责是调解民间纠纷，但什么是民间纠纷，目前还没有明确统一的答案。一般来讲，民间纠纷是指平等社会成员（个人、组织）之间发生的法律纠纷、非法律纠纷。法律纠纷是指涉及法律上的权利义务争议的纠纷，包括民事纠纷、轻微刑事案件（自诉案件）在受害人与加害人之间引发的纠纷、治安管理案件在受害人与加害人之间引发的纠纷，不包括国家机关与公民、法人、其他组织之间的纠纷（行政纠纷、刑事纠纷），也不包括国家机关之间因行使职权引发的纠纷。非法律纠纷，是指不涉及法律上的权利义务争议的纠纷，是因违反社会公德、风俗习惯引起的纠纷。根据《人民调解工作若干规定》第20条的规定，人民调解委员会调解的民间纠纷，包括发生在公民与公民之间、公民与法人和其他社会组织之间涉及民事权利义务争议的各种纠纷。这个规定对人民调解委员会受理民间纠纷的范围规定得比较狭窄。随着经济社会的发展，各地根据需要在实践中对人民调解委员会受理的民间纠纷的范围做了有益的探索和创新，在不少地方，法人及其他社会组织之间发生的民事纠纷、治安案件、刑事自诉案件也可以成为人民调解委员会的受理范围。

3. 人民调解委员会在基层人民政府和基层人民法院的指导下开展人民调解工作

人民调解委员会虽然是群众自治组织，但并不意味着国家对人民调解委员会的组织建设及调解工作可以放任自流。由于物质条件、社区建设、民主意识、法治观念等一系列因素的制约，当前人民调解工作的群众化、自治化程度还比较低，人民调解委员会的自我建设和管理水平也比较落后，调解质量有待进一步提高，因此，需要国家对人民调解委员会的工作提供必要的指导和帮助。国家对人民调解委员会的指导工作具体由司法所、人民法庭负责落实。

作为群众自治组织，人民调解委员会开展调解工作具有相对的独立性。基

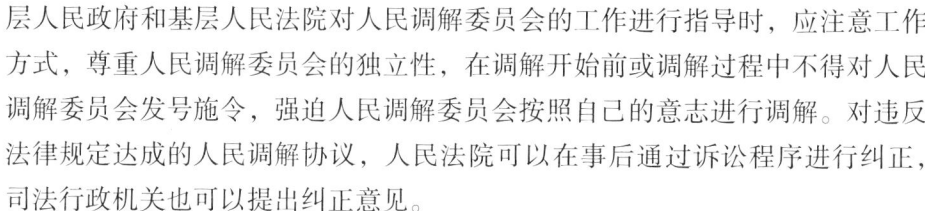

层人民政府和基层人民法院对人民调解委员会的工作进行指导时，应注意工作方式，尊重人民调解委员会的独立性，在调解开始前或调解过程中不得对人民调解委员会发号施令，强迫人民调解委员会按照自己的意志进行调解。对违反法律规定达成的人民调解协议，人民法院可以在事后通过诉讼程序进行纠正，司法行政机关也可以提出纠正意见。

（二）人民调解委员会的组织形式

按照《宪法》《人民调解委员会组织条例》的规定，人民调解委员会设立在村民委员会、居民委员会之下，企业事业单位根据需要也可以设立。但是，随着社会主义市场经济的建立和发展，人员流动日益频繁，多主体、跨地区、跨单位、跨行业的民间纠纷日益增多，民间纠纷的类型与内容越来越复杂，处理的难度也越来越大，仅靠村（居）委会和企业事业单位的人民调解委员会，已经难以适应新形势下调处民间纠纷的要求。因此《人民调解工作若干规定》对人民调解委员会的组织形式作了创新规定，这些创新规定在《人民调解法》中也得到了肯定。目前，人民调解委员会的组织形式分为：

1. 村（居）委会人民调解委员会

村（居）委会人民调解委员会以居委会、村委会为依托，随居委会、村委会的设置而设立，是当前人民调解委员会的主要组织形式，主要受理本社区、本村内部发生的婚姻、家庭、邻里、债务等民间纠纷。

2. 企业、事业单位人民调解委员会

企业、事业单位人民调解委员会一般由企业、事业单位党组织或工会负责组建，主要受理本单位员工之间、员工与其家庭成员之间、员工家庭成员之间、员工或其家庭成员与周边群众之间发生的各种民间纠纷。

3. 街道、乡镇人民调解委员会

街道、乡镇设立的人民调解委员会由基层司法所以街道、乡镇为单位组建，负责调解辖区内居委会、村委会和企业事业单位人民调解委员会调解不了的重大、疑难、复杂的民间纠纷和跨地区、跨单位的民间纠纷。

4. 区域性人民调解委员会

区域性人民调解委员会是指在特定行政区域、特定生产生活地区建立的，以专门区域作为管辖范围的人民调解组织。设置区域性人民调解委员会的目的，是弥补上述组织形式的人民调解委员会在管辖上的不足，防止出现"大家都不管"的真空地带，消除死角。目前，已经建立的区域性人民调解委员会主要有：在行政辖区接边地区建立的联合人民调解委员会，在集贸市场、经济开发区、商品集散地、工程工地、流动人口聚居区建立的人民调解委员会等。区域性人民调解委员会根据实际需要灵活设置，有的具有临时性，如在工程工地设立的人民调解委员会，工程完工后就自动解散。区域性人民调解委员会一般由政府有关部门组建，如行政辖区接边地区的联合人民调解委员会一般由接边地区的街道办事处、乡镇政府或接边地区司法所联合组建，经济开发区人民调解委员会由开发区管理委员会组建。

5. 行业性人民调解委员会

行业性人民调解委员会是指负责调解特定类型的民间纠纷的专门性人民调解组织，实践中一般由有关社会组织或政府部门组建，如医疗纠纷人民调解委员会、交通事故纠纷人民调解委员会。行业性人民调解委员会的最大特点在于专业性，其中的调解员是该行业的专家，弥补了其他组织形式的人民调解委员会专业性不足的缺陷，对妥善处理专业性强的特定类型民间纠纷起到了积极的作用。当某一类型的民间纠纷出现数量多、专业性强、处理难度大时，有必要设立行业性人民调解委员会。

此外，村（居）委会、企业事业单位人民调解委员会可以根据实际需要，以小区（楼院）、自然村、车间等为单位，设立人民调解小组；区域性、行业性人民调解委员会也可以根据实际需要，在本区域、行业内设立人民调解工作室。调解小组、工作室在人民调解委员会领导下，以人民调解委员会的名义开展工作。

（三）人民调解委员会的职责

人民调解委员会的职责包括：①调解民间纠纷，防止民间纠纷激化；②通过调解工作宣传法律、法规、规章和政策，教育公民遵纪守法，尊重社会公德，预防民间纠纷发生；③向村民委员会、居民委员会、所在单位和基层人民政府反映民间纠纷和调解工作的情况。

近几年来，随着大调解机制的建立和完善，人民调解委员会还承担了接受人民法院、行政机关委托，协助开展司法调解、行政调解的任务和在政府统一组织下，参与社会矛盾纠纷大排查的任务。

（四）人民调解员

人民调解员，是指通过群众选举或接受聘任，在人民调解委员会领导下，以人民调解委员会名义从事调解工作的人员。《人民调解法》第13条规定，人民调解员由人民调解委员会委员和人民调解委员会聘任的人员担任，此前的《人民调解工作若干规定》则对人民调解员作了具体规定。根据《人民调解工作若干规定》第2条的规定，人民调解员由人民调解委员会委员、调解员组成。

1. 人民调解委员会委员

人民调解委员会委员是人民调解委员会的组成人员，是当前人民调解员队伍的主体。

（1）人民调解委员会委员的组成结构。根据《人民调解法》第8条的规定，人民调解委员会由委员3~9人组成，设主任1人，必要时可以设副主任。[1]主任、副主任在委员中推选产生。多民族聚居地区的人民调解委员会中，应当有人数较少的民族的成员。人民调解委员会中应当有妇女委员。

（2）人民调解委员会委员的产生方式。①兼任。根据《人民调解委员会组织条例》第3条、《人民调解工作若干规定》第15条的规定，居民委员会、村民委员会组成人员及企业事业单位有关负责人可兼任本组织设立的人民调解委员会委员。由于这些人在兼任调解委员之前，他们所任的职务是经过群众选举产生的，因此他们可以直接担任调解委员，不需要进行重复选举。兼任方式产生人民调解委员会委员，符合《人民调解法》第9条关于村（居）委会、企业事业单位人民调解委员会委员通过选举方式产生的规定。②选举。除了兼任的委员外，居委会、村委会、企业事业单位人民调解委员会的其他委员，应该通过群众选举方式产生。选举调解委员的方式有两种：一是由村民大会、居民大会、职工大会直接选举产生；二是由村民代表大会、居民代表大会、职工代表大会间接选举产生。③聘任。《人民调解委员会组织条例》对调解委员的产生方式只规定了兼任、选举两种方式；聘任方式产生调解委员，是《人民调解工作若干规定》根据人民调解委员会新的组织形式作出的创新规定。街道、乡镇人民调解委员会，区域性、行业性人民调解委员会的委员，分别由设立该委员会的司法所或组织聘任产生。[2]其中街道、乡镇人民调解委员会，区

---

〔1〕《人民调解工作若干规定》第11条只规定人民调解委员会由委员3人以上组成，没有9人的上限限制。

〔2〕有的地方规定，街道、乡镇人民调解委员会，区域性、行业性人民调解委员会的委员也可通过选举方式产生。参见《武汉市人民调解条例》第14条。

域性、行业性人民调解委员会的委员如何产生，《人民调解法》没有作出明确规定，但根据《人民调解法》第 13 条的规定，法律并不允许通过聘任方式产生人民调解委员会委员。因此，2011 年 1 月 1 日《人民调解法》施行后，现有的聘任制人民调解委员会委员应依法改为选举方式产生。

2. 调解员

调解员是指人民调解委员会之外，接受聘请，从事调解工作的人员。调解员不属于人民调解委员会的组成人员。《人民调解委员会组织条例》只规定了人民调解委员会，聘任制调解员是《人民调解工作若干规定》根据新时期人民调解工作的需要作出的创新规定，并在《人民调解法》第 13 条中得到了确认。与选举方式比较，聘任方式具有程序简单、及时灵活的优点，可以随时把一些符合条件的人员吸收到人民调解员队伍中来。聘任制调解员主要出现在村（居）委会、企业事业单位设立的人民调解委员会中，由人民调解委员会根据需要聘任。根据《人民调解工作若干规定》的规定，其他组织形式的人民调解委员会委员可以直接通过聘任方式产生，所以没有必要在聘任了调解委员之外，另行聘任调解员。

近几年来，各地纷纷建立了首席人民调解员制度，由司法行政机关组织，从人民调解员中选拔一批具有较高的法律、文化知识，丰富的实践经验，在群众中享有较高威望的人员担任首席人民调解员。首席人民调解员的选拔方式，分为考试、民主推荐两种。首席人民调解员实行聘任制，由司法行政机关或人民调解委员会的设立单位聘任。

3. 人民调解员的任职条件

根据《人民调解法》第 14 条规定，担任人民调解员的条件是：公道正派、热心人民调解工作，并具有一定文化水平、政策水平和法律知识的成年公民。《人民调解工作若干规定》第 14 条还规定，乡镇、街道人民调解委员会委员应当具备高中以上文化程度。

4. 人民调解员的任期

《人民调解法》第 9 条只对人民调解委员会委员的每届任期作了 3 年的规定，并允许连选连任。根据《人民调解工作若干规定》第 16 条的规定，人民调解员任期 3 年，每 3 年改选或者聘任一次，可以连选连任或者续聘。人民调解员不能履行职务时，由原选举单位或者聘任单位补选、补聘。人民调解员严重失职或者违法乱纪的，由原选举单位或者聘任单位撤换。

 拓展学习

人民调解制度的形成与发展

调解作为一种纠纷解决机制，在我国有着悠久的历史和文化传统。主宰中国几千年封建社会思想界的是儒家思想，在儒家思想的统治下，"和为贵"成为几千年来中国传统文化的特征，而"无讼"则一直是执政者们所追求的目标。在"无讼"理想的支配下，一方面，地方官主要运用道德教化方式解决法律纠纷，以收到定分止争的效果；另一方面，在普通百姓中，"厌讼""贱讼""耻讼"的观念根深蒂固。对诉讼的厌弃和排斥，使"调处"在中国古代成了非常重要的纠纷解决方式。调处大致可分为官府调处与民间调处两种类型，前者指州县等地方官主持的调处息讼活动，而后者多由乡邻、族长等依靠宗族组织的力量进行。

人民调解制度是在中国共产党的领导下，继承和发扬我国民间调解的传统，建立和发展起来的一项基层民主政治制度和法律制度。人民调解萌芽于第一次国内革命战争时期，当时在共产党领导下的农会组织中设立的调解人民群众之间纠纷的调解组织，如广东海陆丰农会的"仲裁部"，以及湖南农村乡民大会的"公断处"，是中国现行人民调解制度的雏形。抗日战争时期，人民调解得到进一步发展，调解工作开始走向制度化、法律化，并形成了人民调解的三大原则，当时的边区、根据地等乡村都设有调解组织，称为"人民调解委员会"，以示翻身农民当家作主，这一名称沿用至今。解放战争期间，人民调解制度得到继承和发展。

新中国成立后，人民调解制度作为司法制度建设和社会主义基层民主政治制度建设的重要内容，得到了党和政府的重视。1954 年政务院颁布了《人民调解委员会暂行组织通则》，在全国范围内统一了人民调解组织的性质、名称、设置、工作原则和工作方法，标志着人民调解制度在新中国的确立。《通则》颁布后，人民调解工作在我国得到了全面迅速的发展。"文革"期间，人民调解工作遭受全面破坏。十一届三中全会后，人民调解制度重新得到了重视，走上了健康发展的历史阶段。1982 年，人民调解作为群众自治的基本制度载入宪法。1989 年国务院颁布了《人民调解委员会组织条例》，将人民调解工作进一步法律化。2002 年以来，特别是 2004 年 9 月党的十六届四中全会提出"构建社会主义和谐社会"以来，人民调解制度步入了新一轮的改革和发

展阶段。2002年9月5日，最高人民法院通过了《关于审理涉及人民调解协议的民事案件的若干规定》；9月11日，司法部制定了《人民调解工作若干规定》；9月24日，中共中央办公厅、国务院办公厅转发了《最高人民法院、司法部关于进一步加强新时期人民调解工作的意见》。这三个文件推动了人民调解制度新一轮的改革和发展。2006年10月党的十六届六中全会发布的《关于构建社会主义和谐社会若干重大问题的决定》中明确提出"实现人民调解、行政调解、司法调解有机结合，更多采用调解方法，综合运用法律、政策、经济、行政等手段和教育、协商、疏导等办法，把矛盾化解在基层、解决在萌芽状态"后，积极构建大调解工作机制，充分发挥人民调解制度在构建社会主义和谐社会中的基础作用，已成为司法行政机关重要的工作任务。2010年8月28日，第十一届全国人大常委会第十六次会议通过了《中华人民共和国人民调解法》，第一次以法律形式对人民调解工作作出专门规定。人民调解法的颁布实施，标志着人民调解工作从此全面步入法制化、规范化的发展轨道。

思考案例

1.《江南时报》2006年7月31日报道：漂亮女孩李丹，为了自己的爱情开花结果，想在婚前做个"处女鉴定"，以证明自己的清白。但是公证机关表示：根据《公证法》及司法部新修订的《公证程序规则》的规定，对李丹的公证申请事项不予受理。该案经媒体披露后，在社会上引起了对公证事项范围的争议。

你认为，公证处该不该受理李丹的公证申请？

2. 2009年8月，网友"逆风飞扬01"在荆楚网发帖求助：其父亲吴某是湖北李时珍药业公司的法人代表。2007年6月22日，吴某被武汉市江汉区人民检察院以涉嫌偷税的罪名予以逮捕，其依据是江汉区人民检察院委托武汉云天会计师事务所出具的"涉税司法会计鉴定报告"。2008年3月，这份司法会计鉴定报告被武汉市江汉区人民法院作为证据采信，一审判处吴某有期徒刑10年（数罪并罚）。后从湖北省司法鉴定委员会处，"逆风飞扬01"及其家人得知武汉云天会计师事务所及2名鉴定人至今尚未从湖北省司法厅取得《司法鉴定许可证》《司法鉴定人执业证》。

此案经过荆楚网报道后，在网络上引起了"山寨司法会计鉴定引出10年牢狱之灾"的热议，也引起了有关新闻媒体的关注。武汉云天会计师事务所在接受《中国会计报》采访时表示：有关新闻媒体的报道失实，武汉云天会计师事务所从 2003 年起就拥有了武汉市中级人民法院认可的财务审计司法鉴定人资格，并在《人民法院报》上进行了公告。江汉区人民检察院也称：根据《人民法院报》公告的经湖北省高级人民法院审核批准的司法鉴定人名册，该所名列其中，该所在出具报告时具有法院认可的财务审计司法鉴定人资格。司法会计业界人士也表示：目前，司法会计鉴定机构及鉴定人并不需要在司法行政机关进行登记，有些省份尚在办理登记只是基于地方法规的规定，司法机关依照诉讼法的规定来确定司法会计鉴定人并无不妥。

通过该案，谈谈你对目前我国司法鉴定管理体制的认识。

学习单元四　司法行政工作内容概述

学习目标

　　1. 掌握司法行政工作四大职能体系的基本内容；

　　2. 了解每一具体司法行政工作的主要内容。

学习任务

　　掌握 15 种具体司法行政工作的名称和概念。

 问题导入

　　老张于 2002 年 3 月到上海某贸易有限公司从事划膜工作。2014 年 7 月 15 日，老张在工作中左手拇指骨折，被认定为十级伤残。受伤后老张按公司要求继续工作至 2014 年 8 月 13 日，然后休假一个半月。2014 年 9 月 29 日老张回公司上班时被强制调整到杂务工岗位工作，公司承诺薪资不变，可是实际发工资时每月却只有 2000 元，而老张在原岗位月平均工资 3900 余元。老张到公司申诉，却被告知"要干就干，不干走人"。

　　老张向劳动人事争议仲裁委员会申请仲裁，申请恢复原岗位以及补偿工资差额，却因不懂法律知识，申请依据不足被驳回。无奈之下，老张向普陀区法律援助中心申请法律援助。承办律师了解到老张与公司领导交恶，不适宜继续在原来公司工作，希望与公司解除劳动合同，于是按老张要求将诉求变更为解除劳动关系，由公司支付一次性伤残就业补助金。2015 年 3 月 17 日，双方当事人在法院主持下达成调解协议：双方当事人于 2015 年 3 月 17 日解除劳动关系；公司于 2015 年 3 月 20 日前支付老张一次性伤残就业补助金、工资差额、医疗费等各类费用 17 000 元，并由公司协助老张就工伤进行理赔。至此本案圆满结束。

　　我国当前仍然还存在一批因种种原因处于不利社会地位的人群或阶层，即所谓的弱势群体。作为司法制度的重要组成部分，法律援助通过向这些缺乏能力、经济困难的当事人提供无偿的法律帮助，使他们能平等地站在法律面前，享受平等的法律保护。

法律援助的社会意义在于：通过法律宣传教育让民众学法懂法，走法律途径来维护自己的权益；通过帮助如老张这样的劳动者通过法律途径维护自己的合法权益，来缓解社会矛盾，消除隐藏的社会悲剧和暴力，促进社会和谐。

讨论题：法律援助在维护弱势群体的合法权益，缓解社会矛盾，实现社会公平正义的社会意义。

一、司法行政工作的分类

（一）司法行政工作分类概述

司法行政机关是依法维护公平正义、保障人民民主、塑造社会诚信、维护社会稳定的专门机关，在构建和谐社会中担负着重要责任。正确把握司法行政工作性质，充分发挥职能作用，努力为构建和谐社会提供有力的法律保障和服务，是司法行政机关一项光荣而又艰巨的任务。目前，司法行政工作一共分为15种具体工作（不包括司法部承担的国际司法协助及外事工作），点多、面广、线长、业务门类众多、涉及的职能部门多、参与的人员广泛。初次接触这项工作，会觉得非常庞杂，不好把握。通过对其进行分类，找到各项业务之间的联系和区别，有利于更好地把握司法行政工作的主要内容。

（二）司法行政工作的具体分类

1. 监狱管理

监狱管理是指对监狱及监狱人民警察的管理和对监狱服刑人员开展教育改造活动的总称。狭义的监狱管理是指监狱人民警察对罪犯进行的监管改造、劳动改造、教育改造活动。监狱作为国家的刑罚执行机关，担负着依法关押经人民法院判处有期徒刑、无期徒刑、死刑缓期二年执行的罪犯并实行教育改造，将罪犯改造成为守法公民的任务。

监狱的管理人员是监狱人民警察，监狱人民警察依法管理监狱、执行刑罚、对罪犯进行教育改造等活动，受法律保护。监狱人民警察实行警衔制度，根据不同工作岗位和职务，授予不同警衔。

监狱作为国家刑罚执行尤其是自由刑执行的主要场所，其组织规范的内容主要涉及行刑制度。因此，执行刑罚判决或裁定，在剥夺罪犯自由的前提下，对罪犯进行教育改造，就成为监狱制度的核心和基本形式。

2. 强制隔离戒毒管理

强制隔离戒毒是《禁毒法》和国务院《戒毒条例》所规定的戒毒措施之一，是国家赋予司法行政机关的一项重要职能，是对强制隔离戒毒人员实施教育、矫治、医疗、康复、救助的重要手段。强制隔离戒毒决定由公安机关下达，属行政强制措施。强制隔离戒毒的期限为 2 年。被强制隔离戒毒的人员在公安机关的强制隔离戒毒场所执行强制隔离戒毒 3~6 个月后，转至司法行政部门的强制隔离戒毒场所继续执行强制隔离戒毒。强制隔离戒毒制度统一并取代了此前由公安机关负责的强制戒毒和司法行政机关负责的劳动教养戒毒。它和自愿戒毒、社区戒毒、社区康复共同构成了现阶段国家戒毒措施的基本体系。

根据《禁毒法》的规定，吸毒成瘾人员有下列情形之一的，由县级以上人民政府公安机关作出强制隔离戒毒的决定：①拒绝接受社区戒毒的；②在社区戒毒期间吸食、注射毒品的；③严重违反社区戒毒协议的；④经社区戒毒、强制隔离戒毒后再次吸食、注射毒品的。对于吸毒成瘾，通过社区戒毒难以戒除毒瘾的人员，公安机关可以直接作出强制隔离戒毒的决定。吸毒成瘾人员自愿接受强制隔离戒毒的，经公安机关同意，可以进入强制隔离戒毒场所戒毒。

3. 社区矫正管理

社区矫正，英文为"Community correction"，有的国家称之为"社区矫治"，它是一种不使罪犯与社会隔离并利用社区资源教育改造罪犯的方法，是所有在社区环境中管理教育罪犯方式的总称。国外较常见的社区矫正对象包括缓刑、假释、社区服务、暂时释放、中途回家、工作释放、学习释放等。

我国社区矫正工作从 2003 年开始试点，2009 年开始在全国实行。多年来，我国社区矫正制度从无到有，逐步完善，各地普遍建立了以司法所工作人员为主、社会工作者和社会志愿者积极协助的专群结合的工作队伍，建立了接收、监管、教育、解除矫正等制度，形成了较为规范的工作制度和流程，社区矫正工作体系和保障机制初步形成。

社区矫正管理是指司法行政机关通过各种有效途径和方法，对社区矫正对象进行全过程、全方位监督管理，确保刑罚顺利执行，维护社会稳定的管理活动的总称。社区矫正管理工作坚持依法、严格、科学、文明管理的原则。

4. 帮教安置管理

帮教安置管理，主要是指对刑释解戒人员做好帮教安置工作进行管理活动的总称。帮教安置是计划经济体制下通过行政手段对帮教对象的一种工作安排或者物质帮助，但在市场经济体制下，除了行政手段以外，应该利用社会各种力量对帮教对象进行帮助，使其远离违法犯罪，开始新的生活，不因生计无着落再次走上违法犯罪之路。帮教安置对于进一步加强社会治安综合防控体系，预防犯罪，减少犯罪，化消极因素为积极因素，为全面建设小康社会创造一个和谐、稳定的政治环境和社会环境具有十分重要的意义。要加强建章立制，不断规范和健全帮教安置工作的领导体制和工作机制，进一步明确各级帮教安置工作的职责和任务，特别是要健全领导协调机构及其办事机构的会议制度、信息交流反馈制度、联络人制度、配合联动制度等，形成齐抓共管、密切协作的良性工作机制，逐步实现工作职责规范化。

5. 律师管理

律师管理是指对律师资格的取得、律师执业证的取得以及律师惩戒、继续教育和律师事务所设立、变更、合并和注销等事项的管理。司法行政机关负责司法考试，报名和资格的申请、初审和资格证书的发放，负责律师执业证和律师事务所及分所设立、变更、合并和注销的材料申请和审核，负责律师的继续教育事宜等。

律师管理体制经历了 20 世纪 80 年代的司法行政机关集中统一管理、90 年代中期的改革探索及 20 世纪末确立的"两结合"管理体制三个阶段。"两结合"管理是指司法行政机关对律师的行政管理和律师协会对律师的行业管理相结合。除此之外还包括律师事务所的自我管理以及司法部门、税务部门、物价部门对律师的其他外部管理。司法行政机关的行政管理处于主导地位，律师协会行业管理的职责日趋明确并逐渐加重。

6. 公证管理

公证管理主要是指对公证员、公证机构和公证员协会的管理。《公证法》确定了我国的公证管理体制是实行司法行政部门监督指导与行业自律相结合的管理模式。《公证法》规定："司法行政部门依照本法规定对公证机构、公证员和公证协会进行监督、指导。"司法行政机关管理侧重于组织建设、队伍建设、政策指导、执业监管处罚等宏观管理。司法行政机关在管理中的职能主要有：健全公证规章制度，规范公证法律服务；按照统筹规划、合理布局的原则及公证业务发展的需要构建公证体制，完善公证执业准入制度，建设高素质的公证队伍；规范公证程序和执业活动，实施公证质量监督，提升公证的公信力，对违法公证机构和公证员进行惩戒，行使行政执法权。

公证管理是随着我国公证制度的建立逐步发展起来的，20世纪80年代初期主要依靠行政管理，90年代初期开始注重行业管理，2000年开始注重司法行政机关行政管理与公证员协会行业管理相结合的"两结合"管理模式。2000年7月国务院批准的《司法部关于深化公证工作改革的方案》提出了"建立有中国特色的公证管理体制"的目标，并具体指出要"实行司法行政机关宏观管理与公证员协会行业管理相结合的公证管理体制"，要求二者既有分工，又有合作。公证员协会要自觉接受司法行政机关的监督和指导，司法行政机关要主动为公证员协会排忧解难。

7. 法律援助管理

法律援助管理主要是设置专门的法律援助管理机构，对法律援助事项和各种提供法律援助的组织进行管理，包括法律援助规划、政策和管理制度的制定，法律援助经费管理，建立法律援助服务质量保障机制等。[1]

法律援助管理的内容可以分为宏观管理和具体管理，司法部法律援助机构主管全国的法律援助工作，省、自治区、直辖市司法厅（局）法律援助机构主管本辖区法律援助工作，基层司法行政机构主要是进行具体管理。目前我国的法律援助存在宣传力度不够、工作人员不足、经费严重短缺、管理机制欠规范、服务形式单一等问题。基层司法行政机关应加强对法律援助的资金、人员、援助质量等方面的管理，规范运行机制。可以制定接待人员首问负责制、办案质量跟踪制、领导每月信访接待制、接待人员守则等八项工作制度，每个援助"窗口"均将法律援助的条件、受案范围、申请援助程序、受援人的权利义务、联系电话等内容公示上墙，坚持做到"四个统一"，即：由法律援助中心统一收案标准、统一受理援助案件、统一指派法律工作者办理援助案件、统一监督检查援助案件质量。管理的目的在于通过提高法律援助工作质量和工作效率、合理配置法律援助资源，规范法律援助行为，使受援人得到充分、真实、高质量的法律服务，享有公正、平等的司法保护。

8. 司法鉴定管理

司法鉴定管理是指管理主体对司法鉴定机构、司法鉴定人、司法鉴定程序、司法鉴定技术标准以及司法鉴定职业道德、执业纪律等事项进行行政管理

---

〔1〕 宫晓冰主编：《中国法律援助制度培训教程》，中国检察出版社2002年版，第51页。

和行业管理的活动。

司法鉴定是指在诉讼活动中鉴定人运用科学技术或者专门知识对诉讼涉及的专门性问题进行鉴别和判断并提供鉴定意见的活动。司法鉴定通常包括：法医鉴定，即对与案件有关的尸体、人身、分泌物、排泄物、胃内物、毛发等进行鉴别和判断的活动；司法精神病鉴定，即对人是否患有精神病、有没有刑事责任能力进行鉴别和判断的活动；刑事技术鉴定，即对指纹、脚印、笔迹、弹痕等进行鉴别和判断的活动；会计鉴定，即对账目、表册、单据、发票、支票等书面材料进行鉴别和判断的活动；技术问题鉴定，即对涉及工业、交通、建筑等方面的科学技术进行鉴别和判断的活动；等等。在司法鉴定中，人身伤害情况鉴定和犯罪嫌疑人是否患有精神病鉴定是常见的两种鉴定。

9. 人民调解指导与监督

人民调解指导与监督是指司法行政部门对人民调解组织和人民调解员开展调解工作进行指导和监督活动的总称。

人民调解是指在依法设立的人民调解委员会的主持下，以国家法律、法规、政策和社会公德为依据，对民间纠纷当事人进行说服教育、规劝疏导，促使纠纷双方互谅互让、平等协商、自愿达成协议、消除纷争的一种群众自治活动。人民调解是一项有中国特色的法律制度，属于民间调解。人民调解制度在预防及解决民间纠纷方面发挥了重要作用，缓解了社会矛盾，促进了群众自治和基层民主政治建设，成为维护社会稳定的"第一道防线"。基层司法行政机构指导人民调解主要是：指导村（居）委会和辖区内的企事业单位、城乡集贸市场、经济开发区、流动人口聚居区等建立健全调解委员会和调解网络，在城乡接合部、厂村结合部和纠纷多发的毗邻地区建立发展联合调解组织，组织建立乡镇、街道人民调解组织并指导调解组织搞好队伍建设、思想建设、业务建设和制度建设；坚持调解主任例会制度，多形式开展对调解人员的业务培训，不断提高调解队伍的法律素质和调解水平；及时总结和交流人民调解工作的经验，加强对调解工作的业务指导；结合本地区民间纠纷发生、发展的规律及新情况、新特点，重点抓好防止纠纷激化工作，有针对性地组织开展民间纠纷排查和专项治理活动，积极协助和参与重大疑难和易激化的民间纠纷的调解；主动向本地党政领导和有关政法部门反映情况和意见，争取重视和支持，解决调解工作遇到的困难，有效维护调解人员履行调解职能的正当权利，保障调解委员会的组织、制度、工作、报酬的落实。

10. 基层法律服务管理

基层法律服务管理是指司法行政机关对基层法律服务机构的设立、变更和注销以及基层法律服务人员、业务、财务等方面的管理。

目前我国的基层法律服务机构仅指乡镇（街道）基层法律服务所，每个乡镇（街道）原则上只能设立一个基层法律服务所。基层法律服务基本上覆盖了农村乡镇和城市社区，为农村群众和城市居民处理简单、小额的法律事务提供了一种就近、便利寻求法律服务的渠道，它的业务总量及服务受众面逐年增长，与律师业初步形成一种拾遗补阙、优势互补的格局。它扎根基层，贴近群众，且收费低廉，在便利满足基层群众，特别是城乡低收入或贫困居民，获取法律服务方面发挥着特殊的作用。它自创立以来，就在协助基层政府推进依法治理、化解基层矛盾、普及法律知识、整治涉法热点问题等方面扮演了越来越重要的角色，成为政法基层基础工作的重要辅助力量。

11. 法制宣传

法制宣传就是通过各种形式，把法律交给公民，使公民成为法律的主人，让公民知道什么是法，为什么要学法、用法、守法，以及怎样运用法律武器维护自身的合法权益和同各种违法犯罪行为作斗争。司法行政机关应加强对法制宣传的管理，做好普法宣传工作，引导全社会形成学法、用法、守法的热潮，使法律深入到千家万户。法国法治史上曾经有规定，法律生效日期因距离巴黎路程的远近而不同，这里蕴含一个深刻的法理，即公民不知道法律规定时法律不生效。因此，从这个意义上说，法制宣传是政府责无旁贷的职能。[1]

12. 依法治理

依法治理是在法制宣传的基础上产生的，是学法、用法的进一步深入，是把所学的法律知识全面运用于法治实践的有效载体。依法治理是依法治国的一个重要组成部分。司法行政机关应及时总结依法治理的先进经验，传递依法治理信息，在政府的领导下推进全国、地方、行业、基层的依法治理工作。主要是进一步做好法制宣传，进一步提高公民法律素质，进一步培养高质量法律人才，完善依法治理的程序，等等。

---

〔1〕　林锡春：“创新司法行政职能的思考”，载《中国律师》2003 年第 7 期。

13. 组织实施司法考试工作

司法考试组织实施工作是指由司法行政部门对国家司法考试的报名，考区、考点、考场设置，试卷管理，考试实施，评卷与成绩管理等考试工作组织实施活动的总称。

2001 年 6 月，第九届全国人大常委会第二十二次会议通过《法官法》《检察官法》修正案，规定国家对初任法官、检察官和取得律师资格实行统一的司法考试制度。国务院司法行政部门会同最高人民法院、最高人民检察院共同制定司法考试实施办法，由国务院司法行政部门负责实施，这标志着国家统一司法考试制度正式确立。国家司法考试制度在我国的设立和实行，是实践党中央"依法治国，建设社会主义法治国家"治国基本方略的必然要求，对提高和保障法律职业人员的队伍素质、完善司法体制、确保司法公正都将起到重要的推动作用。

根据上述法律规定，司法部会同最高人民法院、最高人民检察院共同制定了《国家司法考试实施办法（试行）》（以下简称《办法》）。该《办法》规定，国家司法考试是国家统一组织的从事特定法律职业的资格考试。也可以说，国家司法考试是评测从事初任法官、检察官和律师等特定法律职业工作所应具备的职业基本知识、能力水平的国家考试。从 2002 年起，初任法官、初任检察官和取得律师资格都需要通过国家司法考试。另外，司法部发出通知，要求公证员也须通过国家司法考试。国家司法考试每年举行一次。时间将固定在每年 9 月举行。

14. 人民监督员的选任和管理

人民监督员制度，是最高检报经中央同意并报告全国人大常委会后试行的一项重要司法改革；是通过选任的公民有序参与的方式，对检察机关从事司法活动实施监督的制度。

2014 年 9 月 10 日，最高人民检察院、司法部印发《关于人民监督员选任管理方式改革试点工作的意见》，开展人民监督员选任管理方式改革试点。部署在北京、吉林、福建等 10 省（区、市）开展人民监督员选任管理方式改革试点工作，由司法行政机关负责选任管理人民监督员。

15. 会同人民法院进行人民陪审员的选任工作

人民陪审员制度，是指国家审判机关审判案件时吸收非职业法官作为陪审员，与职业法官或职业审判员一起审判案件的一种司法制度。

2015 年 4 月 24 日第十二届全国人大常委会第十四次会议审议通过最高人民法院、司法部印发《人民陪审员制度改革试点方案》（以下简称《方案》）。《方案》要求建立和完善人民陪审员随机抽选机制，提高选任工作的透明度和公信度。司法行政机关要配合人民法院，严格按照人民陪审员选任条件和程序，对人民陪审员候选人进行资格审查。

（三）司法行政工作的三大职能

根据司法行政工作的职能和功能不同，将司法行政工作分为法律保障、法律服务和普法依法治理"三大职能"。[1]

1. 法律保障

法律保障主要是指司法行政机关着眼于确保国家的长治久安和维护社会稳定，认真做好监狱管理、社区矫正、强制隔离戒毒和帮教安置等工作，将罪犯和违法行为人教育改造成守法公民，并积极对刑释解戒人员进行帮教安置的工作总称。这一职能的工作具体包括：监狱管理、劳动教养管理、社区矫正管理和帮教安置工作。

2. 法律服务

法律服务是指面对广大人民群众，通过律师、公证员、基层法律服务工作者、法律援助工作人员、人民调解员和司法鉴定人为社会提供相关的法律服务，努力帮助人民群众解决矛盾和纠纷，为实现和维护人民群众的合法权益服务。法律服务既是一项法律专业性很强的工作，更是一项群众工作。这一职能的工作主要包括：律师管理、公证管理、法律援助管理、人民调解工作指导与监督、基层法律服务管理和司法鉴定管理。

3. 普法依法治理

普法依法治理是为提高公民的法律意识和法律素质，促进依法行政、公正司法，提高全社会的法治化管理水平的基础性工作。深入开展普法依法治理工作有利于加强和改善党的领导，保证党的核心领导作用；是社会主义市场经济发展的客观要求，是社会主义政治文明建设的重要标志。这一职能的工作又分为两种：法制宣传和依法治理。

---

〔1〕 在"四个全面"战略总布局的背景下，司法行政工作的职能还将进一步延伸与拓展。

二、司法行政工作三大职能之间的关系

(一) 法律保障与法律服务

1. 法律保障是法律服务的前提和基础

法律只有在和平年代才能很好地发挥作用；没有安全稳定的环境，法律的实效就会很差，法律对社会的规范作用也相应较小，人们对合法权益的保障更多是采取非法律途径进行，法律服务就无从谈起。司法行政的法律保障工作，对社会的安全稳定发挥了重要作用。

确保监狱、劳教场所持续安全稳定至关重要。司法行政机构必须进一步增强忧患意识，把保安全保稳定作为重中之重来抓。健全防控、排查、应急处置和领导责任"四项机制"，强化人防、物防、技防"三道防线"，加强狱所内部规范管理，有针对性地采取监管教育措施。严格落实各项安全生产措施，坚决防止发生重大、特大安全生产事故。全面推进监狱体制改革，加快推进监狱布局调整和监狱信息化建设，进一步增强安全防范能力，改善监管改造条件。坚持把降低刑释解戒人员重新违法犯罪率作为衡量监管改造工作的首要标准，切实把教育人、挽救人放在第一位，把提高教育改造质量作为监狱劳教工作的中心任务。建立健全管理、教育并重的机制，积极创新教育改造内容、手段和方式方法，大力加强思想道德教育、法制教育、文化教育、职业技术教育和心理矫治工作，不断提高教育改造的针对性、实效性。认真贯彻宽严相济的刑事政策，做到宽严依法、于法有据，调动罪犯改造积极性。积极做好社区矫正和刑释解戒人员帮教安置工作，努力提高社区矫正质量，帮助刑释解戒人员顺利回归社会，最大限度地减少重新违法犯罪，为安定有序的社会秩序打下坚实的基础。有了安定有序的环境，政治、经济、社会才能健康发展。法律制度对社会发展具有至关重要的作用，法律制度建设是经济发展必不可少的条件。中国近三十年持续不断的高速发展，与中国始终重视并完善法治建设是分不开的，尤其是在1992年实行市场经济以后，明确提出市场经济是法治经济，并大力加强经济立法，使我国的经济快速发展有了制度保障。

法治建设水平高、法律实效强、法律救济渠道及时、充分；民众愿意通过法律途径来维护自己的合法权益，有问题找律师、找法院，而不是去层层上访或者采取跳楼、自焚或其他极端手段来维护合法权益；这就会使法律服务需求大量增加，就会有力推动法律服务工作的发展。

2. 法律服务也有利于法律保障职能的实现

律师、法律援助工作人员依法为犯罪嫌疑人、被告人、罪犯等提供法律服务，从而使审判能够公正地进行，使罪犯获得应得的处罚，使罪刑相适应原则落到实处。只有辩护充分有效，才能使罪犯认识到犯罪后果的严重性，以及国家对其合法权益的保护。罪犯获得了相对公正的惩罚，有利于他们认罪服法，自觉接受改造。劳教人员、社区矫正对象在律师等法律服务人员的帮助下，他们的合法权益得到维护，他们会正确地认识因违法行为而受到的处罚，有助于他们认真矫正违法行为或恶习，这对他们的教育、感化、挽救大有帮助。法律保护每一个公民的合法权益，包括罪犯；刑法不仅是守法公民权利的保护伞，也是罪犯合法权利的保护伞。通过法律服务人员对家属、亲戚做好工作，通过社会力量帮助罪犯、劳教人员改过自新，降低重新违法犯罪率，从而提高罪犯、劳教人员教育改造质量。可见，搞好法律服务工作，有利于司法行政的法律保障职能的实现。

（二）法律保障与普法依法治理

1. 法律保障是普法依法治理的重要内容

我国的目标是建设社会主义法治国家。依法治理就是国家依法对经济社会事务进行管理，它包括对社会的方方面面的管理。依法治理，首先是依宪法治理，包括依民法、刑法、经济法、行政法等法律来规范整个社会。司法行政工作中的监狱管理、劳教管理、社区矫正、帮教安置工作只是刑事司法和行政执法的部分内容，是依法治理的一个组成部分。由于依法治理是一项宏大的系统工程，需要全社会的推进，司法行政机构在实践中一般担负着依法治理领导机构办公室的职能，起到协调、沟通、传达等作用——对依法治理中好的方法、经验在全社会推广和交流，对相关部门推进依法治理工作进行协调。法制宣传是搞好法律保障工作、依法治理工作的前提。徒法不足以自行。公民不知法，就谈不上守法；执法人员不懂法、不学法，就不可能及时、准确地适用法律。

2. 依法治理有利于法律保障工作的开展

依法治理整体水平的提高，对监狱管理、劳动教养管理、社区矫正和帮教安置工作营造一个良好的法治环境，对司法行政法律保障水平的提高有很大的推动作用。国家法治建设进程快，政治、经济、社会有序运行，违法犯罪就会相应降低，就会减小监狱、劳教场所的压力，也有利于推进依法治监、依法治所的进程。

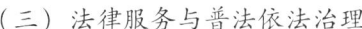

（三）法律服务与普法依法治理

1. 普法依法治理是做好法律服务工作的前提

只有推进普法依法治理的进程，人们才会认识到法律的重要性，才会发现现实生活中需要法律维护他们的合法权益。在人治社会中，"强权即真理"，法律无用武之地，民众多依赖权力、强制、武力等途径来解决问题，法律可有可无，对社会产生的规范作用很小，对民众的权益影响也不大，民众不需要法律服务，也没有学习法律的需求。在现代法治国家，经济、政治、文化等领域都需要法律进行规范，离开法律寸步难行。国家机关、企事业单位及其他组织和公民都对优质法律服务有很大的需求，这就会极大地推动法律服务的发展，推动法律服务从规模、数量、水平等方面全方位的提升。我国13亿多人口，现有执业律师13万多人，平均每万人只有1名律师，而美国只有3亿多人口，共有律师80多万人，平均每万人有20多名律师。我国的法律服务市场还有很大的发展空间。

2. 法律服务能够促进普法和依法治理的进程

法律服务的发展和不断完善，又反过来推进法制宣传教育工作。法律服务工作者通过一个个具体的实例、案件把法律送到公民、社区、学校、企事业单位、国家机关之中；通过具体的业务来宣传法律，使纸面上的法律和真实、具体的生活相结合；通过法律服务使整个社会认识到法治的优越性、重要性，逐步引导民众用法律来规范社会生活，把复杂的政治、经济、社会问题转化为单纯的法律问题，通过法定程序加以解决，使民众逐步信仰法律。"法律如不被信仰，则形同虚设"，民众养成自觉遵守法律的习惯，形成法律与社会的良性互动，从而推进法制宣传教育工作。

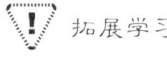 拓展学习

美国司法部的职权

美国是联邦制国家，其司法体制有两套体系，即联邦的司法体制和州的司法体制。联邦法院有几级，州法院就有几级。美国司法部权力很大；联邦调查局就是它的下属部门，有类似于我国的司法部、最高人民检察院（不完全的职能）、公安部（部分职能）几个部门合在一起的权力。

美国的警察体制和我国不同。作为一个各州自主权比较大的联邦国家，美

国甚至没有统一的国家级警察机构。美国警察按照执法权限分为：

（1）联邦警察：拥有在全美各州执行调查和逮捕的权限，人数不是很多，其中最有名的就是美利坚合众国司法部联邦调查局（FBI），它在各州和全国特大城市设有 59 个分局。

（2）州警（State Police）：州政府直辖的警察，权力覆盖整个州。高速公路巡逻队（Highway Patrollor）中，有很多是属于这个层次的警察。

（3）县（郡）警（County Police）：也称为县（郡）司法（保安）官员，权力限于县（郡）境内。

（4）城市警察（City Police）：就是影视剧中最常见的制服警察，以及警局里的刑警和大家都熟悉的 SWAT。

（5）校警（Camp Guard）：美国的大学和中学里都有维护校园安全的警察（不是保安），有逮捕权。

（6）特殊警种：美国也有森林警察、民航警察和水警，法院有法警，监狱有狱警。此外，美国的许多执法部门都允许其工作人员佩枪，如联邦移民和海关管理局、联邦烟酒火器管理局、联邦卫生和食物安全监督局等。

（7）其他：国民警卫队和我国的武警职责类似，而海岸警卫队则接近日本的海上保安厅，这两支队伍都属于美国武装力量。

各州的警察都是由州政府来确定他们的执法权和执法范围，由州政府财政承担执法支出，美国各地的警察制服有很大区别也是因为如此（各州各自定制服和徽章样式，有的州内甚至连不同城市的市警都有自己的徽章）。各州的警察在执法的时候几乎没有交叉，州警只能在州内执法，跨州案件一律由联邦调查局（FBI）调查。

思考案例

1. 2013 年 2 月 21 日，李某因吸毒行为被潮州市公安局彩塘派出所抓获。同月 22 日，李某被公安机关决定强制隔离戒毒 2 年。同年 10 月 9 日，李某因涉嫌抢劫罪被金石派出所侦查人员询问。2014 年 3 月 4 日，李某因涉嫌抢劫罪被刑事拘留，后被广东省潮州市潮安区人民法院以抢劫罪，判处有期徒刑 1 年零 8 个月（刑期从判决执行之日起计算。判决执行以前先行羁押的，羁押 1 日折抵刑期 1 日，即自 2013 年 10 月 9 日起至 2015 年 6 月 8 日止）。

一审宣判后，广东省潮州市潮安区人民检察院提出抗诉，认为李某的刑期

应以其被刑事拘留的时间 2014 年 3 月 4 日为起点。

潮州市中级人民法院经审理认为，原审判决认定事实清楚，定罪和适用法律正确，量刑适当，审判程序合法，唯对原审被告人李某的刑期折抵不当，应予纠正，即李某的刑期应自 2014 年 3 月 4 日起至 2015 年 11 月 3 日止，遂裁定维持原判决。

请你结合所学的知识，试分析强制隔离戒毒期间能否折抵刑期。

2. 赵某作为原告起诉被告李某，声称李某欠他 1 万元人民币没有还。赵某提供了有李某签名的欠条为证据。李某辩称自己不欠原告的钱，从来没有给赵某打过欠条，欠条肯定是伪造的。赵某一口咬定欠条就是李某亲笔所写的。双方各执一词，法官无法分辨欠条真伪。

请问可以通过什么办法来鉴别欠条的真伪？

学习单元五　　法律保障

学习目标

1. 掌握监狱、强制隔离戒毒、社区矫正和安置帮教四项工作的性质、工作对象和任务；

2. 了解监狱、强制隔离戒毒、社区矫正和安置帮教的工作机制。

学习任务

1. 准确界定监狱的性质和任务；

2. 掌握强制隔离戒毒工作的任务、原则和方针；

3. 掌握社区矫正的对象和任务。

 问题导入

　　曾拥有百万家产、在扬子街从事批发生意的杜某，因受"朋友"诱惑染上毒瘾，万贯家产很快被毒品烧成"袅袅青烟"。其妻在屡劝无效的情况下，吞食大量安眠药，留下"把女儿照顾好，别再吸毒……"的遗书，以死相谏。抱着被救活的妻子，杜某悔恨不已，开始了艰难的戒毒。然而，杜某还是没有能抵抗住诱惑，最终向"白面"屈服。2011年某天，毒瘾发作而又无钱购买毒品的杜某，闯入武汉市郭某家中，以武力要挟，称"给300元钱，不然闹得我们都不愉快"。当郭某以家中无钱推托时，杜某竟拿出一把西瓜刀抵住郭某幼儿的胸口。在抢得郭某妻子手上的金戒指后，杜某飞奔逃离，将金戒指卖给一外地人，获赃505元。郭某报案后，杜某于次日落入法网，被公安机关逮捕。杜某痛悔万分，然而对于能否彻底戒除毒瘾、今后永不复吸，他还是一片迷茫。

　　讨论题：对吸毒成瘾人员应采取哪些措施帮助其戒毒？

一、监狱管理工作

（一）监狱的性质

所谓性质，是指事物本身所具有的区别于其他事物的特征，也就是事物的本质属性，也叫特殊性。监狱的性质是指监狱是国家机器的重要组成部分，是国家的刑罚执行机关。

在我国，目前刑罚执行的方式一般分为两类，即监禁刑和非监禁刑；监狱执行监禁刑，社区矫正机构执行非监禁刑。

1. 监狱的国家属性

（1）监狱是国家政权机关的重要组成部分。国家机器的主要组成部分是军队、警察、法庭和监狱等。作为国家机关组成部分的监狱是强制机关。我国的监狱反映和代表着绝大多数人民的利益和意志，行使着人民民主专政的国家所赋予的法定权力——正确执行刑罚，对罪犯实施惩罚和改造。

（2）我国监狱的性质，并不因关押改造对象的成分的变化而改变。新中国成立 60 多年来，我国监狱关押的对象发生了重大变化。当前，危害国家安全的重大犯罪减少，普通刑事犯罪增加（尤其是经济犯罪明显增多），罪犯成分结构发生了重大变化。但是，监狱的性质是不会变的，它的性质永远由国家性质所决定。因为监狱具有这样几个功能：①惩罚功能。它通过限制罪犯的人身自由和行动使罪犯感受到被剥夺自由的痛苦和耻辱，感受到惩罚。②矫正功能。把罪犯关押进监狱，参加教育改造、劳动改造，促使罪犯与社会融合相处，使罪犯重新社会化。③安抚功能。任何犯罪，都是对被害人合法权利的侵害。国家依法对犯罪人判刑及执行刑罚，被害人因犯罪人受到应得的惩罚而得到安抚、感到满足。④儆戒功能。监狱的存在对社会成员具有一种儆戒作用。它昭示社会，犯罪现象仍然存在的今天，抑制和打击犯罪是我们的一项重要任务，而监狱具体承担惩罚犯罪的专政职责。

2. 监狱的法律属性

监狱是国家的刑罚执行机关。我国《监狱法》第 2 条第 1 款规定："监狱是国家的刑罚执行机关。"这是国家对刑事案件的侦查、诉讼、审判、执行等形式司法活动的最后环节，这一环节是对犯罪分子实施惩罚的具体施行环节。监狱和公安机关、检察院、法院共同承担着打击犯罪、预防犯罪的任务，共同构成我国刑事司法制度的主要内容，它们之间分工负责、互相配合、互相监督。对刑事案件的侦查、拘留、执行逮捕等，由公安机关负责；检察、批准逮捕、检察机关直接受理的案件的侦查、提起公诉，由人民检察院负责，同时人民检察院又是法律监督机关；审判由人民法院负责；刑罚的执行，除刑期较短的由公安机关执行、死刑由人民法院执行外，由监狱执行。

（二）监狱的任务

我国《监狱法》第一章"总则"明确规定了监狱基本任务：正确执行刑罚，惩罚和改造罪犯，预防和减少犯罪。

1. 正确执行刑罚

正确执行刑罚，是监狱的主要职能。监狱的一切活动，归根结底是执行刑罚的活动。马克思认为："审判程序只不过是一支负责把敌人押解到牢狱里去的可靠的护送队，它只是执刑的准备。"严厉打击刑事犯罪，维护社会稳定和经济秩序，保障全面建设小康社会的顺利进行，是政法各部门全体干警肩负的艰巨而光荣的任务。国家的公安司法机关和公安司法人员在同犯罪分子作斗争的过程中，侦查、起诉、审判这三道工序无疑是十分重要的，它是对犯罪分子予以惩罚的必要前提。但是，从同犯罪进行斗争的任务和目的来看，仅有这三道工序还不能完成，它仅仅是完成任务的开始。在严厉打击刑事犯罪的斗争中，如果我们不准确地对罪犯执行刑罚，就有可能将侦查、起诉、审判中所付出的辛勤劳动变成无效的，将庄严而神圣的刑事判决、裁定变成一纸空文，形成"抓了放、放了抓"的恶性循环。只有准确、及时地对罪犯执行刑罚，把他们改造成为不再危害社会、不再危害其他公民的自食其力的劳动者时，我们才能说同犯罪的斗争取得了胜利。《监狱法》明确规定监狱是国家的刑罚执行机关，其一切刑罚执行活动均以法律的形式确定下来，纳入法治的轨道。在刑罚执行工作当中，我们必须高举法治的大旗，做到"有权必有责，用权受监督，侵权必有害，违法必有究"，加强自省自律，筑起在刑罚执行中的"防火墙"，远离违法的"高压线"，握紧严明、公正、文明执法的"生命线"。不在执法程序上犯错误，不在应尽的职责上搞变通，不在手中的执法权力上谋私利，牢固树立以人为本、立警为公、执法为民的执法理念，真正做到党的事业至上、人民利益至上、宪法法律至上，始终保持政法干警忠于党、忠于国家、忠于人民、忠于法律的政治本色。

2010年2月，最高人民法院发布了《关于贯彻宽严相济刑事政策的若干意见》。宽严相济刑事政策就是要对刑事犯罪区别对待，做到既有力打击和震慑犯罪，维护法制的严肃性，又尽可能地减少社会对抗，最大限度地化消极因素为积极因素。

2014 年 1 月，中央政法委印发了《关于严格规范减刑、假释、暂予监外执行切实防止司法腐败的意见》，要求在刑法、刑事诉讼法规定的框架内，对减刑、假释、暂予监外执行（主要指保外就医）充分体现从严精神，从严规定实体条件，从严规范程序，从重追究违法违规办理减刑、假释、暂予监外执行的法律、纪律责任。为强化责任、从严惩处腐败，要求对减刑、假释、暂予监外执行各个环节的承办人、批准人，实行"谁承办谁负责、谁主管谁负责、谁签字谁负责"的执法办案质量终身负责制；对执法司法人员在减刑、假释、暂予监外执行中捏造事实、伪造材料、收受财物或者接受吃请的，一律清除出执法司法队伍；对徇私舞弊、权钱交易、失职渎职构成犯罪的，一律依法从重追究刑事责任，而且原则上不适用缓刑或者免予刑事处罚。同时，对非执法司法单位和个人为罪犯减刑、假释、暂予监外执行出具虚假病情诊断等证明材料的，或者在罪犯减刑、假释、暂予监外执行中搞权钱交易的，应当依法依纪追究责任，构成犯罪的还要依法追究刑事责任。

2. 惩罚和改造罪犯

惩罚和改造罪犯是监狱最基本的任务。监狱具有严厉的惩罚性。任何国家的监狱都具有镇压敌对阶级和敌对势力反抗和破坏、打击犯罪、惩罚犯罪的作用。惩罚是刑罚所固有属性，是维护自己的阶级利益和统治秩序的专政工具之一。所谓惩罚罪犯，它包含这样几层意思：①监狱依照人民法院的判决书和执行通知书，在刑法规定的有效时间内把罪犯监禁起来，同社会隔离，限制罪犯的自由，通过武装警戒、狱政管理等手段对罪犯实行严格的军事管制，严防其脱逃；同时，罪犯与人身自由紧密相关的权利被依法限制。②监狱依法严厉打击罪犯在狱内聚众哄闹、扰乱正常秩序、欺压其他罪犯、拒不参加劳动、以自伤自残手段逃避劳动、在生产劳动中故意违反操作规程或者有意破坏生产工具、辱骂或者殴打监狱人民警察等行为，监狱视其情节轻重分别给予警告、记过、禁闭处罚。罪犯在监狱内又犯新罪的，依法从重处罚或加刑等。③对罪犯实施惩罚，还包括对罪犯依法剥夺或停止罪犯行使部分政治权利。罪犯的政治权利有两种状态：一是在判处主刑时附加剥夺政治权利的刑罚；二是没有剥夺政治权利。对依法附加剥夺政治权利的罪犯，在刑罚执行期间，依照刑法规定剥夺其政治权利，禁止罪犯参与政治活动；对没有附加剥夺政治权利的罪犯，依照宪法及其他有关法律的规定，享有政治权利。

　　监狱机关应始终坚持惩罚与改造相结合、教育和劳动相结合的原则。监狱在对罪犯实施惩罚监管的前提下，必须加强对罪犯的改造。具体就是通过生产劳动的手段洗刷罪犯剥削、寄生的思想，清除罪犯好逸恶劳的恶习，使他们养成劳动习惯，学习生产技能，树立劳动观念，培养劳动观点和劳动人民的思想感情，感受劳动的快乐和收获劳动果实的幸福，做一个自食其力、勤劳致富、有益于社会的人。通过监管改造，引导罪犯自觉遵守监规纪律和社会公德，形成良好的行为规范。通过思想教育、文化知识教育和劳动技能培训，使罪犯从思想上认识自己犯罪的阶级根源、思想根源和社会根源，在思想改造中，通过真理的启示和感召作用让其接受真理，从思想上认罪、服罪、悔罪。如果不对罪犯进行教育改造，很难达到将罪犯改造成为新人的目的。

　　3. 预防和减少犯罪

　　监狱预防和减少犯罪的任务主要是通过监狱的预防功能实现的。刑法之父贝卡利亚指出，刑罚的目的只是阻止有罪的人再使社会遭受到危害并制止其他人实施同样的行为。这里所谓"阻止有罪的人再使社会遭受到危害"，就是指刑罚的特殊预防目的；所谓"制止其他人实施同样的行为"，则是指刑罚的一般预防目的。贝卡利亚认为，"刑罚的目的既不是要摧残折磨一个感知者，也不是要消除业已犯下的罪行。难道一个不幸者的惨叫，可以从不可逆转的时间中赎回已经业已完成的行为吗？刑罚的目的仅仅在于，阻止罪犯再重新侵犯公民，并规劝其他人不要重蹈覆辙"。监狱的预防作用即是通过对罪犯执行刑罚防止其再犯罪，同时警戒、威慑、教育社会上其他可能犯罪的人，使他们不至于走上犯罪道路。预防功能分为特殊预防和一般预防。特殊预防是指监狱通过对罪犯执行刑罚，剥夺和限制其人身自由，使他们与社会隔离，失去再犯罪的条件，以防止服刑期间重新违法犯罪。一般预防是指监狱通过对罪犯的惩处以震慑尚未犯罪的人，防止其走上犯罪的道路。但需要强调的是，预防和减少犯罪是一项综合性的系统工程，监狱只是这个系统的一部分，不能过分夸大监狱的作用。社会和谐、民众安居乐业，犯罪率就会下降；社会不和谐、矛盾尖锐，犯罪率就会上升。因此，必须集全社会之力来构建预防和减少犯罪的系统工程。

（三）监狱的工作机制

1. 监狱的设置

根据我国《监狱法》的规定，目前，我国监狱主要有以下两类：监狱和未成年犯管教所。

（1）监狱。根据我国《监狱法》第2条第2款的规定："依照刑法和刑事诉讼法的规定，被判处死刑缓期二年执行、无期徒刑、有期徒刑的罪犯，在监狱内执行刑罚。"第11条规定："监狱的设置、撤销、迁移，由国务院司法行政部门批准。"根据上述规定，各省、自治区、直辖市根据实际需要报司法部批准后设置监狱。在监狱工作实践中，监狱机关将监狱划分为高度戒备、中等戒备和低度戒备监狱，实行不同的管理模式，普遍实行分别关押、分类教育。各省、自治区、直辖市监狱管理局都设立了女子监狱以单独关押女性罪犯，女性罪犯由女性人民警察直接管理。还有的省在地区或地级市设置了由地（市）司法局领导的短刑犯监狱。

按照监狱规模大小，监狱的下属单位一般设监区、分监区。监区、分监区是监管改造罪犯的基层单位，具体负责对罪犯的教育改造工作。

监狱设监狱长1人，副监狱长若干人，根据实际需要设置狱政管理、刑罚执行、劳动改造、教育改造、生活卫生管理、狱内侦查、财务装备管理和政治工作等工作机构。不少监狱还建立了罪犯研究所和心理咨询所，配备了一定数量的研究人员和心理咨询师。

（2）未成年犯管教所。未成年犯，又称少年犯。在我国，未成年犯是指被人民法院判处刑罚的已满14周岁不满18周岁的罪犯。未成年犯管教所，是我国对未成年犯实行强制教育、感化、挽救的场所。

未成年犯管教所针对未成年人的特点，对未成年犯实行九年制义务教育，进行思想教育和一定的职业技术教育，开展适合他们身心特点、有益健康的文化体育及娱乐活动。通过对未成年犯的教育、感化和挽救，使他们逐步成为爱祖国、爱劳动、有理想、讲道德、守法纪、有一定科学文化知识和生产技能的社会主义建设有用之才。

2. 监狱的管理体制

监狱的管理体制，随着形势的变化也有一个发展变化的过程。新中国成立以后，我国监狱机关在短时期内隶属于司法部领导，1951年11月移交公安部领导。1983年5月，党中央从有利于加强监狱工作的领导，有利于公、检、法、司各机关之间的互相配合、互相监督、互相制约，进而健全和完善社会主义法制的角度出发，决定将监狱工作由公安部移交司法部领导。

1994 年我国《监狱法》颁布以后，根据《监狱法》第 10 条规定，国务院司法行政部门主管全国的监狱工作。在中央、省、自治区、直辖市以上司法行政机关设立专门的监狱管理机构。

司法部设有监狱管理局，负责对全国监狱工作的全盘规划和领导，贯彻执行党和国家改造罪犯的方针、政策和法律，安排各个时期的监管工作任务，解决各地监狱工作中有关法律性、政策性的问题，总结交流监管改造工作经验，统一制定狱政管理、教育改造、劳动改造、生活卫生管理、刑满释放等方面的计划、规章制度和实施细则等，并对各地监管改造工作进行检查、评定、指示，等等。

省、自治区、直辖市也设立监狱管理局，受本省、自治区、直辖市司法厅（局）领导，负责领导本省、自治区、直辖市监管改造工作。有些地方还设立监狱管理分局。

司法部和各省、自治区、直辖市的监狱管理机构，根据工作需要，下设狱政管理处、刑罚执行处、劳动改造处、教育改造处、生活卫生管理处、狱内侦查处等职能机构。

3. 监狱工作的方针、政策和原则

我国现阶段监狱工作的方针是：惩罚与改造相结合，以改造人为宗旨。这一方针包含着十分丰富的内涵，它具体体现在以下几个方面：①"以改造人为宗旨"是监狱工作整体性的要求和反映；②对罪犯实施惩罚是我国监狱各项工作的前提和保证；③惩罚与改造相结合体现我国监狱工作的辩证统一。

我国监狱工作的政策是：①惩办与宽大相结合。它要求首恶必办、胁从不问；坦白从宽，抗拒从严；立功赎罪，立大功受奖。②给出路。它是指对犯罪分子除罪大恶极、不杀不足以平民愤者外，都实行改造，给他们重新做人、悔过自新的机会。③区别对待。其基本精神是：区分各种不同情况，针对不同的改造对象，采取不同的方法和措施进行管理教育，对症下药。

我国监狱工作的原则是：①惩罚与改造相结合原则。这项原则要求惩罚和改造要有机统一。②教育与劳动相结合原则。教育离不开罪犯劳动，否则就会成为空空的纸上谈兵而变得苍白无力；同样，劳动也离不开教育，否则，单纯的劳动就成了纯粹的生物性力量活动而失去其对人的教育作用和作为改造手段的意义。③人道主义原则。该原则要求刑罚的人道化、抛弃残害身体的酷刑；行刑人道化、管理文明化，在行刑中尊重罪犯人格，严格管理和文明管理相结合；罪犯处遇人道化，罪犯的健康权、受教育权以及自我保护的法律权利都要受到应有的尊重和保护。④社会参与原则。行刑社会化是新时期行刑的一个趋势。教育改造罪犯，单靠监狱机关和干警是不够的，还必须动员和组织社会各方面的力量参与监狱机关对罪犯的改造工作。吸引社会力量参与改造，既可以减少行刑的负效应，又可以提高狱内改造质量。

4. 监狱工作的基本要求

当前和今后一个时期，监狱工作总的要求是：以习近平总书记系列重要讲话精神和关于监狱工作重要指示为指导，深入贯彻落实党的十八大和十八届三中、四中、五中全会精神，坚持以法治为引领、以改造人为宗旨，不断提高监狱教育管理工作科学化水平，深化监狱体制和制度改革，坚持和完善中国特色社会主义监狱制度，不断开创监狱工作新局面，为维护社会大局稳定、促进社会公平正义、保障人民安居乐业作出新贡献。

做好新形势下的监狱工作，必须以习近平总书记系列重要讲话精神和关于监狱工作重要指示为指导，扎实推进监狱工作改革发展。坚持惩罚与改造相结合，进一步加强罪犯改造工作，推进罪犯改造工作创新，提高监狱改造工作实效；坚持严格公正文明执法，进一步推进监狱执法规范化建设，坚持依法严格科学文明管理，进一步提升监狱内部管理水平。强化监狱安全底线思维，进一步做好监狱安全稳定工作；加强监狱建设，进一步提高保障能力；加强监狱人民警察队伍建设，进一步提高队伍政治业务素质。

二、强制隔离戒毒工作

(一) 强制隔离戒毒工作概述

毒品问题是社会祸害和人类公敌，吸食毒品是毒品犯罪产生的根本原因，又是诱发其他社会问题的消极因素。解决毒品问题必须从源头上禁种、禁制、禁贩、禁吸，同时还要对吸食毒品成瘾人员采取自愿戒毒、社区戒毒、强制隔离戒毒和社区康复等多种措施帮助其戒除毒瘾，防止复吸。

相对于自愿戒毒、社区戒毒等其他戒毒措施，强制隔离戒毒具有毒瘾程度的严重性、执行措施的强制性、戒治环境的封闭性、管理人员的专一性、戒治时间的固定性等特点。现实工作中，强制隔离戒毒的认定往往是二次或二次以上吸毒被公安机关查获的，初次吸毒被公安机关查获的一般是责令其接受社区戒毒；对于吸毒成瘾严重，通过社区戒毒难以戒除毒瘾的人员，县级以上人民政府、公安机关可以直接决定强制隔离戒毒。戒毒人员收入强制隔离戒毒所后，由强制隔离戒毒所人民警察直接管理，其他人员不得代行管理职权，场所安装监控、应急报警、门禁检查和违禁物品检测等安全技防系统。戒毒人员强制隔离戒毒期限为 2 年，期满前不得擅自离所，亲属探访、所外探视、所外就医等必须遵守相关规定；戒毒人员戒治期间脱逃的，强制隔离戒毒所应立即通知当地公安机关并配合公安机关追回脱逃人员，被追回的脱逃人员继续执行强制隔离戒毒，脱逃期不计入强制隔离戒毒期限，且不得报请提前解除强制隔离戒毒。

强制隔离戒毒是一种新的法治形态。依据《禁毒法》和《戒毒条例》，强制隔离戒毒是对吸食毒品成瘾者采取的一种行政强制措施。"强制"反映一种法律关系状态，这种强制关系的性质是"警"而不是"罚"；"隔离"则体现管理形式的特殊性，是指环境与条件限制而非剥夺意义上的处遇；强制隔离戒毒的执行主体是公安机关、司法行政部门的戒毒场所，执行过程及所采取的各种管理和矫治行为包括变更执行等，均属"执行行为"。戒毒对象的特殊性和戒毒过程的复杂性，执行活动及方式的法定性，体现了强制隔离戒毒工作基本职能的法制前提。

强制隔离戒毒工作是一项系统工程。它是在整合以往公安机关的强制戒毒和司法行政部门的劳教戒毒工作经验基础上形成的新体制，与以往的强制戒毒或劳教戒毒相比，新体制确立了政府统一领导、有关部门各负其责、社会力量广泛参与的工作格局，形成了以人为本、科学戒毒、综合矫治、关怀救助的工作原则。鉴于戒毒人员具有病人、违法者、受害者三种属性的定位，强制隔离戒毒在适度赋予制裁、规训、威慑等强制色彩的同时，更多地突出以人为本、教育矫治、治疗康复和回归服务等主题。戒毒目的的实现，不仅需要各种条件和多方力量参与，更要注重处遇方式的人道性和手段方法的科学性、系统性。

强制隔离戒毒模式是一个科学的认识过程。强制隔离戒毒模式是基于实践经验并逐渐升华为科学理论的认识过程。司法行政戒毒机关在对强制隔离戒毒模式的探索中，以科学发展观为指导，在脱毒治疗、行为矫治、身心康复、回归社会等方面进行了大量探索，顺利实现了由场所隔离戒毒向社会戒毒康复的无缝对接，初步形成了有中国特色的以戒毒治疗为基础、以心理治疗和人格重塑为核心、以帮助戒毒人员提高职业技能和建立社会支持系统为后续支撑、以保持操守与抵抗毒品诱惑能力为检验标准的经验模式。

《禁毒法》颁布后，司法行政部门的劳动教养管理所开始陆续接收管理强制隔离戒毒人员，劳教所加挂强制隔离戒毒所牌子，形成劳教人员和强制隔离戒毒人员混合收容、相对分开的状态。随着劳教制度的废止，劳动教养管理所牌子被摘除，绝大多数劳教所转型为专门的强制隔离戒毒所，北京、青海等一些地区的场所还加挂教育矫治所牌子，接收部分轻型犯。

（二）司法行政强制隔离戒毒工作机制

1. 机构设置

2008 年国务院印发司法部"三定"方案，明确司法部监督管理司法行政系统强制隔离戒毒的执行和戒毒康复工作职责，同年 10 月，经中央批准，司法部劳教局加挂戒毒管理局的牌子。各省（区、市）劳教局及各劳教场所陆续加挂戒毒管理局或强制隔离戒毒所的牌子。劳动教养制度废止后，2014 年 1 月，中编办批复司法部成立戒毒管理局。目前，全国 30 个省（区、市）和新疆生产建设兵团相应成立了戒毒管理局，北京、青海、新疆等省（区、市）还成立了教育矫治局，90% 以上的劳教场所转型为强制隔离戒毒所，90% 以上的劳教干警转型从事戒毒工作，戒毒工作体系日益健全。

强制隔离戒毒场所的设置经省（区、市）司法厅（局）审核，由省级人民政府批准，报司法部备案。具备条件的地方，还单独设置了收治女性戒毒人员的强制隔离戒毒所和收治未成年戒毒人员的强制隔离戒毒所。

强制隔离戒毒所设所长 1 人，政治委员 1 人，副所长若干人；设置职能机构和戒毒大队，根据收治规模配备从事管教、医疗和后勤保障的工作人员。

2. 收治对象

根据《禁毒法》第 38 条的规定，吸毒成瘾人员有下列情形之一的，由县级以上人民政府公安机关决定强制隔离戒毒：①拒绝接受社区戒毒的；②在社区戒毒期间吸食、注射毒品的；③严重违反社区戒毒协议的；④经社区戒毒、强制隔离戒毒后再次吸食、注射毒品的。对于吸毒成瘾严重，通过社区戒毒难以戒除毒瘾的人员，公安机关可以直接作出强制隔离戒毒的决定。吸毒成瘾人员自愿接受强制隔离戒毒的，经公安机关同意，可以进入强制隔离戒毒场所戒毒。第 39 条规定，怀孕或者正在哺乳自己不满 1 周岁婴儿的妇女吸毒成瘾的，不适用强制隔离戒毒。不满 16 周岁的未成年人吸毒成瘾的，可以不适用强制隔离戒毒。

3. 工作流程

（1）送达强制隔离戒毒决定书。公安机关对吸毒成瘾人员决定予以强制隔离戒毒的，制作强制隔离戒毒决定书，在执行强制隔离戒毒前送达被决定人，并在送达后 24 小时以内通知被决定人的家属、所在单位和户籍所在地公安派出所。

（2）送强制隔离戒毒所执行。被决定予以强制隔离戒毒的人员，由作出决定的公安机关送强制隔离戒毒场所执行。

（3）接收及入所检查。强制隔离戒毒所根据县级以上人民政府公安机关强制隔离戒毒决定书接收戒毒人员，核对戒毒人员身份，对其进行身体和所携带物品的检查。检查时发现戒毒人员身体有伤的予以记录，由移送的公安机关工作人员和戒毒人员本人签字确认；发现违禁品的予以依法处理。

（4）戒治康复和教育矫治。强制隔离戒毒场所根据戒毒人员吸食、注射毒品的种类及成瘾程度等，对戒毒人员进行有针对性的生理、心理治疗和身体康复训练和卫生、道德、法制等方面教育，组织参加必要的生产劳动，进行职业技能培训。

（5）诊断评估。强制隔离戒毒所对戒毒人员在强制隔离戒毒期间，进行生理脱毒、身心康复、行为表现、社会环境与适应能力等情况的综合考核和客观评价，即诊断评估。戒毒人员在强制隔离戒毒场所执行 3 个月后进行阶段性诊断评估，执行 1 年后至期满前进行综合诊断评估。综合性诊断评估结果作为强制隔离戒毒所对戒毒人员按期解除强制隔离戒毒、提出提前解除强制隔离戒毒或者延长强制隔离戒毒期限意见以及责令社区康复的直接依据。

（6）解除强制隔离戒毒。根据综合性诊断评估结果，强制隔离戒毒人员期限届满且达到诊断评估规定标准的，予以解除强制隔离戒毒，由强制隔离戒毒所出具解除证明书给戒毒人员本人，通知强制隔离戒毒原决定机关、戒毒人员家属、所在单位、户籍所在地或现居住地公安派出所。经诊断评估，对符合提前或延期解除强制隔离戒毒规定条件的，强制隔离戒毒所提出提前或延期解除强制隔离戒毒意见，按程序报强制隔离戒毒决定机关审批。强制隔离戒毒决定机关收到强制隔离戒毒所意见，及时作出是否批准的决定并通知强制隔离戒毒所，由强制隔离戒毒所将决定书送达被决定人。

4. 工作原则

根据《戒毒条例》的规定，戒毒工作应遵循以人为本、科学戒毒、综合矫治、关怀救助的原则，教育和挽救吸毒成瘾人员。在此基础上，司法行政强制隔离戒毒工作还要坚持以下原则：

（1）党的领导原则。坚决贯彻落实党的路线、方针、政策，严守党的政治纪律和组织纪律，在思想上、行动上与党中央保持高度一致。

（2）服务大局原则。认真贯彻落实党中央、国务院关于禁毒工作的决定部署，围绕国家禁毒工作大局，充分发挥职能作用。

（3）依法严格科学文明管理原则。注重依法文明管理，在管理中体现服务，在服务中加强管理，做到管理与服务并重，实现管理与服务的有机统一。围绕教育人、矫治人的目的，在管理中体现以人为本，更多地使用正面教育，给予戒毒人员更多的人文关怀。

（4）以教育戒治为中心的原则。把戒毒人员的教育矫治作为中心任务，坚持教育与救治相结合，着眼于帮助戒毒人员戒毒毒瘾、顺利回归社会，综合运用医疗、教育、康复训练等措施，实施科学戒治，提高戒毒质量。

5. 模式探索

戒毒主要是戒除吸毒成瘾人员对毒品的躯体依赖与精神依赖并帮助其逐步恢复社会正常生活的过程。根据国际上通用的标准，戒毒一般都要经过生理脱毒期、身心康复期和巩固适应期三个阶段。司法行政部门各级戒毒机关在对戒毒模式的探索中都坚持了"三期戒治"的模式，并在此基础上进行了细化和发展，但是，对"三期戒治"模式在概念内涵、基本运行规范及其标准上，目前尚未形成统一的解释与操作程序。

（三）司法行政强制隔离戒毒工作的任务和要求

司法行政强制隔离戒毒工作的主要任务是接收管理强制隔离戒毒人员，对其进行治疗康复和教育矫治，抓好日常生活卫生。其主要工作要求是：

1. 切实加强接收管理

坚持依法、严格、科学、文明的原则，依法接收管理强制隔离戒毒人员。根据性别、年龄、患病、戒毒治疗、现实表现等情况，实行分别管理、分期管理和分级管理；不断完善安全警戒设施，提高物防、技防水平；健全完善并严格落实安全管理制度，认真开展安全检查，及时发现和消除安全隐患，切实加强亲属探访、所外探视、所外就医等关键环节的安全管理，严防发生戒毒人员所内藏毒吸毒、脱逃、行凶、自杀、自伤、自残等行为，保持场所持续安全稳定；积极探索实现分别、分期、分级管理的途径和方式方法以及统一、科学的"三期戒治"规范，科学设置管理流程，不断提高管理效果。

2. 切实加强教育矫治

坚持把对戒毒人员的教育戒治作为戒毒工作的中心任务，根据戒毒人员特点，科学制定教育矫治计划，提高教育的针对性和实效性。组织开展思想道德、法律常识、康复教育、心理健康等教育，帮助戒毒人员树立正确的道德、法治观念，全面了解毒品的特性、危害以及戒毒的基本流程和规律，提高戒毒认知水平，坚定戒毒信心；强化职业技能教育培训，使戒毒人员掌握出所就业所需的实用技术；加强场所文化建设，努力营造整洁优美、和谐有序、活泼向上的矫治氛围；不断创新教育矫治方式方法，充分利用现代媒体、信息技术和社会资源，探索建立个案化教育机制，广泛开展各类社会帮教活动，努力提高教育效果。

3. 切实加强戒毒医疗

依法开展对戒毒人员的戒毒治疗，运用科学、规范的诊疗技术、方法，使用符合国家规定的药物、医院制剂和医疗器械；采取相应的医学措施，帮助戒毒人员尽快实现生理脱毒，认真开展入所体检、所内门诊、定期巡诊、所内外联合会诊等工作；不断提高场所医疗工作水平，为戒毒人员提供更好的医疗服务，最大限度地减少所内因病死亡。此外，还要提高艾滋病管理、治疗水平。

4. 切实加强康复训练

强化体能康复训练，借鉴医学和运动生理学理论、方法和技术，广泛开展健身项目和体育活动，组织有针对性的体能康复训练；强化心理康复训练，以恢复正常心理功能、塑造积极人格特征为重点，开展心理咨询、心理矫治和心理危机干预，开设心理健康教育课程和专题心理辅导，帮助戒毒人员增强拒毒能力，强化戒毒效果；强化劳动康复训练，加强生产劳动管理，选择适宜的生产劳动项目，为从事生产劳动的戒毒人员支付适当报酬，充分调动其参加生产劳动和劳动技能训练的积极性，发挥好劳动在教育戒治中的作用。

同时，司法行政部门各级戒毒机关还要不断加强民警队伍建设，坚持严格公正文明执法，提高戒毒管理水平，加强场所建设和综合保障，为司法行政戒毒工作提供坚强的组织保证。

三、社区矫正工作

（一）社区矫正的概念与特征

"社区矫正"是一个从国外引进的概念，随着我国社区矫正工作的不断深入，对这一词语的使用频率越来越高。根据最高人民法院、最高人民检察院、公安部、司法部 2003 年《关于开展社区矫正试点工作的通知》（以下简称《通知》）的规定，社区矫正是与监禁矫正相对的一种非监禁行刑方式，是指将符合条件的罪犯置于社区内，由专门的国家机关在相关社会团体和民间组织以及社会志愿者的协助下，在判决、裁定或决定确定的期限内，矫正其犯罪心理和行为恶习，促进其顺利回归社会的非监禁刑罚执行活动。从这一定义中，可以看出社区矫正具有下列主要特征：

1. 社区矫正的性质是一种刑罚执行活动

从性质上讲，社区矫正与监禁矫正并无不同，工作对象都是罪犯，基本任务都是实现判决书、裁定书或决定书预先确定的刑罚内容。惩罚性是刑罚的本质特征，社区矫正作为一种刑罚执行活动，必然具有一定的强制性、惩罚性。

2. 社区矫正的执行方式具有开放性

与传统监禁矫正不同，社区矫正对罪犯不实行关押，而让罪犯置身于社区，在开放的社会环境服刑。执行方式的不同是社区矫正与监禁矫正的根本区别，它决定了社区矫正在工作对象、工作主体及惩罚力度等方面与监禁矫正执行方式的差异。

3. 社区矫正的工作主体具有明显的社会性

一方面，社区矫正作为刑罚执行活动，其执行主体当然是国家机关；另一方面，为了不阻断罪犯与社会的联系，提高教育改造质量，国家也需要社会力量参与罪犯的教育改造工作，以弥补国家机关力量的不足。社区矫正执行方式的开放性，为社会力量参与社区矫正提供了有利条件。目前，监禁矫正也有社会力量参与其中，但监禁矫正执行方式的封闭性，决定了社会力量参与的广度、深度都不及社区矫正。

（二）社区矫正的适用对象

根据我国现行《刑法》《刑事诉讼法》和《社区矫正实施办法》的有关规定，将社区矫正的适用对象规定为下列五种罪犯：

（1）被判处管制的。

（2）被宣告缓刑的。

（3）被暂予监外执行的。具体包括：①有严重疾病需要保外就医的；②怀孕或正在哺乳自己婴儿的妇女；③生活不能自理，适用暂予监外执行不致危害社会的。

（4）被裁定假释的。

（5）被剥夺政治权利，并在社会上服刑的。

在符合法定条件的情况下，对罪行轻微、主观恶性不大的未成年犯、老病残犯，以及罪行较轻的初犯、过失犯等，应当作为社区矫正的重点对象，适用上述非监禁措施。

（三）社区矫正的工作任务

根据 2012 年最高人民法院、最高人民检察院、公安部、司法部《社区矫正实施办法》的规定，社区矫正的工作任务可概括为：

（1）监督管理。按照《刑法》《刑事诉讼法》等法律、法规和规章的规定，对社区矫正对象矫正期间的日常行为进行监督，包括报告义务、外出需审批、进入特定的场所需审批、变更居住地需审批，确保刑罚的顺利实施。

（2）教育矫正。通过多种形式对社区矫正对象进行思想、法制、社会公德教育，矫正其不良心理和行为，使其悔过自新，成为守法公民。

（3）帮困扶助。帮助社区矫正对象解决就业、生活、法律、心理等方面遇到的困难和问题，以利于他们顺利适应社会生活。

监督管理，体现了刑罚的惩罚性，显示了社区矫正作为刑罚执行活动的本质特征。将教育矫正、帮困扶助列入社区矫正的工作任务，实行惩罚、教育、帮助相结合，改变了以往执行非监禁刑时只强调监督管理的做法，突出了社区矫正以人为本、强调教育改造的新理念。

（四）社区矫正工作机构和工作人员

1. 社区矫正工作机构

（1）社区矫正领导机构。试点各地社区矫正工作领导机构是省（区、市）、市（地、州）、区（县、市）、街道（乡镇）四级社区矫正试点工作领导小组，领导小组实行工作例会制度，负责统一指挥、协调本地区社区矫正试点工作。各级领导小组办公室设在同级司法行政部门，负责处理领导小组日常工作。

（2）社区矫正决定机构。社区矫正决定机构包括：①法院。管制、剥夺政治权利、缓刑由法院判决，假释由法院裁定，罪犯交付执行前的暂予监外执行由法院决定。②监狱管理局。被判处有期徒刑的罪犯在监狱服刑期间，符合暂予监外执行条件的，由监狱提出暂予监外执行的书面意见，报省（自治区、直辖市）监狱管理局批准。③县级以上公安机关。被判处有期徒刑、拘役的罪犯在看守所、拘役所服刑期间，符合暂予监外执行条件的，由看守所、拘役所提出暂予监外执行的书面意见，报县级以上公安机关批准。

（3）社区矫正执行机构。根据现行《刑法》《刑事诉讼法》的有关规定，对以上社区服刑的罪犯，由公安机关负责监督考察，由派出所具体负责执行。《通知》颁布之后，根据《通知》的规定，司法行政机关负责牵头组织开展社区矫正试点工作，社区矫正的日常管理工作由街道、乡镇司法所具体承担，公安机关的职责只是配合司法行政机关依法加强对社区服刑人员的监督管理。特别是刑事诉讼法修改和《社区矫正实施办法》颁发后，司法行政机关成为社区矫正的唯一主体，其他部门给予配合，理顺了社区矫正管理体制。

（4）社区矫正监督机构。人民检察院是我国法定的法律监督机关，负责对社区矫正的决定、执行、解除等各个环节实施全程监督。

（5）其他职能部门。社区矫正是一项综合性工作，公安、民政、人力资源和社会保障、教育、财政等部门应各司其职，积极配合、支持司法行政机关开展社区矫正工作。

2. 社区矫正工作人员

这里的社区矫正工作人员，是指参与社区矫正具体执行工作的人员，具体包括：

（1）社区矫正执法工作者。社区矫正执法工作者主要指省、市、县三级司法行政机关社区矫正管理指导部门的工作人员，身份基本为公务员，这类人员担负着具体的刑罚执法职能。司法所的公务员主要负责日常监管、教育矫正等工作。

（2）专职社会工作者。专职社会工作者是指具备一定的专业知识、技能，专职从事社会服务工作并获得报酬的人员。做好社区矫正工作，除了懂法律外，还需要具备一定的社会学、心理学、教育学等专业知识。社区矫正工作引进专职社会工作者，可以解决当前司法所人员不足、工作人员专业知识欠缺的问题。由政府与专业社会团体签订协议购买公共服务，是当前社区矫正工作引进专职社会工作者的主要方式。

（3）社会志愿者。社会志愿者是指自愿参与社区矫正工作，无偿提供社会服务的人员。社区矫正志愿者应具备以下条件：①拥护宪法，遵守法律，品行端正；②热心社区矫正工作；③有一定的法律政策水平、文化素质和专业知识。社会志愿者接受司法行政机关聘任，参与社区矫正工作。社会志愿者目前主要由离退休干部、社区矫正对象亲友、社区矫正对象所在社区居（村）委会工作人员、在校大学生组成。

（五）社区矫正工作流程

现有的规范性文件将社区矫正工作流程分为三个阶段：

1. 衔接阶段

衔接阶段的工作任务是在社区矫正执行机构与人民法院、监狱、看守所（拘役所）之间做好社区矫正对象和有关法律文书的交接工作，防止社区矫正对象脱离管理。衔接阶段的工作内容包括：

（1）社区矫正对象交接。人民法院对被判处管制、被宣告缓刑、被裁定假释、被决定暂予监外执行的罪犯，应当在判决、裁定生效之日，或者离开监所10日内到居住地县级司法行政机关报到。县级司法行政机关应当及时为其办理登记手续，并告知其3日内到指定的司法所接受社区矫正。发现社区矫正人员未按规定时间报到的，县级司法行政机关应当及时组织查找，并通报决定机关。

（2）法律文书交接。对于适用社区矫正的罪犯，人民法院、公安机关、监狱应当核实其居住地，在向其宣判时或者在其离开监所前，书面告知其居住地县级司法行政机关报到的时间期限以及逾期报到的后果，并通知居住地县级司法行政机关；在判决、裁定生效起3个工作日内，送达判决书、裁定书、决定书、执行通知书、假释证明书副本等法律文书，同时抄送其居住地县级人民检察院和公安机关。县级司法行政机关收到法律文书后，应当在3个工作日内送达回执。

2. 执行阶段

执行阶段是社区矫正的核心阶段，执行机构在这一阶段的工作内容主要包括：①矫正对象开展风险评估，确定管理级别；②根据矫正对象的具体情况，对其制定矫正方案，实行个案矫正；③对矫正对象的日常行为进行考核，落实监督管理；④根据矫正对象的表现，对其进行行政奖惩或报请人民法院对其进行司法奖惩、报请公安机关对其进行治安处罚；⑤组织矫正对象参加社区服务；⑥对矫正对象组织开展思想、文化、法制教育；⑦为矫正对象提供心理咨询，进行心理矫治；⑧对矫正对象开展职业技能培训，帮助其就业；⑨帮助矫正对象落实社会保障、社会救助措施，解决生活困难；⑩做好矫正对象矫正期间的档案、台账登记、管理工作；⑪组织矫正对象入矫、解矫宣告。

3. 终止阶段

社区矫正的终止包括下列情形：

（1）社区矫正期限届满。管制、缓刑、假释的矫正对象，管制期限、缓刑考验期限、假释考验期限届满的，从届满之日起社区矫正终止；暂予监外执行的矫正对象，暂予监外执行期限、刑期同时届满的，从届满之日起社区矫正终止。

（2）符合暂予监外执行的条件消失，原批准机关决定收监执行。因严重疾病保外就医的矫正对象疾病痊愈，因怀孕或哺乳暂予监外执行的矫正对象已分娩或已过哺乳期，原批准机关决定收监执行的，从收监之日起社区矫正终止。

（3）社区矫正对象被收监执行或因漏罪、新罪被羁押。缓刑、假释、暂予监外执行的社区矫正对象因违反监管规定被原决定机关决定收监执行，或因漏罪、新罪被羁押的，从收监之日或羁押之日起社区矫正终止。

（4）社区矫正对象死亡。社区矫正对象在矫正期间死亡的，从死亡之日起社区矫正终止。

出现上述情形之一的，社区矫正执行机构应在社区矫正终止之前或终止之后，按规定程序与相关部门办理终止手续。

（六）我国社区矫正试点工作概况

为了克服传统监禁刑带来的阻碍罪犯再社会化、改造罪犯成本过高等诸多弊端，探索解决犯罪问题的新途径，在人道主义、行刑社会化理念的推动下，社区矫正在世界各国逐步发展起来，许多发达国家的刑罚制度已进入以非监禁刑为主导的时代。据统计，2000 年加拿大、澳大利亚、新西兰等国家，对罪

犯适用社区矫正的比例已占到全部被判刑罪犯的 70% 以上。[1]

社区矫正在西方发达国家已有一百多年的历史。与发达国家相比，我国社区矫正起步很晚。在此之前，我国《刑法》《刑事诉讼法》尽管规定了管制、缓刑、假释、剥夺政治权利、暂予监外执行等非监禁刑，但这些都不同于今天的社区矫正。2002 年 8 月，上海市在徐汇区、普陀区、闸北区三个区各选一个街道率先在全国开始了社区矫正试点工作。2003 年 7 月，在总结借鉴上海经验的基础上，最高人民法院、最高人民检察院、公安部、司法部联合下发了《关于开展社区矫正试点工作的通知》，确定在北京、上海等 6 个省市开展社区矫正试点工作，标志着社区矫正在我国正式启动。2005 年 1 月，"两院两部" 又联合下发了《关于扩大社区矫正试点范围的通知》，将社区矫正试点范围扩大到 18 个省（区、市）。此外，有 9 个未列入试点范围的省（区），也主动开展了试点工作，因此全国实际上有 27 个省（区、市）开展了社区矫正试点工作。在 6 年试点实践的基础上，2009 年 10 月，经中央政法委批准，"两院两部" 联合下发了《关于在全国试行社区矫正工作的意见》，部署在全国范围内开展社区矫正试点工作。2012 年 1 月，两院两部颁发了《社区矫正实施办法》，为社区矫正工作提供了制度保障。截至 2014 年底，全国 31 个省（区、市）和新疆建设兵团开展了社区矫正工作，各地累计接收社区矫正人员 243 万余人，社区矫正人员的重新犯罪率一直控制在 0.2% 左右，[2]取得了良好的法律效果和社会效果。

党中央高度重视社区矫正工作，将社区矫正列为国家司法体制改革的一项重要内容。2006 年 10 月十六届六中全会通过的《中共中央关于构建社会主义和谐社会若干重大问题的决定》中明确提出要 "积极推行社区矫正"，并将社区矫正列入了国家司法体制改革纲要；2008 年 12 月《中央政法委员会关于深化司法体制和工作机制改革若干问题的意见》中对推进社区矫正工作也提出了明确的要求。

为了规范社区矫正试点工作，除了前述 "两院两部" 联合颁发的两个

---

〔1〕 参见郭建安："社区矫正制度：改革与完善"，载陈兴良主编：《刑事法评论》（第十四卷），中国政法大学出版社 2004 年版，第 316 页。

〔2〕 参见王比学："司法部基层司司长解读社区矫正：改造在高墙之外"，载《人民日报》2009 年 11 月 2 日。

《通知》、一个《意见》外，司法部 2004 年 5 月也制定了《司法行政机关社区矫正工作暂行办法》。此外，试点各地区有关部门也单独或联合出台了一些规范性文件。现行法律与各种规范性文件之间的冲突、试点各地区之间工作规范的不统一，是目前社区矫正试点工作面临的主要问题。为了维护刑罚执行的统一性、严肃性，推进社区矫正工作规范化、法制化建设，有关部门正在积极开展社区矫正立法调研工作，争取早日出台《社区矫正法》。

（七）我国开展社区矫正工作的意义

与发达国家相比，我国现行刑罚执行制度仍处在以监禁刑为主的阶段。实践中管制、缓刑、假释等非监禁刑适用比例很低，而且在非监禁刑的执行过程中片面强调对罪犯的监督管理，不重视对罪犯的教育、帮助，也不重视社会力量的参与。在这样的社会背景下，开展社区矫正工作，是对我国刑罚执行制度的重大改革，具有如下重要意义：

（1）社区矫正符合当今世界刑罚制度的发展趋势，体现了人类文明的发展和刑罚理念的进化，有利于我国刑事司法领域与国际社会接轨，有利于与其他国家开展对话、合作并树立良好的国际形象。

（2）社区矫正体现了宽严相济的刑事司法政策，对一些罪犯实行社区矫正，有利于减少社会对立面，化解社会矛盾，维护社会稳定，促进社会和谐。

（3）社区矫正克服了传统监禁刑的弊端，让罪犯在开放的社会环境中服刑，有利于充分利用社会力量有针对性地对其实施矫正，有利于促进其顺利回归和融入社会，提高教育改造质量，预防、减少重新违法犯罪。

（4）社区矫正有利于合理配置行刑资源，提高刑罚执行效率，降低刑罚执行成本。通过社区矫正，把那些不需要、不适宜监禁或继续监禁的罪犯放到社会中服刑，可以让监狱把有限的教育改造力量放在需要监禁的重刑犯的身上，提高刑罚执行效率，同时也可节省国家对监狱的经费投入。监狱改造罪犯经济成本昂贵，是促使各国适用社区矫正的主要原因之一。从目前我国试点各地的初步统计来看，一名社区服刑人员的年矫正经费仅为监狱服刑罪犯监管经费的 1/10。[1]

---

〔1〕参见王比学："司法部基层司司长解读社区矫正：改造在高墙之外"，载《人民日报》2009年11月2日。

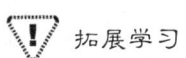 拓展学习

中外社区矫正概念比较

社区矫正（Community Correction）作为一个法律术语在各国的实践中有着不同的含义和具体内容。与我国现阶段将社区矫正定性为一种"刑罚执行方式（刑罚的具体实现）"不同，西方国家的社区矫正是一个外延非常广泛的概念，是一系列社区处遇措施的总称，强调的是运用开放的、社区的资源来矫正罪犯，以实现罪犯的回归和社会秩序的保护，并不将社区矫正的性质局限于几种刑罚执行方式或是被法院直接适用的一些刑罚种类。西方国家的社区矫正包括了以下几种含义：

第一，作为社区服务令的社区矫正。社区服务是一个独立的刑种，一般适用于犯有非暴力型轻微犯罪的成年犯，既可以作为主刑，也可以作为附加刑。通常由法官裁决罪犯为公益或私人从事一定时间的无偿劳动，以此赎回罪过。作为社区服务令的社区矫正，其实就是一个独立的刑罚种类。

第二，作为刑罚执行方式的社区矫正。作为刑罚执行方式的社区矫正附着在缓刑、假释制度之上。

第三，作为刑事诉讼替代方式的社区矫正。转向是美国广泛使用的一种社区矫正方法，是指对本应受刑事处罚但情节和危害较轻的罪犯采用非刑事方法处理，避免因进入司法程序而引发标签化的副作用。该方案尤其适用于青少年犯，对青少年进行辅导和教育，使其在社区环境中得到矫治。转向方案的具体措施有庇护之家、儿童辅导中心、青少年咨询中心、家庭治疗方案等。转向类似于我国《刑事诉讼法》规定的酌定不起诉制度，只不过我国《刑事诉讼法》只规定了酌定不起诉，而没有进一步规定检察机关对犯罪嫌疑人作出不起诉决定以后，该采取哪些教育管理措施。

可见，我国目前的社区矫正只是刑罚执行方式意义上的社区矫正，只不过我国扩大了社区矫正的适用范围，社区矫正除了依附于缓刑、假释制度之外，还可以依附于管制、暂予监外执行和剥夺政治权利的执行过程中。

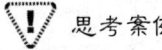 思考案例

1. 李某的弟弟因涉嫌盗窃罪被逮捕，现关押在某看守所。

请问：（1）所有被判有期徒刑的罪犯是否都在监狱服刑？

（2）罪犯在监狱中可否参加自学考试？

（3）罪犯在监狱除了接受劳动改造外，可否学习文化知识、劳动技能？

2. 李某于 2003 年 4 月被判处有期徒刑，2007 年 8 月 10 日刑期届满，从监狱释放。

请问：为了防止李某离开监狱后脱离安置帮教，监狱、李某户籍所在地的司法行政机关和公安机关应分别做好哪些衔接工作？

3. 家住湖北省武汉市 A 区 B 镇某村的刘某因盗窃罪被 A 区人民法院判处有期徒刑 2 年，缓期 3 年执行，2009 年 5 月 10 日一审判决生效。

请问：（1）本案中社区矫正的决定机构、执行机构分别是哪些部门？

（2）刘某最迟应在哪一天到社区矫正执行机构报到登记？

（3）一般情形下，对刘某的社区矫正应在何时终止？

4. 张某因吸毒被决定强制隔离戒毒两年，但在隔离期间查出他有一个贩毒案，然后被刑事拘留并被判刑 7 个月，现刑满。

请问：张某是应刑满释放还是应继续执行强制隔离戒毒？

学习单元六　法制宣传教育与依法治理

学习目标

1. 了解我国法制宣传教育的历程，准确把握党的十八届四中全会对法制宣传教育提出的新要求；

2. 正确理解依法治理的含义，掌握依法治理的主要内容。

学习任务

1. 法制宣传教育的历程；

2. 法制宣传教育工作的转型；

3. 依法治理的主要内容。

 问题导入

2004 年，家住江苏省无锡市滨湖区鸿桥村的胡某某等 150 位农民，一纸诉状把国土资源部告到了北京市第一中级人民法院。在法庭上，操着浓重家乡话的 4 位农民代表和国土资源部的官员展开辩论，给旁听人员留下了深刻印象。最终，法院判决国土资源部受理 150 名农民针对国土资源部《关于无锡市城市建设农用地转用和土地征用的批复》所提出的行政复议申请。

浙江省嘉兴市海盐县通元镇雪水港村 2006 年底得了一块牌子："2006 年浙江省五星级民主法治示范村"。这块"全县唯一"的牌子让全村人兴奋了好一阵子。牌子来之不易，靠的是全村人共同的努力。"关键是墙上挂着'定海神针'呢。"村民们说。"定海神针"就是挂在村委会会议厅的墙上的《村规民约》《村民自治章程》《村民委员会议事规则》等规章制度。这是雪水港村村民依据国家的法律法规，再结合该村实际，集体讨论出来的"土政策"。"有了这些规章制度，村里的各项工作就方便多了。"

讨论题：结合上述案例，谈谈法制宣传教育和依法治理的关系。

一、法制宣传教育工作

（一）法制宣传教育工作概述

1. 法制宣传教育的概念

1985 年 11 月 22 日第六届全国人大常委会通过的《关于在公民中基本普及法律常识的决议》明确指出了法制宣传教育的含义：将法律交给广大人民，使广大人民掌握法律，使广大人民知法、守法，树立法制观念，学会运用法律武器同一切违反宪法和法律的行为作斗争，从而保障公民合法的权利和利益，维护宪法和法律的实施。经过三十多年的法制宣传教育，我国民主法制建设发展到了新的阶段，法制宣传教育的内容和目标都有了新的变化，法制宣传教育的内涵更加丰富。所谓法制宣传教育，是指通过多种形式向公民普及宪法、法律和法规的基本知识，推动全社会树立法治意识，培育公民法治信仰，推进科学立法、严格执法、公正司法和全民守法，形成依法办事的社会氛围的活动。

2. 法制宣传教育的历程与成效

1985 年 11 月，中共中央、国务院批转了中宣部、司法部《关于向全体公民基本普及法律常识的五年规划》。同月，全国人大常委会作出《关于在公民中基本普及法律常识的决议》。"普及法律常识"简称"普法"。普及法律常识五年规划活动结束后，1990 年 12 月，中共中央、国务院又批转了中宣部、司法部《关于在公民中开展法制宣传教育的第二个五年规划》；1991 年 3 月，全国人大常委会通过了《关于深入开展法制宣传教育的决议》。此后至今，"普及法律常识"即五年一轮的法制宣传教育活动，称之为"一五"（1986～1990 年）、"二五"（1991～1995 年）、"三五"（1996～2000 年）、"四五"（2001～2005 年）、"五五"（2006～2010 年）、"六五"（2011～2015 年）普法。"一五"至"六五"，顺序本身既反映了法制宣传教育的连续性，又体现了法制宣传教育历程。

从 1985 年开始实施的"一五"普法，是继党的十一届三中全会拨乱反正、确定以经济建设为中心的发展战略后，所实施的全民法制启蒙教育活动。"一五"普法以"十法一条例"为主要学习内容，即《宪法》《民族区域自治法》《兵役法》《刑法》《刑事诉讼法》《民法通则》《民事诉讼法（试行）》《婚姻法》《继承法》《经济合同法》以及《治安管理处罚条例》等基本法律。

现在看来，"一五"普法无论从内容上还是形式上都不能和如今大规模、丰富多彩的普法活动相比，但在当时，普法这一新生事物却让亿万群众第一次近距离触摸了法律。据统计，截至1990年"一五"普法结束时，全国共有7亿多人参加了普法学习，占普法对象总数的93%。

"一五"普法结束后，法制宣传教育工作如何深入进行，成为社会各界普遍关注的问题。从1990年下半年起，中宣部、司法部组成调查工作组开展了广泛深入的调查研究；在召开了十几个座谈会，广泛征求三十多个部、委、局以及部分省、市的意见后，拟就了《关于在公民中开展法制宣传教育的第二个五年规划》，中共中央、国务院于1990年12月批转了这一规划。不久，为适应普法工作的需要，成立了全国普及法律常识办公室（设在司法部）。"二五"普法，在继续抓好宪法等基本法律知识普及的同时，强调了部门专业法律知识的宣传教育，重点突出了以社会主义市场经济法律法规为主要内容的200多部法律法规。以宣传宪法为核心、以专业法为重点，标志着普法活动开始转向学用结合、依法治理的轨道。到1993年底，全国有29个省、自治区、直辖市开展了依法治理工作；正式提出并开展了依法治市的省辖市、地级市已达113个，县级市有120个，约占全国城市总数的40%；约有600多个县（区）正式开展了依法治理工作。"二五"普法无论在深度和广度上都较"一五"普法有了很大的推进，尤其是依法治理工作的逐步开展，为推进国家的法治化管理进行了有益的尝试和探索。从此，依法治理成为各地、各部门以及各行业追求的准则，也为依法治国方略的最终提出并付诸实践奠定了坚实的基础。

1996年，"三五"普法工作启动。这一时期正值中国加入世界贸易组织。1997年9月十五大首次提出了实行依法治国、建设社会主义法治国家的基本方略。因此，学习邓小平关于社会主义民主与法制建设的理论，继续开展宪法知识和与公民工作、生活密切相关的基本法律知识以及与维护社会稳定有关的法律知识教育，着重抓好社会主义市场经济法律知识的普及，成为"三五"普法的主要内容，并将普法工作目标确定为推进依法治国、建设社会主义法治国家。由普法到依法治国，是历史的必然选择，也是水到渠成的。依法治国与普法工作相伴而行，相得益彰，推动了各层次、各行业的依法治理，普法工作开始向法治实践的方向延伸。"三五"普法期间，一项项形式新颖的普法活动在各地相继展开：在乡村、社区开展"法律下乡""法律进万家"活动，在军民共建中开展"法律拥军"活动，在青少年法制教育中开展"青少年维权岗"活动；与此同时，一支具备较高法律素质的专、兼职结合的法制宣传员队伍已经形成，在全国的总人数达到700多万。有25个省、自治区成立了省级普法讲师团，成员达700多人，全国地市、县级成立的普法讲师团成员有61 000多人。

2001年是"四五"普法的起始之年，"四五"普法提出了"两个转变、两个提高"的工作目标，即努力实现由提高全民法律意识向提高全民法律素质的转变，全面提高全体公民特别是各级领导干部的法律素质；实现由注重依靠行政手段管理向注重依靠运用法律手段管理的转变，提高全社会法治化水平。这一时期，全国人大对《宪法》进行了修改，并颁布了《行政许可法》《行政复议法》；十六大提出要依法行政，打造法治政府。此外，普法宣传还迎来了两件喜事：2001年6月27日，由司法部主办的"中国普法网"正式开通，法制宣传在现代传媒领域有了自己的阵地；同年，现行宪法颁布日即12月4日确定为全国法制宣传日。九年来，每年的全国法制宣传日成为全国各地集中宣传宪法的纪念日，成为各级党政机关、司法机关服务民众的舞台，成为亿万公民进一步学习各类法律法规知识、享用法治带来的福祉的盛宴。

2006年，作为实施"十一五"规划的第一年，同时也是"五五"普法的开局之年，普法工作又站在了新的起点上。这一时期，党中央提出科学发展观和构建和谐社会的战略思想，倡导坚持社会主义法治理念。普法开始与人本文化、科学发展、和谐发展相对接，可见"五五"普法规划为普法工作确立了更高的目标。"五五"普法期间，各地、各部门按照"五五"普法规划的要求，狠抓落实，各项工作扎实推进，为促进经济社会发展、维护社会和谐稳定、推进依法治国基本方略的实施，作出了积极贡献：①切实抓好以宪法为核心的法律法规学习宣传。深入学习宣传宪法，进一步提高全民的宪法意识，进一步增强全社会崇尚宪法、遵守宪法、维护宪法权威的氛围；加强国家基本法律、社会主义法治理念以及与经济发展、社会稳定、保障和改善民生相关的法律法规宣传教育，进一步增强全体公民的法制观念和法律意识。②深入开展法制宣传教育主题活动。围绕应对国际金融危机，促进经济平稳较快发展等重大部署，围绕举办北京奥运会、残奥会、国庆60周年庆典等重大活动，围绕西藏拉萨"3·14"打砸抢烧严重暴力犯罪事件、"5·12"四川汶川特大地震灾害、新疆乌鲁木齐"7·5"事件等重大事件，组织开展了一系列主题法制宣传教育活动，为促进经济社会发展、维护社会和谐稳定，为完成重大任务、应对重大事件营造了良好的法治环境。③突出抓好领导干部、公务员、企业经营管理人员、青少年和农民等重点对象的法制宣传教育工作。"五五"普法以来，全国共有2.4万多人次的省部级领导干部和40多万人次地厅级干部参加了各种形式的法制讲座，4000多万人次公务员和1200多万人次农村"两委"干部参加了法律知识培训，进一步提高了各级领导干部、公务员依法行政、依法决策的能力和水平，促进企业依法经营，提高了青少年和农民的法律意识和法律素质，有力促进了全民法制宣传教育的深入开展。④广泛开展法律进机关、进乡村、进社区、进企业、进学校、进单位"法律六进"活动。司法部会同中宣部下发了《关于开展"法律六进"活动的通知》后，全国各地、各部门共组织各类"法律六进"活动220多万场次，开展法制文艺宣传活动100多万场。⑤依法治理工作深入推进。各省（区、市）普遍开展了依法治理，95%以上的地（市、州、盟）、县（市、区）开展了依法治理工作，19个省（区、市）、130多个地（市、州、盟）、500多个县（市、区）开展了法治城市、法治县（市、区）创建活动，同时民主法治示范社区、依法行政示范窗口创建等法治实践活动广泛开展，司法部、民政部四年共表彰全国"民主法治村"先进单位1400多个，促进了全社会法治化管理水平的提高。

2011年，是实施"十二五"规划的开局之年，也是实施"六五"普法规划的启动年。根据全面落实依法治国基本方略，服务"十二五"时期经济社会发展的新形势，"六五"普法规划提出，第六个五年法制宣传教育的指导思想是：以邓小平理论和"三个代表"重要思想为指导，深入贯彻落实科学发展观，围绕"十二五"时期经济社会发展的目标任务，按照全面落实依法治国基本方略和建设社会主义政治文明的新要求，坚持法制宣传教育与社会主义核心价值体系教育相结合、与社会主义法治理念教育相结合、与社会主义公民意识教育相结合、与法治实践相结合，深入开展法制宣传教育，深入推进依法治理，大力弘扬社会主义法治精神，努力促进经济平稳较快发展和社会和谐稳定，为夺取全面建设小康社会新胜利营造良好法治环境。"六五"普法以来，各地各部门全面实施国家"六五"普法《规划》和《决议》，紧紧围绕经济社会改革发展大局，以领导干部、公务员、青少年、企业经营管理人员和农民为重点，以"法律六进"、法治文化和法治创建系列活动为载体，以提高全民法律素质、法治观念和全社会法治化管理水平为目标，加强组织领导，完善体制机制，突出普法重点，注重分类指导，丰富普法载体，创新普法形式，大力开展全民法治宣传教育和依法治理，加快推进依法治国进程，圆满完成了"六五"普法的各项目标任务。以宪法为核心的法律法规得到广泛宣传，全体公民的法律素质和法治观念不断增强，法治文化不断繁荣，依法治理和法治创建活动扎实推进，全社会法治化管理水平逐步提高，可见普法依法治理工作在保障和促进经济社会发展中发挥了巨大作用、作出了积极贡献。

总结三十年来的法制宣传教育工作，从"一五"到"六五"普法，始终伴随着国家政治、经济和社会生活的变迁，从而产生了普法的本质属性及相关情形的一系列变化。公民法律启蒙教育的起步，有力地配合了党和政府的拨乱反正工作，促进了社会法治秩序的恢复；通过对基本法和专业法的深入宣传和教育，提高了各级领导干部和国家公务人员的法律意识和法律素质，促进了依法行政和全社会法治化管理水平的提高；通过以人为本提高公民法律素质，增强了公民依法维权的能力，法律因此走进千家万户，赢得了亿万人民群众的参与和支持；通过高举依法治国的旗帜、实施依法治理三大工程，有力推动了基层民主政治建设，营造了良好的经济发展环境，促进了社会的全面进步；通过宪法、关系民生和社会稳定的相关法律法规的广泛宣传以及大力推进依法治理工作，进一步增强了广大公民的法律意识和法律素质，为经济建设和人民生活水平的提高，创造了良好的法治环境，为社会稳定与和谐社会建设奠定了坚实的基础，有力地促进了依法执政、依法行政，公正司法。其中，根本性的变化是，从把法律交给13亿人民逐步转向人民群众是依法治国的主体。

（二）从法制宣传教育到法治宣传教育

党的十八届四中全会对全面依法治国作出了重大部署，并从全面推进依法治国的战略高度，深刻阐述了新时期法治宣传教育的重大理论和实践问题，对法治宣传教育提出了一系列新论断、新要求。十八届四中全会关于法治宣传教育的深刻内涵、基本定位、重大任务、重要措施的一系列新论断、新要求，对于法治宣传教育工作具有重要的里程碑意义。

1. 准确把握法治宣传教育的深刻内涵

全会《决定》明确提出，深入开展法治宣传教育。从"法制宣传教育"到"法治宣传教育"，内涵发生了深刻变化，既包括对法律体系和法律制度的宣传，也包括对立法、执法、司法、守法等一系列法治实践活动的宣传，更加突出了法治理念和法治精神的培育，更加突出了运用法治思维和法治方式能力的培养。总之，要把法治宣传教育全面拓展到立法、执法、司法、守法全过程，推动法治宣传教育不断深入。

2. 准确把握法治宣传教育的基本定位

全会《决定》明确提出，坚持把全民普法和守法作为依法治国长期基础性工作，深入开展法治宣传教育。科学立法、严格执法、公正司法、全民守法是全面推进依法治国的重点环节和主要任务；其中，科学立法是前提，严格执法是关键，公正司法是保障，全民守法是基础。全会《决定》这一科学论断，进一步明确了法治宣传教育的战略定位，深刻揭示了法治宣传教育在推进依法治国、依法执政、依法行政和建设法治国家、法治政府、法治社会中的基础性作用，深刻阐述了法治宣传教育是全面推进依法治国的一项长期战略任务。

3. 准确把握法治宣传教育的重大任务

全会《决定》明确提出了"推动全社会树立法治意识"的重大任务。法律的权威源自人民的内心拥护和真诚信仰。法律要发生作用，首先要全社会信仰法律。只有全社会树立法治意识，使人们发自内心地信仰与崇敬法律，把法律内化为行为准则，积极主动地遵守法律，才能为全社会厉行法治奠定坚实基础，全面推进依法治国的总目标才可能实现。确立这一重大任务，对于在全面推进依法治国、建设社会主义法治国家的进程中谋划和推进法治宣传教育，具有重要意义。

4. 准确把握法治宣传教育的重要措施

全会《决定》提出了完善国家工作人员学法用法制度、把法治教育纳入国民教育体系、纳入精神文明创建内容、实行国家机关"谁执法谁普法"的普法责任制、建立以案释法制度、健全媒体公益普法制度等措施。这些措施是在总结过去法治宣传教育经验的基础上提出的，注重法治宣传教育的顶层设计，注重从根本上、制度上解决长期制约法治宣传教育工作的重点、难点问题。

二、依法治理工作

（一）依法治理概述

1. 正确理解依法治理的含义

（1）依法治理中"治理"的含义。"治理"一词发源于西方，它与统治、管理和政府活动联系在一起，主要是指以国家权力为核心的、与国家的公共事务相关的国家和社会的管理活动。治理一直被认为是政府管理者的事情，似乎与民众无关，民众自然成为政府管理者治理的对象。然而，随着近代以来资产阶级民主革命的胜利，20世纪以来人口的增多和科学技术的发展，人与人之间的交流与沟通模式发生了巨大变化，从而使现代社会的管理结构也发生了新的变化：其一，治理的主体由单一的政府扩大到一些经济组织、社会团体和自治组织。它们仿照着国家权力的运行方式进行着企业、社团和自身的科学管理。例如，公司的股东大会、董事会、监事会的设立就类似于国家机构中的议会、政府和司法机关的构成。还有许多领域中的自治组织和利益集团通过民主的方式进行有效的自我管理，从而成为政府管理社会的重要补充。因此，治理主体不再仅限于统治者或国家权力的拥有者、使用者，还包括一切参与国家和公共事务的管理的经济组织、自治组织甚至个人。其二，在治理方式上，随着"人民主权""契约政府"等民主思想不断地深入人心，传统的自上而下的、依靠下达命令和强力制裁进行管理的单向模式逐渐被自下而上的、同意接受式的双向的模式所取代。从政府的单向管理到国家与公民之间的双向关系的转变，给国家治理带来很多的便利，这种转型不仅仅是形式上的，而且是观念性的。因此，治理的当下含义更强调通过民主参与促使国家与社会的良性互动。

（2）对依法治理中的"法"的理解。根据我国《宪法》和《立法法》的规定，我国的法的范围主要是指制定法的范围，包括宪法、法律、行政法规、地方性法规、民族自治地方的自治条例和单行条例、部门规章和地方政府规章。由于现代社会治理的主体除了单一的政府外还扩大到一些经济组织、社会团体、自治组织甚至个人，我们可把治理主要分为两种：一种是政府治理；另一种是社会治理。所谓的政府治理，是指国家行政机关或法律、法规授权的组织按照法定的职权和程序，对国家和社会公共事务进行管理的过程，一般被称为依法行政。它们对治理所依据的"法"的要求比较严格，必须是《宪法》和《立法法》所规定的几种法的形式。社会治理即在企业、社团、自治组织的管理中，除了可以依据上述范围内的法，还可以把法的范围进行延伸，即企业或团体或自治组织根据法定程序制定的规章和其他的规范性的文件也可以作为其自身治理的主要依据。但是上述规范性文件必须具备下列条件：①规章的制定必须符合法定程序；②规章的内容合法，其内容不得和现行的国家的宪法、法律、法规和规章相抵触。只有满足这两个条件，规章才可以作为法律、法规的延伸，在特定的领域内对特定的主体发生法律效力。

（3）依法治理的精神实质。在依法治理的过程中，有相当一部分人往往把依法治理当作统治国家和控制社会的一种手段，将其定位在运用手中的权力管理老百姓、只要求公民守法上，这显然与社会主义法治目的——促进民主法制化和法制民主化、保障人民权利与利益是背道而驰的。因此，正确理解依法治理的精神实质，对于顺利推进依法治国、建设社会主义法治国家具有重大的现实意义。

首先，依法治理的主体是人民。我国《宪法》第2条明确规定，"中华人民共和国的一切权力属于人民"，"人民依照法律规定，通过各种途径和形式，管理国家事务，管理经济和文化事业，管理社会事务"。因此，我们时刻不能忘记权力是受人民的依托而产生，是从属于人民，权力享有者切不可将权力私有化，当成自己手中用来管理人民的私有资源。其次，对依法治理的理解不仅要恪守现行的静态法律条文，还要考虑法是否合乎社会进步、是否符合法的精神；现代依法治理的内涵，应该是强调保障人权与公民的权利和自由，要求法律必须符合社会正义的"实质治理"。再次，治理手段应该由单纯的统治与管理演进为指导与服务。我国长期以来是依靠行政命令的模式来治理的，政府也好，企业也好，"官本位"的思想比较严重，而现代社会人们对权力的认识已有质的飞跃，人们从萌发权利观念进一步转向对权力的思考。然而，从目前状况看，我国正处于新旧体制转轨的关键时期，在旧的问题未得到彻底解决的情况下，新的问题和困难又不断涌现，这就限制了对公共权力的改革。即便在这种情况下，我国仍然作出了极大的努力，表现在政府积极推行政务公开，实行基层民主自治，加强服务意识等方面，使治理模式发生了根本改变。

（4）依法治理的概念。[1] 依法治理就是在党领导下的政府各部门和广大公民，崇尚宪法和法律在国家政治、经济和社会生活中的权威，并运用这种权威，通过各种形式和方法使各个领域逐步迈入法制化、规范化管理的一种社会管理方式。即国家的政治、经济、文化等一切活动依照法律管理，公民、各种社会组织的所有行为依照法律进行，总之，使一切可以由法律来调控的活动和工作，都纳入规范化、法制化的轨道。简言之，依法治理就是运用法治方式进

---

[1]　依法治理的概念，来自青海省司法厅法制宣传教育处张中苏、张成国的"浅谈依法治理的主体与客体"一文。

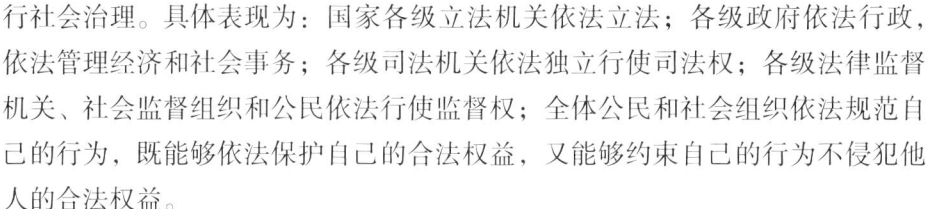

行社会治理。具体表现为：国家各级立法机关依法立法；各级政府依法行政，依法管理经济和社会事务；各级司法机关依法独立行使司法权；各级法律监督机关、社会监督组织和公民依法行使监督权；全体公民和社会组织依法规范自己的行为，既能够依法保护自己的合法权益，又能够约束自己的行为不侵犯他人的合法权益。

2. 依法治理组织领导机构

目前各地、各行业的依法治理领导机构，名称尚不尽统一，有的叫做普法依法治理工作领导小组，有的叫做普法依法治理联席会议，有的叫做依法治省（区、市、县）领导小组，还有的叫做法治建设工作领导小组，等等。不管叫什么名称，都是各级党委对依法治理工作实施领导的具体组织方式，其成员单位非常广泛。目前全国各省（区、市）依法治理领导机构大体有如下模式：①设立依法治省领导小组或类似机构，履行法制宣传教育和法治工作的职责。②法制宣传教育领导小组和依法治省（市）领导小组分开设立，分别履行普法和法治工作的职责。③设立普法依法治理领导小组，在机构名称上体现普法和法治职能。④设立单一的法制宣传教育领导小组，由法制宣传教育领导小组履行普法和依法治理工作的职责。在领导小组组长的配置上，有的由党委书记担任组长；有的由政府省长担任组长；有的由党委、政府其他领导担任组长。在领导小组办事机构设置上：有的在省（市）委办公厅，有专门的编制；有的设在省人大常委会；有的设在省委政法委；多数省（区、市）设在司法厅（局）。

3. 依法治理与法制宣传教育、依法治国、社会治安综合治理的关系

（1）依法治理与法制宣传教育的关系。法制宣传教育是依法治理的前提和基础，法制宣传教育能为依法治理工作创造良好的法律环境。依法治理工作是在法制宣传教育基础上产生和发展起来的法治实践活动，依法治理是法制宣传教育工作的延伸与深入，是法制宣传教育客观发展的必然结果。没有在全民中开展法制宣传教育，就没有全民法律意识的提高，依法治理就失去了存在的基础。同样，如果不开展依法治理工作，法制宣传教育工作也就失去了它本来的目的意义和目标方向。依法治理进程的不断推进又能增强社会对法治的信心，增强社会公众学法、用法的动力，推动学法、用法工作深入开展。从哲学的观点上说，法制宣传教育与依法治理的关系是一个认识与实践的关系，即学与用、法制教育与法治实践的关系。如果学法与用法相脱节、法制宣传教育与

依法治理相脱离，就必然会造成有法不依、学法不执法和执法不严、违法不究，甚至知法犯法、执法违法、徇私枉法的现象。正确处理依法治理与法制宣传教育的关系，要求我们必须坚持"普治并举，以治为主"的原则。所谓"普治并举"，就是要学用结合，法制教育与法治实践相结合，在依法治理工作的全面实践和整体推进中做到依法治理与普法同步计划、同步实施、同步督查、同步总结、同步考评，推动普法与依法治理工作的同步发展。所谓"以治为主"，就是学法一定要用法，理论一定要联系实际，以用促学，以治为主，积极开展法治实践活动，运用所学的法律法规开展各项治理活动，依法管理各项事业，使各项工作走上法制化管理的轨道。因而要推进依法治理，必须加大普法力度，强化普法工作在依法治理中的基础地位，不断提高干部和群众遵守法律、依法办事的自觉性。

（2）依法治理与依法治国的关系。党的十五大报告中对依法治国的涵义作出了科学的界定："依法治国，是党领导人民治理国家的基本方略，是发展社会主义市场经济的客观需要，是社会文明进步的重要标志，是国家长治久安的重要保障。""依法治国，就是广大人民群众在党的领导下，依照宪法和法律的规定，通过各种途径和形式管理国家事务，管理经济文化事业，管理社会事务，保证国家各项工作都依法进行，逐步实现社会主义民主的制度化、法律化，使这种制度不因领导人的改变而改变，不因领导人的看法和注意力的改变而改变。"这一科学界定表明依法治国是坚持党的领导、发扬民主、严格依法办事三者相结合的依法治国。依法治理是广大人民群众在党的领导下，依据国家宪法和国家法律的规定来治理国家、管理社会事务的法治实践活动，也就是把依法治国的思想、原则和制度操作起来的实践活动。从广义上来理解依法治理与依法治国的关系，就是动态与静态的关系；从狭义上来理解依法治理与依法治国的关系，就是整体和组成部分的关系。

（3）依法治理与社会治安综合治理的关系。依法治理和社会治安综合治理同属社会主义民主与法制建设的范畴，依法治理从宏观上提出了加强民主法制建设的战略目标，而社会治安综合治理则从微观上明确了稳定社会治安的具体任务。社会治安综合治理与依法治理的关系，无论从广义上还是从狭义上来理解，都是从属关系，即社会治安综合治理从属于依法治理，社会治安综合治理是依法治理的重要组成部分。从性质上看，社会治安综合治理是治理犯罪和危害治安因素，解决社会治安方面的问题；而依法治理是全局性、战略性的工作，旨在实现文明、民主、富强的大目标，它涵盖了政治、经济、文化和社会的各个方面，尤其是法治的各个环节，如立法、执法、司法、法律监督等。从目标上看，社会治安综合治理的对象是治安问题，无论采取多少手段进行综合治理，只要实现了社会治安，就完成了社会治安综合治理的既定目标；而依法治理的对象涉及政治、经济、文化、社会各个方面，无论内容和手段都是全面的、综合性的。依法治理以某种社会现象为突破口进行依法治理，要经过单项治理向综合性全面治理的渐进过程，通过若干个单项治理，积小成为大成，来实现全社会的依法治理。减少违法犯罪现象、稳定社会治安秩序是社会治安综合治理的根本目标，也是依法治理的一项重要治理内容。因此，依法治理和社会治安综合治理有着密切的内在联系，社会治安综合治理搞好了，才能加快依法治理的进程。

（二）依法治理的工作格局

依法治理是在法制宣传教育的基础上提出、发展起来的，依法治理是法制宣传教育的继续、深入、提高和发展。随着法制宣传教育工作在全国持续展开，人们的法律知识不断增加，国家法治建设不断发展，人们对何为法律、法律的作用有了一定的认识，特别是在法制宣传教育开展比较早的城市，依法决策、依法治理工作具备了一定的基础。1986 年 3 月，辽宁省本溪市人大常委会率先通过了《关于依法治市的决议》，为全国的依法治理工作开了先河。继本溪市之后，全国许多城市也相继开展了依法治市工作。在基层，人们创造了山东章丘"依法建制，以制治村，民主管理"的经验，开展了厂、街、校、店、所的依法治理，加强了党对基层工作的领导，促进了基层民主政治建设，为社会稳定作出了积极贡献。行业依法治理也涌现出了建设、地矿、电力、工商、邮电、冶金、化工、航天、航空、机械、水利等一大批典型。经过开展多种形式的依法治理活动，形成了以基层依法治理为基础，以行业依法治理为支柱，以地方依法治理为主体的依法治理格局。

1. 基层依法治理

基层依法治理是指依法治村、依法治社区及其他不具政权性质的基层单位，以民主管理和自治为特征的依法治理活动。

村、社区等基层不具有国家政权性质，没有执法、司法等强制性法治职能，因此，基层依法治理运用的法律手段只能是教育、引导、调解等规范方式，其着眼点是提高基层干部和群众的法律素质，增强贯彻落实国家法律法规的自觉性，提高依法办事、依法维权、依法自律的能力，使基层各种社会关系相和谐，符合法律的要求，构成良好的法治环境。村（居）委会等基层组织是我国社会结构中的最小单位，是我们党组织和政权组织的细胞，是与群众联系最为广泛、最为密切的纽带和桥梁，同时也是矛盾表现较为集中、复杂的焦点。只有把基层依法治理抓好了，把法律法规真正落实到基层，才能使群众亲身感受到依法治理的效果和好处，从而提高群众的法制观念和参与依法治理的积极性、主动性，推动依法治理的不断扩展和深化。因此，作为依法治理的"三大工程"之一，始于农村、街道社区并延至基层企业、社会服务组织、事业单位等的基层依法治理被称作依法治理的基础工程。

我国农村是以自然村为基本组成单位的，自然村是农村的缩影，是基层的重要组成部分，它数量之多、地域之广，是依法治理工作不得不予以高度重视的地方。只有搞好自然村的依法治理，才能达到广大农村的依法治理，从而促进社会主义新农村建设目标的实现。自然村有相同的理念和共同的利益，就是要维护集体财产，发展生产，发展公益事业，从而保障其安居乐业；自然村有共同的土地、森林等资源，是土地发包的主体，是村集体财产的主体，具有法人的特征；自然村所有的土地、森林等财产属于全体村民所有，即不但是劳动者的共有，也是未成年人、缺乏劳动能力者的共有。以上特征说明，自然村是一个独立的社会组织，具有社会团体性、经济实体性和群众自治性。它的依法治理，要认真实施《村民委员会组织法》，切实做到"民主选举、民主决策、民主管理、民主监督"，大力推广"村务公开、民主管理"的依法治村经验，认真执行《村民委员会组织法》和其他法律法规，健全和完善村民选举制度和村民代表会议制度，使关系农民群众切身利益的问题如集体经济项目的承包、计划生育、宅基地审批、乱占土地、环境污染、干部作风等能够依法、依政策、依村规民约得到公开、公正处理。

城镇街道社区依法治理工作，主要以人民调解委员会为载体，以法制宣传和法律服务为切入点，以提高街道社区成员法律素质为核心，促进街道社区管理规范化、制度化和法制化。开展街道社区依法治理工作，要抓住社会关注、基层干部群众关心的一些热点、难点问题，依法进行专项治理，并调处解决关系群众切身利益的问题，使依法治理人人参加、人人有责、人人得益；要把街道社区依法治理同群众性精神文明创建活动紧密结合起来，把创建文明家庭、安全文明小区、单位等作为依法治理的载体，并对环境、治安和有关各项管理

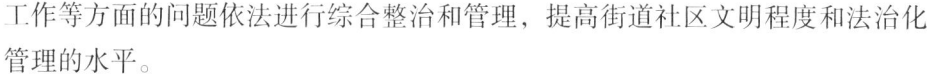

工作等方面的问题依法进行综合整治和管理，提高街道社区文明程度和法治化管理的水平。

2. 行业依法治理

在我国的行政管理构架中，行业是一种宽泛的、广义的管理群类代称，即我国垂直领导机关、管理部门、分类统管单位及相关社团组织的总称。它具有两个特征：①直接性，行业管理单一、直接和深入；②隶属性，除中央直属行业外，一般受上级行业的业务指导和所在地方的行政领导。行业依法治理指由部门和行业按各自的专业法和管理权限，从上到下依法治理，又称为"条条工程"。只有抓好"条条工程"，才能为整体工程搭好支架，保证总体工程不倾斜、不走样，因此行业依法治理是依法治理的支柱工程。我国行业的依法治理从方略的提出、共识的形成，到付诸实践，不过一二十年时间，但经过艰苦地探索，行业的依法治理实现了"三个重大转变"：①行政管理由主要依赖政策调节向依照法律法规转变；②社会治理由单一的社会管理部门向联动综合的行业管理群体转变；③行业内部管理由常规的内部建章立制向完善的配套规范、标准、机制转变。特别是在党提出建设社会主义法治国家、加强社会主义民主政治建设、推进依法行政、强化执法监督的要求以来，我国的行业管理和依法行政水平显著提高，科学化、规范化、民主化的行政决策机制基本形成，依法行政、合理行政、权责统一、诚实守信的行政观念深入人心，行业的依法治理工作达到了一个新的高度。但从总体发展情况来看，行业的依法治理是面临着许多体制性的障碍，与中央提出的依法治国的总目标还存在较大的差距，传统的行政观念依然是依法治理过程中的阻力，制约着行业依法治理的提高和发展。因此，要充分认识新形势下深入开展行业依法治理的重大意义，同时行业的依法治理还需进一步打好基础、突出重点、严格考评。

就具体行业来说：①直接履行政府行政管理职能、享有管理权和执法权的行业，包括工商、税务、公安、交通、教育、卫生、司法行政、质监等行政管理部门，要牢固树立执政为民、依法行政的观念，正确看待和运用手中的权力，严格按照法定职责和法定程序行使职权，真正做到执法权限法定、执法内容明确、执法程序公开、执法行为规范、执法监督有力，不断提高依法行政的能力和水平；要进一步加大对违法行政行为的监督力度，所有政府机构及其工作人员都必须严格依法行政，根据法律授予的权力去处理违法的人和事，既不能失职，也不能越权，切实做到有权必有责、用权受监督、侵权要赔偿；要坚持标本兼治，积极培育市场，鼓励公平竞争，反对不正当竞争和限制竞争，努力解决影响市场经济秩序的深层次问题，积极、稳妥地改革现行行政管理制度中不适应市场经济需要的方面。②具有垄断行业性质、为公民提供公共服务的部门，如电力、通信、邮政、供水、供气、供电、铁路、航空等，要加强行业自律，增强服务意识，健全行规行约，规范行业服务；要着力于企业内部改革，强化企业内部管理，通过法治化管理，提高效率，节约成本，依靠高质量的服务、良好的信誉和公平的交易，赢得消费者的信任。③现代服务业，包括现代商贸业、现代物流业、信息服务业、旅游业、房地产业、文化产业等，是推进我国经济结构战略性调整、形成新的经济增长点、提高经济竞争力的关键所在，要在增强加快发展、做大做强意识的同时，进一步增强法治意识，处理好加快发展与依法规范的关系，把行业的建设和发展建立在依法规范管理、依法规范运作的高起点、高目标上，使行业保持正确的发展方向和持续发展的后劲。

3. 地方依法治理

地方是指与中央相对而言的行政区划。地方依法治理就是中央以下各级行政区域的依法治理，具有隶属性和层级性，下级隶属于上级，下级必须执行上级关于依法治理的规划、计划、意见和决定，同时本级也应当有自己的规划和计划，使地方依法治理既保持统一性，又具有地方特色。我国地方依法治理分为四个层级：①省、直辖市、自治区的依法治理；②市（设区的市）、自治州的依法治理；③县、市（不设区的市）、区的依法治理；④乡、镇的依法治理。目前，我国地方依法治理工程在依法治理总格局中具有重要地位，被称为依法治理"三大工程"中的"主体工程"。地方依法治理需要抓紧、抓好的工作内容和环节很多，最主要的有以下六个方面：

（1）促进地方立法。搞好地方立法，首先要严格把握地方立法权的范围，不得规范不该由地方规范的事务，不得违背法律优先和法律保留原则；其次要认真遵循合法性原则，绝对不能与国家宪法和法律以及上位的法规规章相抵触；最后要充分发扬民主，增强立法工作的透明度，充分反映民意，提高地方立法的质量。

（2）深化法制宣传教育。应遵循普法规划提出的工作目标，即全面落实科学发展观，紧紧围绕经济社会发展的目标任务，按照依法治国基本方略的要求，深入开展法制宣传教育，大力推进依法治理，坚持法制教育与法治实践相结合，坚持法制教育与道德教育相结合，为全面建成小康社会营造良好的法治环境。通过深入扎实的法制宣传教育和法治实践，进一步提高全体公民的法律意识和法律素质；进一步增强公务员的社会主义法治理念，提高依法行政能力和水平；进一步增强各级政府和社会组织依法治理的自觉性，提高依法管理和服务社会的水平。

（3）强化行政执法。首先，要贯彻职权法定原则，绝对禁止超越权限执法，同时防止放弃权力的不作为行为，严格实行执法责任制和评议考核制，落实执法必严。其次，要做到行为合法。即适用法律合法、合理、适当，程序正确，不得超越法律规定的幅度，不得违反法定程序滥施许可、收费、处罚等。再次，改变执法过程中重实体、轻程序的倾向，尊重并明示行政相对人的知情权、申辩权、申请复议权和诉讼权。最后，要承担违法行政对行政相对人权益造成侵害时应承担的法律责任。

（4）推进公正司法。首先，要深化司法体制改革，合理设定部门和部门权力，完善司法机构内部协调与制约的关系，向科学机制要公正。其次，要贯彻司法公正，尤其是司法程序公开，敞开门办案，接受社会监督，向强化社会监督要公正。最后，要惩治司法腐败，加强司法队伍建设，提高司法队伍的政治思想素质、法律专业素质、作风纪律素质，从严治警，强化管理，向高素质队伍要公正。

（5）搞好法律服务。法律服务包括律师、公证员、基层法律服务工作者，为当事人充当法律顾问、诉讼或非诉讼代理、法律援助、法律咨询、代书等活动，是正确调处法律关系，促进司法公正，维护当事人合法权益的重要环节。

（6）强化法律监督。各级党的纪律检查机关，要严肃查处党内违法违纪案件，把党组织和广大党员的活动严格控制在宪法和法律规定的范围内。各级地方权力机关要加强对立法活动的监督，保障地方立法和制定的规范性文件、规章制度不与宪法、法律相抵触，加强对行政机关、司法机关执法活动的监督。各级检察机关要加强对同级法院和公安、司法行政机关的法律监督以及对国家公职人员职务违法行为的监督，硬化司法机关的互相制约和内部监督，提高公正司法的水平。要加强公民对法律实施情况的监督，积极受理人民群众的申诉、控告，支持并帮助人民群众依法维权。

拓展学习

《武汉市 2008 年度普法依法治理工作目标管理考核标准》解读

一、指标体系

考核标准采用两级指标体系，分为 4 个一级指标，31 个二级指标。

一级指标包括普法教育、依法治理、法制宣传、保障措施四个指标。

每个一级指标由若干二级指标构成，如，依法治理包括 5 个二级指标，即积极推进"法律六进"活动；开展依法办事示范单位创建；开展"民主法治村"、"民主法治社区"创建；加强分类指导，及时总结推广经验；开展专项依法治理活动。

二、权重和分值设定

整个考核为百分制，不同指标权重直接换算成分值。如一级指标依法治理的权重是 20，直接换算成百分制 20 分；二级指标中积极推进"法律六进"活动在考核指标中的权重是 6，直接换算成百分制 6 分。

三、考核标准量化，具有可操作性，便于统计核查

如积极推进"法律六进"活动，重点抓好进机关、进学校，覆盖率达 90% 以上；制定依法办事示范单位创建工作方案，创建工作面达 70% 以上；制定"民主法治村""民主法治社区"创建工作方案，村和社区创建工作面分别达到 80% 和 70% 以上；加强分类指导，及时总结推广经验，召开总结经验会 1～2 次；围绕和谐武汉建设，针对社会热点、难点问题，大力开展专项依法治理活动，解决 1～2 个重点问题。这些量化指标具有很强的可操作性、可测性。

四、考核评分由自查和考核两部分组成

考核标准体现了自查和上级检查的两个阶段的要求，既便于各部门各单位自我对照检查，又体现上级考核结果的权威性。

 思考案例

1. 在北京丰台区，有一家北京市农民工法律援助工作站，自 2005 年 9 月成立至今，已为 5000 多名农民工提供了法律帮助，而接受咨询的案件达 17 000 件，涉及农民工 90 000 多人。"农民工的法律意识越来越强了。"一位法律援助律师感慨地说。因为身高不足 1.2 米被谢绝观看演出，北京一名 7 岁

女孩将演出场所保利剧院告上法庭；已退休的南京市民吴进文，因为超市"不找零"在郑州打赢了一场2分钱的官司。这些用法律"讨说法"的举动，在二十多年前是很难想象的。

运用本单元学习知识，结合案例说明法制宣传教育给全国人民行为方式带来哪些变化？

2. 国际上倾销、反倾销的斗争很激烈。解决这类争端，不是靠政府，而是主要靠行业协会。如温州的打火机在世界市场占有率达80%左右，欧洲人提出2.5美元以下的打火机一定要装锁定装置，这样一来，实际上就提高了温州打火机的成本，削弱了它的竞争力。对这个问题，温州人积极应对，立刻成立了打火机协会，由协会出面去欧洲做工作，做议员的工作，结果成功了，欧洲人取消了原来的方案。还有一个例子，中国紫菜产量占世界的1/3（江苏占全国的95%），日本紫菜价格比中国的贵3倍，日本厂商就告中国企业倾销，使中国紫菜进不了日本市场。

运用本单元学习知识，结合案例说明行业的依法治理不仅是重要的而且是紧迫的。

学习单元七　法律服务管理与指导

学习目标

1. 了解律师、公证、法律援助、基层法律服务、司法鉴定及人民调解工作的基本内容；

2. 熟悉司法行政机关管理、指导法律服务和人民调解工作的方式和内容。

学习任务

1. 法律服务机构的设立审批制度；

2. 法律服务人员的执业审批制度；

3. 法律服务工作的行政处罚制度。

 问题导入

据《法制日报》2007 年 11 月 9 日报道，2006 年经省级司法行政机关撤销或注销登记的"三大类"司法鉴定机构有 22 个，的"三大类"司法鉴定人有被撤销或注销执业资格 816 名。此外，据司法部司法鉴定管理局统计，2007 年上半年，司法鉴定管理局通过多种渠道收到有关司法鉴定的投诉举报有 80 件，其中涉及司法行政机关管理的有 46 件，从查处的情况来看，占总数 50% 的投诉和举报属实。

讨论题：司法鉴定及其他法律服务工作关系到当事人的合法权益、法律的正确实施、社会公平正义的实现，国家应该对其实施严格有效的管理。那么，司法行政机关对法律服务工作是如何进行管理的呢？

一、律师管理工作

根据《律师法》的规定，我国对律师工作的管理采取司法行政机关行政管理和律师协会行业管理相结合的管理体制。司法行政机关行政管理的主要内容有：

（一）律师事务所（分所）设立许可

1. 律师事务所（分所）的设立条件

根据《律师法》第 14 条的规定，设立律师事务所应当具备的一般条件有：有自己的名称、住所和章程；有符合本法规定的律师；设立人应当是具有一定的执业经历，且 3 年内未受过停止执业处罚的律师；有符合国务院司法行政部门规定数额的资产。此外，根据《律师法》第 15 条的规定，设立合伙律师事务所的，除了符合一般条件外，还应当有 3 名以上合伙人，设立人应当是具有 3 年以上执业经历的律师。根据《律师法》第 16 条的规定，设立个人律师事务所，除符合一般条件外，设立人还应当是具有 5 年以上执业经历的律师。

司法部《律师事务所管理办法》对律师事务所的设立条件作了下列补充规定：①设立国资律师事务所的，由当地县级司法行政机关筹建，至少有 2 名符合《律师法》规定并能够专职执业的律师，申请设立前须经所在地县级人民政府有关部门核拨编制、提供经费保障；②设立人应当是能够专职执业的律师；③设立普通合伙律师事务所的，有人民币 30 万元以上的资产；④设立特殊的普通合伙律师事务所的，有 20 名以上合伙人作为设立人，有人民币 1000 万元以上的资产；⑤设立个人律师事务所的，有人民币 10 万元以上的资产。省级司法行政机关可以根据本地经济社会发展状况和律师业发展需要，适当调整以上设立资产数额，报司法部批准后实施。

根据《律师法》第 19 条的规定，成立 3 年以上并具有 20 名以上执业律师的合伙律师事务所，可以设立分所。

2. 律师事务所（分所）的设立许可程序

根据《律师法》第 18 条的规定，设立律师事务所，应当向设区的市级或者直辖市的区人民政府司法行政部门[1]提出申请，受理申请的部门应当自受理之日起 20 日内予以审查，并将审查意见和全部申请材料报送省级司法行政部门。省级司法行政部门应当自收到报送材料之日起 10 日内予以审核，作出是否准予设立的决定。准予设立的，向申请人颁发律师事务所执业证书；不准予设立的，向申请人书面说明理由。

---

〔1〕 根据《律师事务所管理办法》的规定，含直辖市的县人民政府司法行政机关，下同。

根据《律师法》第19条的规定，合伙律师事务所设立分所的，也应按以上程序向拟设立分所所在地的省级司法行政部门办理审核手续。

（二）律师执业许可

1. 律师执业条件

根据《律师法》第5条的规定，个人申请律师执业应该具备的条件是：拥护中华人民共和国宪法；通过国家统一司法考试；在律师事务所实习满1年；品行良好。实行国家统一司法考试前取得的律师资格凭证，在申请律师执业时，与司法考试合格证具有同等效力。根据《律师法》第12条的规定，申请兼职律师执业的，还应当具备如下条件：必须是高等院校、科研机构中从事法学教育、研究工作的人员；必须经所在单位同意。

为了解决某些高端领域律师人数不足的问题，我国《律师法》还设立了特许律师执业制度。《律师法》第8条规定："具有高等院校本科以上学历，在法律服务人员紧缺领域从事专业工作满15年，具有高级职称或者同等专业水平并具有相应的专业法律知识的人员，申请专职律师执业的，经国务院司法行政部门考核合格，准予执业。具体办法由国务院规定。"可见，申请特许律师执业，不需要参加全国统一司法考试，但只能从事专职律师工作。国务院目前尚未出台关于特许律师执业的管理文件。

此外，根据《律师法》的规定，下列人员不得申请律师执业：无民事行为能力或者限制民事行为能力的；受过刑事处罚的，但过失犯罪的除外；被开除公职或者被吊销律师执业证书的；公务员。

2. 律师执业许可程序

根据《律师法》第6条的规定，申请律师执业，应当向设区的市级或者直辖市的区司法行政部门提出申请，受理申请的部门应当自受理之日起20日内予以审查，并将审查意见和全部申请材料报送省级司法行政部门。省级司法行政部门应当自收到报送材料之日起10日内予以审核，作出是否准予执业的决定。准予执业的，向申请人颁发律师执业证书；不准予执业的，向申请人书面说明理由。

（三）变更、终止执业管理

根据《律师法》第21条的规定，律师事务所变更名称、负责人、章程、合伙协议的，应当报原审核部门批准。律师事务所变更住所、合伙人的，应当

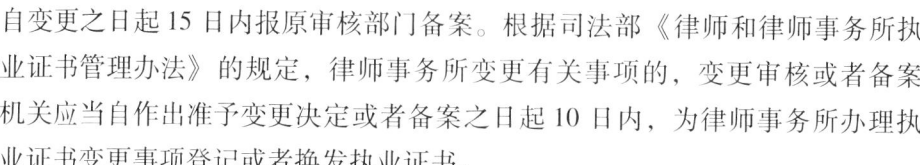

自变更之日起 15 日内报原审核部门备案。根据司法部《律师和律师事务所执业证书管理办法》的规定，律师事务所变更有关事项的，变更审核或者备案机关应当自作出准予变更决定或者备案之日起 10 日内，为律师事务所办理执业证书变更事项登记或者换发执业证书。

根据《律师事务所管理办法》第 30 条的规定，律师事务所出现《律师事务所管理办法》第 29 条规定的终止情形的，应当在清算结束后 15 日内向所在地设区的市级或者直辖市的区（县）司法行政机关提交注销申请书及有关材料，由其出具审查意见后连同全部注销申请材料报原审核机关审核，办理注销手续。

根据司法部《律师执业管理办法》第 20 条的规定，律师变更执业机构的，应当向拟变更的执业机构所在地设区的市级或者直辖市的区（县）司法行政机关提出申请，由其出具审查意见，并连同全部申请材料报送省级司法行政机关审核。对准予变更的，由审核机关为申请人换发律师执业证书；对不准予变更的，应当向申请人书面说明理由。准予变更的，申请人在领取新的执业证书前，应当将原执业证书上交原审核颁证机关。律师跨设区的市或者省、自治区、直辖市变更执业机构的，原执业机构所在地和变更的执业机构所在地的司法行政机关之间应当交接该律师执业档案。

（四）日常检查监督

根据《律师法》第 52 条的规定，县级人民政府司法行政机关对律师和律师事务所的执业活动实施日常监督管理，对检查发现的问题，责令改正；对当事人的投诉，应当及时进行调查。县级司法行政部门认为律师和律师事务所的违法行为应当给予行政处罚的，应当向上级司法行政部门提出处罚建议。

（五）年度考核

根据司法部《律师事务所年度检查考核办法》的规定，律师事务所年度检查考核工作，应当在每年的 3～5 月集中办理，由县级司法行政机关负责初审，由设区的市级司法行政机关评定考核等次。直辖市的区（县）司法行政机关，有权直接评定考核等次。考核结果分为合格、不合格两个等次。考核结果应记入律师事务所的执业档案和执业许可证副本，并上报省级司法行政机关备案，由其进行公告。

律师的年度考核工作与律师事务所的年度考核工作同步进行，由律师事务所对本所律师提出年度考核意见后，报当地市级律师协会确定考核结果。律师协会应将律师的年度考核结果报设区的市级或者直辖市区（县）司法行政机关备案。设区的市级或者直辖市区（县）司法行政机关应将考核结果记入律师的执业档案，在其律师执业证书上加盖"律师年度考核备案"专用章，并上报省级司法行政机关备案，由其进行公告。

（六）行政处罚

《律师法》对律师、律师事务所的违法执业行为规定了行政处罚，2010年4月司法部新制定的《律师和律师事务所违法行为处罚办法》对此作了进一步的具体规定。对律师、律师事务所的行政处罚分为警告、罚款、没收违法所得、停止执业（停业整顿）、吊销律师执业证书（律师事务所执业证书），其中给予警告、罚款、没收违法所得、停止执业（停业整顿）处罚的，由律师事务所所在地设区的市级或者直辖市区（县）司法行政机关实施；给予吊销律师执业证书、律师事务所执业证书处罚的，由许可其执业的省级司法行政机关实施。

（七）对律师协会的监督、指导

律师协会是社会团体法人，是律师的自律性组织。全国设立中华全国律师协会，省、自治区、直辖市设立地方律师协会，设区的市根据需要可以设立地方律师协会。律师协会按《律师法》第46条的规定履行其行业管理、服务的职责。

根据《律师法》第4条的规定，司法行政部门负责对律师协会的工作进行监督、指导。对律师协会的监督、指导工作由同级司法行政机关负责。律师协会制定的章程、行业规范、惩戒规则，对会员的奖惩决定，对律师的年度考核结果，应报司法行政机关备案，接受其监督，对违反法律、行政法规、规章的，司法行政机关有权责令改正。

（八）其他管理、指导工作

其他管理、指导工作主要包括：对律师事务所的名称管理，对律师事务所、律师的执业档案管理，对律师事务所、律师的执业证书管理，对律师办理群体案件的监督、指导，并监督、指导律师事务所建立完善各项内部管理制度。

二、公证管理工作

与律师管理工作一样，根据《公证法》的规定，我国对公证工作也采取司法行政机关行政管理与公证协会行业管理相结合的管理体制，其中行政管理的主要内容包括：

（一）公证机构设立许可

根据司法部《公证机构执业管理办法》第14条的规定，公证机构由所在地的司法行政机关负责组建。根据《公证法》《公证机构执业管理办法》的规定，公证机构的设立，应符合下列条件：

1. 符合本地区的公证机构设置方案

《公证法》第7条规定，公证机构按照统筹规划、合理布局的原则，可以在县、不设区的市、设区的市、直辖市或者市辖区设立；在设区的市、直辖市可以设立一个或者若干个公证机构；公证机构不按行政区划层层设立。这一设立原则，是由公证机构的属性、特点和作用所决定的。《公证机构执业管理办法》规定，省级司法行政机关应当按照公证机构的设立原则，综合考虑当地经济社会发展程度、人口数量、交通状况和对公证业务的实际需求等情况，拟定本行政区域公证机构设置方案，并可以根据当地情况和公证需求的变化对设置方案进行调整，公证机构的设置方案及调整方案应当报司法部核定。因此公证机构的设立，首先要符合本省、自治区、直辖市的设置方案，这是宏观条件。

2. 符合具体的设立条件

根据《公证法》第8条的规定，设立公证机构，应当具备下列条件：①有自己的名称；②有固定的场所；③有2名以上公证员；④有开展公证业务所必需的资金。这是微观条件。公证机构的开办资金由当地政府财政部门提供，数额由省级司法行政机关确定。

设立公证机构，由负责组建的司法行政机关逐级报省级司法行政机关按照规定程序批准后，颁发公证机构执业证书。对批准设立的公证机构，省级司法行政机关应当在作出批准决定后20日内在省级报刊上予以公告。根据公证机构的设置要求，负责组建公证机构的司法行政机关可以是县、不设区的市、设区的市、直辖市、市辖区的司法行政机关，如果是直辖市司法行政机关自己负责组建公证机构，则无需批准。

（二）公证员执业许可

根据《公证法》《公证员执业管理办法》的规定，担任公证员应当符合下列条件：

1. 符合本地区的公证员配备方案

这是担任公证员的宏观条件。公证员的配备数量，根据公证机构的设置情况和公证业务的需要确定。公证员配备方案，由省级司法行政机关编制和核定，报司法部备案。制定公证员配备方案的目的，同制定公证机构设置方案的目的一样，都是为了防止公证业务的市场竞争过于激烈，保证公证行为的公信力和公益性。

2. 符合公证员的具体任职条件

公证员的具体任职条件分为一般任职条件和考核任职条件。根据《公证法》第18条的规定，公证员的一般任职条件是：具有中华人民共和国国籍；年龄25周岁以上65周岁以下；公道正派，遵纪守法，品行良好；通过国家司法考试；在公证机构实习2年以上或者具有3年以上其他法律职业经历并在公证机构实习1年以上，经考核合格。根据《公证法》第19条的规定，下列两类人员，离开原工作岗位后，经考核合格可以担任公证员：①从事法学教学、研究工作，具有高级职称的人员；②具有本科以上学历，从事审判、检察、法制、法律服务满10年的公务员、律师。除了不需要通过国家司法考试外，这两类人员担任公证员应符合《公证法》第18条规定的其他条件。此外，有下列情形之一的，不得担任公证员：无民事行为能力或者限制民事行为能力的；因故意犯罪或者职务过失犯罪受过刑事处罚的；被开除公职的；被吊销执业证书的。《公证法》第23条规定，公证员不得兼任其他有报酬的职业。可见，与允许兼职律师不同，国家禁止兼职公证员。

申请公证员执业，由个人提出申请，经拟任用其的公证机构推荐，由所在地司法行政关出具审查或考核意见，逐级报省级司法行政机关审核同意后，再报请司法部任命，司法部任命后10日内由省级司法行政机关颁发公证员执业证书，20日内在省级刊物予以公告。

（三）变更、终止执业管理

根据《公证机构执业管理办法》的规定，公证机构变更名称、办公场所，根据当地公证机构设置调整方案予以分立、合并或者变更执业区域的，应当由所在地司法行政机关审核后，逐级报省级司法行政机关办理变更核准手续。核准变更的，应当报司法部备案。公证机构变更负责人的，经所在地司法行政机关核准后，逐级报省级司法行政机关备案。变更后，省级司法行政机关应在省级刊物予以公告。对公证机构终止执业的情形及程序，目前没有规定。我们认为，公证机构不符合设立条件、未保持设立条件或者与其他公证机构合并的，应该终止执业，并按以上程序办理注销手续。

根据《公证员执业管理办法》的规定，公证员变更执业机构，应当经所在公证机构同意和拟任用该公证员的公证机构推荐，报所在地司法行政机关同意后，报省级司法行政机关办理变更核准手续，跨省、自治区、直辖市变更执业机构的，经所在的省级司法行政机关核准后，由拟任用该公证员的公证机构所在地的省级司法行政机关办理变更核准手续。公证员变更执业机构，当然也应该符合本地区的公证员配备方案。公证员出现《公证法》第24条规定的情形之一的，由所在地司法行政机关自确定该情形发生之日起30日内，报告省级司法行政机关提请司法部予以免职。

（四）检查监督

对公证机构、公证员的日常检查监督由所在地的司法行政机关负责。对公证机构检查监督的内容包括组织建设、队伍建设、执业活动、质量控制、内部管理等情况，对公证员检查监督的内容是执业情况。公证机构应当定期向所在地司法行政机关填报公证业务情况统计表。日常检查监督的方式主要有实地检查、调查走访、受理投诉。

对公证机构的年度考核由所在地的司法行政机关负责。公证机构应于每年2月1日前向所在地司法行政机关提交年度工作报告，由其对公证机构的年度执业和管理情况作出综合评估，确定考核等次，并报上一级司法行政机关备案。对公证员的年度考核由公证机构负责，公证机构应当在每年的第一个月份对所属公证员上一年度办理公证业务的情况和遵守职业道德、执业纪律的情况进行年度考核，并将考核结果报所在地司法行政机关备案。

（五）行政处罚

公证机构、公证员有《公证法》第41、42条规定的情形之一的，司法行政机关应依法予以行政处罚，处罚措施有警告、罚款、没收违法所得、停业整顿（停止执业），对公证员还有吊销执业证书的处罚。处罚决定权由省级司法行政机关或设区的市司法行政机关行使，吊销公证员执业证书的处罚，只能由省级司法行政机关决定。

（六）对公证协会的监督、指导

根据《公证法》第 5 条的规定，司法行政机关有权对公证协会的工作进行监督、指导。公证协会是公证业的自律性组织，属于社团法人，分为全国的中国公证协会和省级地方公证协会两级。司法行政机关对公证协会的监督、指导工作，主要体现在监督公证协会制定的章程、行业规范和日常工作，是否违反法律、行政法规及规章的规定。与《律师法》不同，《公证法》没有明确规定公证协会的职责，公证协会的职责是由公证协会章程规定的。因此，司法行政机关在对公证机构、公证员进行管理时，更应注意自己的职责范围，不要认为法律没有规定公证协会的职责，就可随意侵犯公证协会的自治管理权。

（七）其他管理工作

其他管理工作主要包括：对公证机构负责人的任免管理、对公证机构名称的管理、对公证机构及公证员执业证书的管理、对公证机构及公证员执业档案的管理、监督公证机构建立完善各项内部管理制度。

三、法律援助管理工作

法律援助管理工作是司法行政工作中一项非常薄弱的环节，当前我国法律援助管理工作存在的突出问题表现在：

第一，管理体制不顺。长期以来，各级政府设立的法律援助机构承担着实施法律援助和管理法律援助的双重职责。根据司法部《2009～2012 年深化司法行政体制和工作机制改革规划》的精神，要进一步理顺法律援助管理体制，形成"司法行政机关切实履行监督管理职能、法律援助机构有效组织实施法律援助的工作格局"，但不少地方的司法行政机关，至今还没有设立管理法律援助的专门机构，仍然将法律援助管理工作交给被管理者法律援助机构自身行使。截至 2010 年 4 月，全国 32 个省级法律援助管理机构中共有 22 个纳入司法行政机关序列，还有 10 个省级司法行政机关内部没有设立法律援助管理机构。在县级、设区的市级司法行政机关，这种现象更为普遍。

第二，管理缺乏依据。《法律援助条例》授予了司法行政机关管理法律援助的职责，但没有对法律援助管理工作作出具体规定。《法律援助条例》实施后，司法部曾出台过《律师和基层法律服务工作者开展法律援助工作暂行管理办法》等几个文件，但这些文件都只涉及法律援助的工作程序问题。司法部至今尚未对法律援助管理工作制定规章。有关法律援助的地方性法规、政府规章也没有对法律援助管理工作作出具体规定。

因此，理顺法律援助管理体制，加强管理机构建设，制定管理的规范性文件，是当前法律援助管理工作急需完成的两项重要任务。我们认为，司法行政机关法律援助管理工作重点应包括以下几项内容：

（一）法律援助机构设立审批

法律援助机构设立审批，包括对政府、社会组织设立的法律援助机构的审批。政府设立的法律援助机构要根据当地群众对法律援助的实际需求情况，遵循合理布局、方便群众的设立原则。设立法律援助机构，必须符合一定的具体条件：按照《司法部关于法律援助事业"十一五"时期发展规划》的要求，县（市、区）法律援助机构中专职工作人员一般应为 3 人以上，其中法律专业人员一般应达到2/3，法律援助机构应拥有必要的业务经费和办公设施。政府设立的法律援助机构，可由县级、设区的市司法行政机关负责组建，并由省级司法行政机关负责审批。

（二）法律援助人员任职审批

法律援助人员包括：政府设立的法律援助机构中的公职律师及其他专职人员、社会律师、基层法律服务工作者、公证员、司法鉴定人；社会组织设立的法律援助机构中的工作人员、志愿者。当前对政府设立的法律援助机构中的其他专职人员、社会组织设立的法律援助机构中的工作人员、志愿者缺乏任职条件的规定，一定程度上影响了法律援助工作的质量。对这三类人员，可以参照基层法律服务工作者的规定设定任职条件，并由省级司法行政机关负责审核登记，颁发法律援助工作者证书。

（三）经费管理

法律援助机构的工作经费来源于国家财政或公益基金、社会捐助，因此，司法行政机关应会同财政、审计部门，对其经费使用情况进行监督检查，确保专款专用。

（四）质量管理

法律援助质量是法律援助工作的生命线。由于法律援助工作是无偿的，有些法律援助人员对承办的法律援助案件缺乏应有的责任心，敷衍了事，一定程度上损害了法律援助工作的形象。司法行政机关要健全、完善法律援助服务质量监督机制，建立服务质量检查公布制度、质量跟踪检查制度、投诉处理制度，建立法律援助服务质量评估体系，督促法律援助人员提高办案质量。

（五）奖惩

对在法律援助工作中作出突出成绩的法律援助机构和个人，司法行政机关应及时予以奖励；对违反法律、法规、规章规定的法律援助机构和个人，司法行政机关应依照《律师法》《公证法》等法律和《法律援助条例》的有关规定，及时给予纪律处分、行政处罚。对政府设立的法律援助机构中的其他专职人员、社会组织设立的法律援助机构中的工作人员、志愿者，当前缺乏明确的处罚依据，应该尽快出台这方面的规定。

四、基层法律服务管理工作

（一）基层法律服务所设立审批

1. 设立条件

根据 2000 年 3 月司法部颁布的《基层法律服务所管理办法》，基层法律服务所的设立，应同时符合下列条件：

（1）设立基层法律服务所，应当以农村的乡镇行政区划为单位设立；根据需要也可以以城市的街道行政区划为单位设立，但在一个街道只能设立一个法律服务所；辖区较大、人口较多、经济发达的乡镇，可以设立 2 个以上法律服务所；不具备独自建所条件的乡镇，可以由 2 个以上的毗邻乡镇联合设立法律服务所。

（2）设立乡镇法律服务所，由住所地的县级司法行政机关组建，或者在县级司法行政机关指导下，由本辖区的乡镇人民政府组建；设立城市街道法律服务所，由街道办事处在市、区司法行政机关指导下组建。行业主管部门、社团组织、企业事业单位不得发起组建基层法律服务所；不允许个人以自愿组合方式发起组建基层法律服务所。

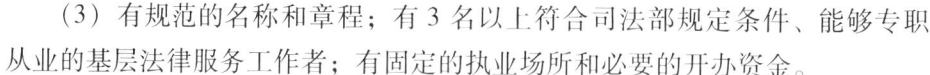
（3）有规范的名称和章程；有 3 名以上符合司法部规定条件、能够专职从业的基层法律服务工作者；有固定的执业场所和必要的开办资金。

2000 年 9 月，基层法律服务所开始脱钩改制，国家机关不得组建基层法律服务所，原有的基层法律服务所基本上转变为个人合伙制。因此，设立条件（2）实际上已经被废止。

2. 设立程序

基层法律服务所组建单位应向地级（副省级）司法行政机关提出设立申请，在直辖市范围内设立基层法律服务所的，向直辖市司法行政机关或其授权的司法行政机关提出设立申请，并提交有关材料。司法行政机关应当自收到设立申请文件之日起 30 日内完成审核，以书面形式作出准予设立或者不准予设立的决定。准予设立的，由核准机关办理设立登记，并颁发《基层法律服务所执业证书》。

基层法律服务所设立后，发生变更、停办、视为停办情形的，也应按以上程序向登记机关办理变更登记、注销登记手续。基层法律服务所经核准登记后 6 个月内未能开业的，或者开业后停止业务活动满 1 年的，视为自行停办。

司法行政机关对基层法律服务所的设立审批，性质上属于行政许可行为。2003 年 8 月我国颁布了《行政许可法》，根据该法第 14、15 条的规定，司法部无权设定行政许可；《基层法律服务所管理办法》以部门规章的形式规定基层法律服务所的设立条件并赋予其从事法律服务的资质，明显违反了《行政许可法》的上述规定。据此，国务院在 2004 年 5 月 19 日发布的《国务院关于第三批取消和调整行政审批项目的决定》中，取消了基层法律服务所的设立核准。因此，自 2004 年 5 月 19 日起，《基层法律服务所管理办法》中有关基层法律服务所设立的规定已经失效，各地司法行政机关停止了对基层法律服务所的设立审批工作。

（二）基层法律服务工作者执业审批

根据 2000 年司法部《基层法律服务工作者管理办法》的规定，基层法律服务工作者执业审批工作分为：

1. 执业资格审批

除了具备律师资格、公证员资格或者企业法律顾问资格的人员，可以直接申请从事基层法律服务工作外，其他人员必须先取得基层法律服务工作者执业资格，才可以申请从事基层法律服务工作。取得基层法律服务工作者执业资格的方式包括：

（1）考试方式。同时符合下列条件的，可以通过考试方式取得基层法律服务工作者执业资格：①拥护宪法，遵守法律，有选举权和被选举权；②具有高中或者中等专业以上的学历；③品行良好；④身体健康。

（2）考核方式。符合前述①③④项条件，能够专职从事基层法律服务工作的人员，具备下列条件之一的，可以申请按考核方式取得基层法律服务工作者执业资格：具有高等院校法学本科以上学历的；具有大专以上学历，从事审判、检察业务，司法行政业务工作或者人大、政府法制工作已满5年的。

下列人员，禁止取得基层法律服务工作者执业资格：受过刑事处罚的（过失犯罪的除外）；被开除公职的；无民事行为能力或者限制民事行为能力的。

基层法律服务工作者执业资格考试，由司法部统一组织，省级司法行政机关负责承办；考核由地级司法行政机关提出考核意见，报省级司法行政机关审批。经考试或考核合格的人员，由省级司法行政机关报请司法部颁发《基层法律服务工作者执业资格证书》。而在实践中，司法部仅于2000年组织过一次全国基层法律服务工作者执业资格考试，此后未再组织。

2. 执业审批

取得《基层法律服务工作者执业资格证书》的人员，除了申请执业登记前从事过律师、公证和企业法律顾问工作，审判、检察业务工作，司法行政业务工作和其他法律业务工作2年以上的，可以不经实习，直接申请执业登记外，其他人员必须在基层法律服务所实习满6个月、经鉴定合格、基层法律服务所决定聘用后，方可申请执业登记。申请执业登记工作由省级司法行政机关或其授权的下一级司法行政机关负责。

申请执业登记的材料，由拟聘用申请人的基层法律服务所提交住所地的县级司法行政机关审查，由其出具审查意见后逐级上报执业登记机关。执业登记机关应在收到申请材料之日起30日内完成审核，对准许执业登记的，由执业登记机关向申请人颁发《法律服务工作者执业证》。

基层法律服务工作者因故停止执业的，基层法律服务所应按规定程序向登记机关办理《法律服务工作者执业证》注销手续。

2003年《行政许可法》颁布后，由于《基层法律服务工作者管理办法》以部门规章的形式设定行政许可不符合该法有关规定，因此，国务院在2004

年5月19日发布的《国务院关于第三批取消和调整行政审批项目的决定》中，取消了基层法律服务工作者执业许可。但在2004年6月29日，国务院又在其发布的《国务院对确需保留的行政审批项目设定行政许可的决定》中，恢复了基层法律服务工作者执业许可。可见按照依法治国的要求，应取消基层法律服务工作者的执业许可；而在经济欠发达地区，尤其是农村，基层法律服务工作者又有存在的必要性。近几年来，除了部分农村地区外，司法行政机关基本上停止了对基层法律服务工作者执业资格的认定和执业审批工作。

（三）年度检查

基层法律服务所的年度检查工作由地级司法行政机关负责，在每年3月底前组织进行，具体时间由省级司法行政机关确定。对新设立不满6个月的基层法律服务所，可以自下一年度接受年度检查。县级司法行政机关对基层法律服务所提交的材料进行初步审查后，出具书面审查意见报送地级司法行政机关。地级司法行政机关进行审核后，作出不同处理：

（1）对具备继续执业条件的基层法律服务所，确定为通过年度检查，在其《基层法律服务所执业证书》副本上加盖年度检查合格印章；

（2）对涉嫌违法违纪尚未处理的基层法律服务所，确定为暂缓通过年度检查，处理完结后，补办年度检查；

（3）对不符合设立条件的基层法律服务所，确定为未通过年度检查，并责令其在县级司法行政机关监督下，限期整改。

基层法律服务所年度检查的结果，由地级司法行政机关自年度检查工作结束后1个月内报省级司法行政机关备案。

基层法律服务工作者的年度检查工作与基层法律服务所的年度检查工作同步进行。基层法律服务工作者的年度检查材料由其所在的基层法律服务所上报住所地的县级司法行政机关审查，由其出具审查意见后逐级上报注册机关。注册机关根据审核结果，分别作出如下处理：

（1）对符合继续执业条件的，准予办理年度注册，在其《法律服务工作者执业证》上加盖年度注册印章。

（2）对有下列情形之一的，暂缓年度注册，暂不发还《法律服务工作者执业证》：因违反执业纪律或者有关管理规定，正在接受司法行政机关或者基层法律服务所查处的；有犯罪嫌疑被立案查处的；采用弄虚作假手段企图骗取通过年度注册的；因患病或者其他原因已连续停止执业6个月的。暂缓办理执业证年度注册的因素消除后，对符合继续执业条件的，经住所地的县级司法行政机关审查同意，报请注册机关补办年度注册；不符合继续执业条件的，注册机关应注销其执业证。

（四）日常检查监督

对基层法律服务所、基层法律服务工作者的内部管理工作和日常执业活动，由住所地的县级司法行政机关和所在乡镇、街道司法所负责监督和指导。

司法行政机关应当建立对基层法律服务所的投诉监督制度，设立投诉电话、投诉信箱，受理当事人和其他公民对基层法律服务所及其从业人员的投诉。

县级司法行政机关和乡镇、街道司法所可以对基层法律服务所定期进行检查或者发现问题后随时进行检查，可以要求基层法律服务所及有关人员报告工作、说明情况、提交有关材料。对检查中发现的问题，可以责令基层法律服务所、基层法律服务工作者限期整改，或按规定予以处罚。

（五）奖惩

各级司法行政机关对工作成绩显著、队伍建设良好、管理制度完善的基层法律服务所，有突出事迹或显著贡献的基层法律服务工作者，应当定期或者适时给予表彰奖励；对事迹特别突出的，应当依照规定程序报请省级司法行政机关或者司法部给予记功嘉奖。

基层法律服务所、基层法律服务工作者有违反管理规定、执业纪律、职业道德的行为的，由住所地县级司法行政机关予以警告；有违法所得的，没收违法所得，并由地级司法行政机关处以违法所得 3 倍以下的罚款，但罚款数额最高不得超过 3 万元。

五、司法鉴定管理工作

根据《全国人大常委会关于司法鉴定管理问题的决定》（以下简称《决定》）第 2 条的规定，目前司法行政机关负责管理的只包括面向社会提供法医、物证、声像资料三大类司法鉴定服务的鉴定机构及鉴定人。2005 年 9 月，司法部颁布了《司法鉴定机构登记管理办法》《司法鉴定人登记管理办法》，

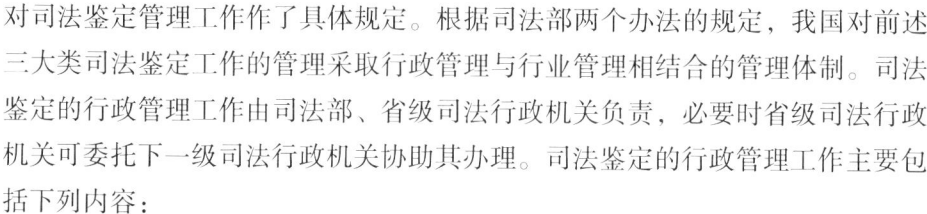
对司法鉴定管理工作作了具体规定。根据司法部两个办法的规定，我国对前述三大类司法鉴定工作的管理采取行政管理与行业管理相结合的管理体制。司法鉴定的行政管理工作由司法部、省级司法行政机关负责，必要时省级司法行政机关可委托下一级司法行政机关协助其办理。司法鉴定的行政管理工作主要包括下列内容：

（一）司法鉴定机构资质许可

在《决定》第5条的基础上，《司法鉴定机构登记管理办法》第14条对法人或其他组织申请从事司法鉴定业务的资质条件作了如下具体规定：①有自己的名称、住所；②有不少于20～100万元人民币的资金；③有明确的司法鉴定业务范围；④有在业务范围内进行司法鉴定必需的仪器、设备；⑤有在业务范围内进行司法鉴定必需的依法通过计量认证或者实验室认可的检测实验室；⑥每项司法鉴定业务有3名以上司法鉴定人。此外，第19条规定，法人或者其他组织申请从事司法鉴定业务，有下列情形之一的，司法行政机关不予受理，并出具不予受理决定书：①法定代表人或者鉴定机构负责人受过刑事处罚或者开除公职处分的；②法律、法规规定的其他情形。

经审核符合条件的，由省级司法行政机关作出准予登记的决定，并颁发《司法鉴定许可证》。执业许可期限是5年，期满后应申请延续。

（二）司法鉴定机构（分支机构）设立许可

司法鉴定机构设立许可与司法鉴定机构资质许可是两个不同的概念。资质许可是应公民、法人或其他组织的申请，赋予其从事某项活动的资格，而不是赋予其法律上的主体资格，其主体资格在申请资质许可前已经存在；设立许可是应设立人的申请，赋予其拟设立的某个组织以法人或其他组织的法律主体资格，如公司登记。设立许可在赋予某个组织法律上的主体资格时，同时也赋予了其从事某项活动的资质，因此设立许可中也包含了资质许可。前面讲到的律师事务所设立审批、公证机构设立审批，都属于设立许可，不同于司法鉴定机构资质许可。《决定》中没有提到司法鉴定机构设立许可，《司法鉴定机构登记管理办法》第16条对申请设立法人资格的司法鉴定机构只作了一点简单规定。申请设立司法鉴定机构，在取得《司法鉴定许可证》后，是不是就取得了法律上的主体资格，需不需另外到工商或其他行业主管部门办理设立登记，目前没有明确的规定。

根据《司法鉴定机构登记管理办法》第 17 条的规定，司法鉴定机构在本省（自治区、直辖市）行政区域内设立分支机构的，分支机构应当符合《办法》第 14 条规定的条件，并经省级司法行政机关审核登记后，方可依法开展司法鉴定活动。跨省（自治区、直辖市）设立分支机构的，除应当经拟设分支机构所在行政区域的省级司法行政机关审核登记外，还应当报经司法鉴定机构所在行政区域的省级司法行政机关同意。审核登记后，也应该向分支机构颁发《司法鉴定许可证》。

（三）司法鉴定人执业许可

根据《决定》第 4 条的规定，《司法鉴定人登记管理办法》第 12 条对个人申请从事司法鉴定工作规定了下列条件：①拥护中华人民共和国宪法，遵守法律、法规和社会公德，品行良好；②具有相关的高级专业技术职称，或者具有相关的行业执业资格或者高等院校相关专业本科以上学历，从事相关工作 5 年以上；③申请从事经验鉴定型或者技能鉴定型司法鉴定业务的，应当具备相关专业工作 10 年以上经历和较强的专业技能；④所申请从事的司法鉴定业务，行业有特殊规定的，应当符合行业规定；⑤拟执业机构已经取得或者正在申请《司法鉴定许可证》；⑥身体健康，能够适应司法鉴定工作需要。此外，第 13 条规定，有下列情形之一的，不得申请从事司法鉴定工作：①因故意犯罪或者职务过失犯罪受过刑事处罚的；②受过开除公职处分的；③被司法行政机关撤销司法鉴定人登记的；④所在的司法鉴定机构受到停业处罚，处罚期未满的；⑤无民事行为能力或者限制行为能力的；⑥法律、法规和规章规定的其他情形。个人申请从事兼职司法鉴定工作的，还必须取得所在单位的同意。

经审核符合条件的，由省级司法行政机关作出准予执业的决定，并颁发《司法鉴定人执业证》。执业许可期限是 5 年，期满后应申请延续。

（四）名册编制和公告

凡经省级司法行政机关审核登记的司法鉴定机构及司法鉴定人，应该统一编入司法鉴定人和司法鉴定机构名册并公告。省级司法行政机关负责编制本行政区域的司法鉴定人和司法鉴定机构名册，报司法部备案后，在本行政区域内每年公告一次。司法部负责汇总省级司法行政机关编制的司法鉴定人和司法鉴定机构名册，在全国范围内每 5 年公告一次。

（五）变更、延续和注销管理

司法鉴定机构、鉴定人要求变更有关登记事项的，应当及时向原负责登记

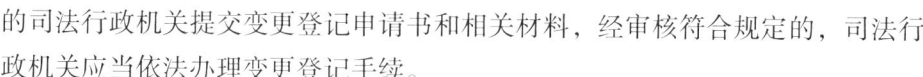

的司法行政机关提交变更登记申请书和相关材料，经审核符合规定的，司法行政机关应当依法办理变更登记手续。

《司法鉴定许可证》《司法鉴定人执业证》使用期限届满后，需要延续的，司法鉴定机构、鉴定人应在届满 30 日前，向原负责登记的司法行政机关提出延续申请。延续的条件和需要提交的申请材料按照申请登记的规定执行。

司法鉴定机构、鉴定人分别出现《司法鉴定机构登记管理办法》第 27 条、《司法鉴定人登记管理办法》第 20 条规定的情形之一的，原负责核准登记的司法行政机关应办理注销手续，收回执业证书。

（六）检查监督

公民、法人和其他组织对司法鉴定机构、鉴定人行为进行举报、投诉的，司法行政机关应当及时进行监督、检查，并根据调查结果进行处理。此外，司法行政机关还可以随时对司法鉴定机构的工作进行检查监督。检查监督中，司法行政机关有权要求司法鉴定机构、鉴定人提供有关材料。

（七）行政处罚

根据《决定》第 13 条和《司法鉴定机构登记管理办法》《司法鉴定人登记管理办法》的有关规定，省级司法行政机关对司法鉴定机构、鉴定人的违法行为，有权作出警告、停业整顿（停止执业）、撤销登记（即吊销执业证）的处罚。

（八）其他管理、指导工作

其他管理、指导工作主要包括：监督指导司法鉴定行业协会的工作、对司法鉴定机构进行资质评估和对鉴定人进行诚信等级评估、组织制定司法鉴定行业的技术标准和技术操作规范等技术管理制度并指导实施、会同有关部门对鉴定人进行专业技术职称评定、组织鉴定人参加岗前培训和继续教育。

司法鉴定是一项科学性、技术性极强的工作，仅仅靠行政管理是不够的，必须建立行政管理和行业管理相结合的管理体制。由于目前司法鉴定行业协会在有些地方还没有成立，司法行政机关事实上承担了一些本该属于行业协会的管理工作。

六、人民调解指导工作

(一) 推进人民调解组织建设

人民调解组织建设是开展人民调解工作的前提。我国现行的人民调解组织主要是村 (居) 委会设立的人民调解委员会。这种最基层的群众自治组织在处理熟人之间发生的简单民间纠纷上发挥了重要的作用。但是，随着我国市场经济的建立和发展，人口大量频繁地发生流动，民间纠纷的内容、主体呈现出复杂化、多元化、跨区域化的新特点。面对新型的民间纠纷，按居住区域建立的基层人民调解委员会已明显无法胜任调解的职责。因此，顺应时代变化的需要，巩固、健全、发展多种形式的人民调解组织，成为司法行政机关指导人民调解工作的首要任务。

1. 巩固和加强村 (居) 委会人民调解委员会

由于人口流动频繁，城中村改造、拆迁，再加上群众民主自治意识不强等原因，部分原有的村 (居) 人民调解委员会的组织建设受到了破坏，有的城市新社区长期没有成立业主委员会、居民委员会，更谈不上成立人民调解委员会。对没有建立人民调解委员会的村、社区，司法行政机关应当利用村委会、居委会换届选举的机会，引导群众依法做好人民调解委员会的选举工作，建立人民调解组织；对有名无实，处于瘫痪、半瘫痪状态的人民调解委员会，要引导群众予以调整、充实。

2. 巩固和完善企事业单位人民调解委员会

对规模较大的企事业单位，特别是外资企业、民营企业，司法行政机关应当主动加强与其党组织或工会组织的沟通，推动其建立人民调解组织；企事业单位因合并、股份制改造等原因造成原有的人民调解组织撤销、削弱的，应及时动员其重建或完善。

3. 积极建立和完善乡镇、街道人民调解委员会

乡镇、街道人民调解委员会由司法所指导组建，人民调解员可以由乡镇、街道人民调解委员会优先从辖区内退休法官、检察官、警官、律师、教师等符合条件的人员中聘任。

4. 积极稳妥发展区域性、行业性、专业性人民调解组织

在毗邻地区、集贸市场、写字楼、工程工地等特定区域，司法行政机关可

以根据需要，联合有关部门、组织，引导该区域内的群众建立人民调解组织；在一些民间纠纷高发的行业和专业领域，应利用行业性协会等社团组织或者其他组织的专业优势，推动其建立行业性、专业性人民调解组织。

5. 积极探索人民调解与行政调解、司法调解的衔接机制，在行政部门和人民法院建立人民调解组织

自从十六届六中全会明确提出"实现人民调解、行政调解、司法调解有机结合，更多采用调解方法，综合运用法律、政策、经济、行政等手段和教育、协商、疏导等办法，把矛盾化解在基层、解决在萌芽状态"以来，各地普遍开始探索建立和完善以人民调解为基础，人民调解、行政调解、司法调解三种调解手段相互衔接配合的多元化纠纷解决机制。司法行政机关应以此为契机，与有关行政部门、人民法院加强沟通，在行政部门、人民法院内设立人民调解组织。比如，湖北省司法行政机关已着手在公安看守所、拘留所和基层人民法院（人民法庭）设立人民调解委员会或人民调解室（派驻人民调解员）。

（二）加强人民调解员队伍建设

人民调解员作为人民调解工作的具体组织实施者，其素质如何，直接决定人民调解工作的实效，可见拥有一支水平高、业务精、能力强的调解员队伍至关重要。在加强人民调解员队伍建设方面，司法行政机关应当做好如下工作：

1. 落实人民调解员的生活、福利待遇，保持人民调解员队伍的稳定

《人民调解法》第16条规定，人民调解员从事调解工作，应当给予适当的误工补贴；因从事调解工作致伤致残，生活发生困难的，当地人民政府应当提供必要的医疗、生活救助；在人民调解工作岗位上牺牲的人民调解员，其配偶、子女按照国家规定享受抚恤和优待。

人民调解委员会调解民间纠纷不收取费用，但人民调解员在调解民间纠纷过程中付出了辛苦劳动，应该获得适当的补贴。一方面，人民调解作为一项公益性事业，在维护社会稳定方面发挥了重要作用，司法行政机关应当积极争取同级人民政府的支持，为人民调解工作提供必要的财政保障；另一方面，人民调解作为一项群众自治活动，为基层群众排忧解难，司法行政部门也应当协调和督促村民委员会、居民委员会、企业事业单位和社团组织，落实人民调解委员会的工作经费和人民调解员的补贴经费。

2. 坚持人民调解员选任、聘任制度，不断调整、充实、壮大人民调解员队伍，改善调解员队伍的知识结构、专业结构、年龄结构

司法行政机关应利用村委会、居委会、企事业单位换届选举的机会，积极向群众推荐人选，引导群众依法把那些符合条件的人员选举为人民调解员；应利用聘任制的灵活优势，引导村委会、居委会、企事业单位和社会团体随时把那些公道正派、热心人民调解工作，并具有一定文化水平、政策水平和法律知识的成年公民聘任为人民调解员。

3. 加大人民调解员培训工作力度，丰富培训形式，提高人民调解员的政治素质、业务素质和调解技巧

加强人民调解员培训工作，不断提高其综合素质，是适应新形势下民间纠纷复杂化、多样化特征的必然要求。根据 2003 年 7 月司法部《关于加强人民调解员培训工作的意见》，县、市两级司法行政机关应当分工负责组织人民调解员开展上岗前岗位培训、年度培训，并对参加培训的人员进行考试或考核，省级司法行政机关可以组织开展示范性培训；培训的主要内容包括人民调解制度基本知识、人民调解员职业道德和工作纪律、人民调解的工作程序和调解技巧、人民调解的法律依据和有关政策；培训的形式既可以是举办培训班，也可以采取研讨交流、实地考察、现场观摩、参与法庭审判实践等多种形式。

（三）规范人民调解工作

《人民调解法》第 31 条、第 33 条规定，经人民调解委员会调解达成的调解协议，具有法律约束力，当事人应当按照约定履行。经人民调解委员会调解达成调解协议后，双方当事人认为有必要的，可以自调解协议生效之日起 30 日内共同向人民法院申请司法确认，人民法院应当及时对调解协议进行审查，依法确认调解协议的效力。人民法院依法确认调解协议有效，一方当事人拒绝履行或者未全部履行的，对方当事人可以向人民法院申请强制执行。可见，人民调解协议具有法律约束力，人民调解工作是一项严肃的法律行为，需要对其进行规范。为了保证人民调解的公信力，司法行政机关应从以下几个方面对人民调解工作进行规范：

1. 根据人民调解的性质和特点，规范人民调解的工作范围

根据《人民调解工作若干规定》第 22 条的规定，下列纠纷人民调解委员会不得受理：①法律、法规规定只能由专门机关管辖处理的，或法律、法规禁止采用民间调解方式解决的；②人民法院、公安机关或其他行政机关已经受理

或者解决的。除此之外，各地可以根据本地区形势需要，拓展人民调解的工作范围。根据近年实践，一般认为，凡是发生在公民与公民之间、公民与法人或者其他组织之间，涉及当事人有处分权的人身、财产权益纠纷，都属于民间纠纷，可以纳入人民调解的工作范围。但法律、行政法规规定应当由专门机关管辖处理的纠纷或者禁止采用调解方式解决的纠纷除外。这样理解符合宪法和有关法律对人民调解的规定，也是人民调解区别于其他纠纷解决机制的明显特点。

2. 建立人民调解委员会工作制度，规范人民调解委员会内部管理工作

根据《人民调解工作若干规定》，人民调解委员会应建立健全岗位责任、业务登记、统计、文书档案管理等各项规章制度。司法行政机关可以对人民调解委员会各项工作制度的建设、落实情况进行检查，发现问题的，提出整改意见。

3. 制定人民调解员行为规范，严格人民调解工作纪律

根据《人民调解工作若干规定》第17、18条的规定，人民调解员履行职务时，应该做到坚持原则、爱岗敬业、热情服务、诚实守信、举止文明、廉洁自律，同时必须遵守以下纪律：①不能偏袒一方当事人；②不能侮辱当事人；③不能索取、收受财物或者牟取其他不正当利益；④不能泄露当事人的个人隐私、商业秘密。

4. 细化调解工作流程，规范人民调解工作程序

人民调解的工作流程，包括民间纠纷的受理、调解前的准备、实施调解、达成人民调解协议、履行人民调解协议等环节，《人民调解工作若干规定》对各个环节进行细化，使其具有可操作性。在此基础上，各地司法行政机关对人民调解的工作程序作了进一步的细化。

5. 统一人民调解文书格式

2002年11月，司法部印发了《关于印发〈人民调解文书格式〉的通知》，对调解申请书、民间纠纷受理调解登记表、调查笔录、调解笔录、人民调解协议书、回访记录、卷宗七类人民调解文书的格式进行了统一规范。后经修订确定了九件套的统一文书样本，形成卷宗，一案一卷；一般包括卷宗封面、卷宗目录、调解申请书、和当事人谈话记录、调查材料和证据材料、调查笔录、调解协议书及底稿、回访情况和办结报告记录、附卷材料。

6. 统一人民调解标识、徽章和人民调解委员会的名称、标牌、印章

人民调解标识、徽章和人民调解委员会的名称、标牌、印章，代表着人民

调解的形象，影响到人民调解的公信力，需要有统一的规范。2004 年 2 月，司法部通过《法制日报》等媒体公开征集人民调解标识、徽章设计图案，经过公开评选，最后确定了全国统一的人民调解标识、徽章。根据司法部部署，从 2005 年 1 月 1 日起，各类人民调解委员会、人民调解庭（室）开始悬挂统一的人民调解标识，人民调解员开始佩戴统一的徽章。此外，对人民调解委员会的名称、标牌、印章，司法部或省级司法行政机关也进行了统一规范。

（四）奖励人民调解委员会及调解员

《人民调解工作若干规定》第 41 条规定，各级司法行政机关对成绩显著、贡献突出的人民调解委员会和人民调解员，应当定期或者适时给予表彰和奖励。根据 1991 年 7 月司法部颁布的《人民调解委员会及调解员奖励办法》，对人民调解委员会及调解员的奖励实行精神奖励和物质奖励相结合，以精神奖励为主的原则。

1. 精神奖励

精神奖励包括对人民调解委员会的集体奖励和对人民调解员的个人奖励，具体分为：模范人民调解委员会、模范人民调解员；优秀人民调解委员会、优秀人民调解员；先进人民调解委员会、先进人民调解员。对事迹特别突出、贡献特别大的人民调解委员会或调解员，给予命名表彰。模范人民调解委员会和模范人民调解员以及命名表彰，由司法部批准；优秀人民调解委员会和优秀人民调解员，由省级司法行政机关批准；先进人民调解委员会和先进人民调解员，由市、县级司法行政机关批准。

2. 物质奖励

物质奖励只对人民调解员个人适用，奖励形式为奖金。司法行政机关应将奖励经费编造预算报同级财政部门列入人民调解费用开支项目。

（五）监督人民调解工作

1. 受理对人民调解的投诉

当事人认为人民调解委员会、人民调解员在调解工作中损害了自己的合法权益或者有其他违法、违纪行为的，可以向司法行政机关投诉。司法行政机关应当建立举报投诉制度，发现人民调解委员会及人民调解员在调解工作中有违法、违纪行为的，及时依法予以处理。

根据《人民调解工作若干规定》第 43 条的规定，对当事人投诉的受理、处理，由司法所负责。但在实践中，由于街道、乡镇人民调解委员会由司法所组建，因此对街道（乡镇）人民调解委员会及其调解员的投诉、处理，应该由上级司法行政机关负责。

对违法、违纪的人民调解员，司法行政机关应如何依法处理，目前没有明确规定。人民调解的性质属于群众自治活动，司法行政机关承担的也只是指导责任。因此，对违法、违纪的人民调解员，司法行政机关适合采取的措施是提出纠正意见，或建议人民调解员所在的人民调解委员会批评教育、责令改正、罢免或解聘。

2. 履行、监督、确认人民调解协议

《人民调解法》第 31～33 条对履行、监督、确认人民调解协议进行了详细规定。①经人民调解委员会调解达成的调解协议，具有法律约束力，当事人应当按照约定履行。②人民调解委员会应当对调解协议的履行情况进行监督，督促当事人履行约定的义务。③经人民调解委员会调解达成调解协议后，当事人之间就调解协议的履行或者调解协议的内容发生争议的，一方当事人可以向人民法院提起诉讼。④经人民调解委员会调解达成调解协议后，双方当事人认为有必要的，可以自调解协议生效之日起 30 日内共同向人民法院申请司法确认，人民法院应当及时对调解协议进行审查，依法确认调解协议的效力。⑤人民法院依法确认调解协议有效，一方当事人拒绝履行或者未全部履行的，对方当事人可以向人民法院申请强制执行。⑥人民法院依法确认调解协议无效的，当事人可以通过人民调解方式变更原调解协议或者达成新的调解协议，也可以向人民法院提起诉讼。

 拓展学习

现代西方主要国家的公证制度

公证制度在世界各国普遍建立。各国公证制度各具特点，形成了世界两大公证体系——以大陆法系国家为主的拉丁公证体系和英美法系国家的公证体系，其中法国、意大利、德国和美国等国家具有一定的代表性。

法国公证制度对大陆法系国家公证制度产生过深远影响。公证人是为从事辅助性司法活动而设立的公务员，不拿国家工资，按自由职业者方式独立执业，自主决定公证事务，并独立承担法律责任。公证人由司法部长任命，实行终身制，在指定的公证业务辖区内执业。对公证人及公证人事务所实行总量控制、差额替补制度。公证人的任职条件是：法学院毕业，在公证人培训中心学习1年，通过法国高等公证理事会组织的考试，到公证人事务所实习2年，获得公证人培训中心的合格证书，待有空缺后，由司法部长予以任命。公证人业务主要集中在契约、不动产、公司、金融票据、继承和家庭领域。法律规定不动产转让、公司章程、夫妻财产契约、抵押契约等必须办理公证，法定公证事项占公证人业务的50%以上。公证书的效力与法院判决书相同，不仅具有裁判上的证明力，而且在国内具有执行力。

意大利是公证制度的发源地。意大利《公证法》颁布于1913年。公证人是为接受和保管契约、遗嘱等文书，赋予其公证效力，以及颁发证明文书等设立的公务员。公证人职务印章带有国徽，不拿国家工资，按自由职业者方式个人独立执业，自主决定公证事务，并独立承担法律责任。公证人由国家元首任命（现实际由司法部长任命），实行终身制，在指定的公证辖区执业，公证辖区与初审法院辖区一致。公证书具有高于其他书证的证明力，公证人签发的执行证书（执行副本）具有强制执行效力。法律规定不动产转让契约、抵押契约、夫妻财产契约、公司章程等重要的法律文件必须办理公证。意大利实行司法部的行政管理与公证人行业协会管理相结合的模式。

德国的公证制度对东亚的公证制度产生过深刻影响。德国的《公证人法》颁布于1961年，又于1970年颁布了《公证证书法》。公证人通常是为证明法律事实和预防纠纷而设置的独立的公职人员。德国是联邦国家，各州公证组织有所差别，分为专职（独立）公证人、公职公证人、律师公证人三种类型。公证人实行终身制。公证范围涉及民商法的各个方面。德国民法规定：法律行为的"书面形式得用公证证书代替"，法律规定或当事人约定契约须经公证的，未经公证"应认为契约未成立"。对公证人的管理由司法行政机关、公证行业协会和法院共同完成。

美国的公证组织较为松散，一般来说凡年满18周岁，品德良好，并为美国该州的居民就具备了公证人的一般资格。考试及格后，由州长对公证人负责任命。但公证人不属于国家公职人员，而是个体私人营业者。因此，他们有权因提供服务而收取费用，公证人也可由律师或其他执业者担任。公证人的主要职责是：确认和证明书面文件，确认和证明经宣誓所作的证言，发表声明和办理拒付公证，主持宣誓等。但其公证证明一般只对文书上签名、盖章的真实性负责，而不对文书内容的真实性负责。

综观现代西方各国公证制度，大陆法系公证制度的基本特点是：公证是预防性法律制度，有比较完备的公证法律，公证属于国家公权的范畴，公证人为独立的法律第三人，公证人（公证机构）的设置实行总量控制、合理布局的原则，公证人的任职条件高、法律地位高，公证人的业务以法定必须公证事项为主，公证书的效力与法院判决书相同，公证管理实行两结合制。它与英美法系国家公证制度的主要区别在于，英美法系国家公证制度的功能侧重于"形式证明"；公证人通常由社会信誉良好的律师兼任，或由品德良好、德高望重但毫无法律背景的公民担任；大多实行"自愿公证"原则，法律很少规定"必须公证"的内容；公证没有强制执行力，公证文书不如大陆法系国家公证书的效力强。大陆法系国家设置和完善公证制度的根本目的在于，在民法"私权自治"原则基础上，实现国家对经济社会生活"适度干预"和预防纠纷的目的；英美法系国家对实际发生的纠纷则主要寄托于"事后救济"，即通过诉讼程序解决。

思考案例

1. 2009 年 3 月 13 日，北京市海淀区司法局依据《律师法》（2007 年修订后）第 50 条第 1 款、司法部《律师和律师事务所违法行为处罚办法》（2004年）第 9 条的规定，对北京市忆通律师事务所作出了停业整顿 6 个月的行政处罚决定，理由是：忆通律师事务所分别于 2005 年和 2007 年（2007 年修订的《律师法》实施前），以出具律师函的方式，为没有取得律师执业证书的李某违法执业提供便利，使得李某以律师的身份参加了两起行政诉讼案件的庭审活动，其行为违犯了司法部《律师和律师事务所违法行为处罚办法》第 9 条第 19 项的规定。忆通律师事务所不服，向北京市司法局提起行政复议，认为依据 2007 年修订前的《律师法》和司法部《律师和律师事务所违法行为处罚办法》第 9 条，海淀区司法局无权对自己进行处罚，依据修订后的《律师法》第 50 条，自己的行为即使违法，法律也没有作出处罚规定，因此海淀区司法局的处罚决定违法。

结合《律师法》和司法部的有关规定，谈谈你对本案的看法。

2. 甲、乙二人是兄弟，父母去世后，两人因遗产继承发生纠纷，后经所在村人民调解委员会调解，二人达成了调解协议。丙是甲、乙二人的妹妹，出嫁在邻村。由于受农村"重男轻女"封建思想的影响，人民调解员认为丙没有继承权，调解时没有通知丙参加，丙开始也认为自己没有继承权。后来，经过咨询律师，丙得知自己也有继承权，于是向甲、乙二人提出了要求重新分配遗产的要求，却遭到了拒绝。

　　问：对村人民调解委员会主持达成的这份调解协议，丙可以采取哪些救济措施？

学习单元八　国家司法考试工作

学习目标

1. 了解国家司法考试的特征、效力和作用；
2. 了解中央、地方司法考试管理机构及其职责；
3. 了解国家司法考试工作要求。

学习任务

1. 整体把握国家司法考试制度；
2. 重点掌握我国国家司法考试工作的管理和实施机制。

 问题导入

2004 年 9 月孙某参加了国家司法考试。同年 12 月，司法部国家司法考试司下发《关于孙某等 33 名应试人员考试成绩被确认无效并给予进一步处理的函》，认定孙某等人试卷雷同，并根据《国家司法考试违纪行为处理办法（试行）》（现已失效）第 10 条的规定确认其当年考试成绩无效，责成某省司法厅国家司法考试处将处理结果通知了本人。孙某不服上述决定，向法院提起诉讼，法院经审理，判决驳回了孙某的诉讼请求。

法院认定：司法考试中存在的作弊行为如何追究法律责任，相关法律法规没有明确规定，司法部作为国家司法考试的法定授权主管与实施机关，其制定的《国家司法考试违纪行为处理办法（试行）》属部颁规章，应予参照。司法部根据评卷专家组的意见，适用当时有效的《国家司法考试违纪行为处理办法（试行）》第 10 条的规定，认定孙某存在两门试卷与他人雷同的事实清楚，证据充分，司法部据此作出确认孙某考试成绩无效并无不当。但应当指出的是，本案中，司法部在认定孙某司法考试成绩无效时，并未对被处理者本人作出并送达处理决定，说明事实与理由、告知救济权利与途径，其作出决定的行政程序存在不当之处，应予纠正并予规范。但鉴于上述不当之处并未造成孙某的实体权益的侵害，法院作出驳回孙某诉讼请求的判决。

讨论题：围绕司法考试违纪行为处理，明确处理主体、处理依据、处理程序、法律后果等。

一、国家司法考试制度

（一）国家司法考试概念

国家司法考试制度是国家司法制度的重要组成部分。作为制度来说，国家司法考试制度是依法建立的、国家统一组织的从事特定法律职业的资格考试；作为考试来说，国家司法考试是由国务院司法行政部门依据授权代表国家组织的从事特定法律职业的资格考试。

（二）国家司法考试特征

1. 国家司法考试制度是法定制度

2001年6月30日，第九届全国人大常委会第二十二次会议通过的《中华人民共和国法官法》和《中华人民共和国检察官法》修正案规定，国家对初任法官、初任检察官和取得律师资格实行统一的司法考试制度，国务院司法行政部门会同最高人民法院、最高人民检察院共同制定司法考试实施办法，由国务院司法行政部门负责实施。2001年12月29日，第九届全国人大常委会第二十五次会议通过了关于修改《中华人民共和国律师法》的决定，规定"取得律师资格应当经过国家统一的司法考试"。2001年司法部下发了《关于从通过国家司法考试人员中录用公证员的通知》。2005年8月28日，第十届全国人大常委第十七次会议通过的《中华人民共和国公证法》规定，担任公证员应当通过国家司法考试。

根据我国"四个全面"的战略布局及推进国家治理体系和治理能力现代化的总目标，国家司法考试制度有过渡为国家法律职业资格考试制度的趋势。

2. 国家司法考试是国家层级的考试

司法考试是国家统一组织的，国务院司法行政部门依法律授权代表国家负责实施。

3. 国家司法考试是特定法律职业资格考试

2008年《国家司法考试实施办法》规定，"国家司法考试是国家统一组织的从事特定法律职业的资格考试"。

4. 国家司法考试制度是国家司法制度的重要组成部分

司法考试具有选拔和储备法律职业人才的功能，是依法治国的一项基础性工作。司法考试既是司法体制改革的重要成果，也是进一步深化司法体制改革的重要内容。司法考试制度关系到初任法官、初任检察官、律师、公证员的选任、录用和法律职业人才的储备，是国家司法制度的有机组成部分。

（三）国家司法考试性质和效力

国家司法考试是职业资格水平考试。通过国家司法考试并取得法律职业资格，只是取得了从事法官、检察官、律师、公证员职业的资格，获得了准入条件。国家司法考试不是录用或任职考试，能否实际从事法律职业，还需要具备相关法律规定的其他一些条件。

（四）国家司法考试功能和作用

国家司法考试的功能和作用主要有：①统一特定法律职业的准入门槛。国家司法考试制度建立前，我国对于法官、检察官、律师以及公证员的准入，实行的是分散的、部门的考试制度。国家司法考试制度的建立，把分散的、不统一的"部门考试"整合为统一的"国家考试"，使通过统一司法考试并取得法律职业资格成为初任法官、初任检察官、申请律师执业和担任公证员的必经程序和前提条件，统一了法官、检察官、律师和公证员的准入门槛，为我国司法队伍、律师队伍和公证员队伍整体素质的提高提供了制度保障。②选拔合格的法律职业人才。通过国家统一组织的司法考试，为法院、检察院和律师行业、公证机构选拔合格的人才，是国家司法考试的主要功能。建立国家司法考试制度的目的，就是要通过统一司法考试，检测应试人员是否具备从事法律职业的最基本的综合素质，以最大限度地保证每一个进入法律职业共同体的从业人员形成共同的法律信仰、法律知识和职业技能，能够胜任该特殊职业，从而保障法律的公正、正义价值的实现，并为有志于从事法律职业的人员进入法律职业共同体提供正当依据，最科学、最公正并有效地解决法律职业人才的供需矛盾。正是在这个意义上，国家司法考试具有选拔合格的法律职业人才的功能。③储备合格的法律职业人才。通过统一司法考试并取得法律职业资格只是解决了准入条件的问题，或者说具有了选择从事法官、检察官、律师或公证职业的可能性，不等于获得了具体的在法院、检察院、律师事务所或公证机构的任职岗位。然而，每年都有通过司法考试取得法律职业资格的人，他们成为法律职业人才的社会储备，为法院、检察院、律师事务所和公证机构任用、录用合格法律职业人员提供了可能和条件，成为法律职业选人、用人的"蓄水池"。正是在这个意义上说，国家司法考试具有储备法律职业人才的功能。

二、司法行政机关在国家司法考试工作中的任务

(一) 司法部国家司法考试管理机构和职责

健全完善的国家司法考试职能机构，是保障和推进国家司法考试顺利组织实施的基础和组织保障。从《法官法》《检察官法》赋予司法行政机关组织实施国家司法考试的职能开始，司法部就高度重视司法考试管理机构建设，在2008年《国家司法考试实施办法》中明确规定了，"司法部设立专门机构具体承办国家司法考试工作"，为司法考试职能机构建设提供了法律依据。

2001年12月24日，司法部设立国家司法考试司，对外称国家司法考试办公室，作为司法部的职能部门，具体负责国家司法考试工作。其主要职责有：①监督检查国家司法考试的法律法规和政策执行工作；②会同有关部门制定国家司法考试实施办法；③拟订司法考试工作规划和年度工作方案；④研究、草拟国家司法考试工作规范、规章；⑤承担司法考试的组织实施工作；⑥编审国家司法考试大纲和考试试题；⑦指导国家司法考试考务工作；⑧发布国家司法考试年度考试成绩，拟订国家司法考试年度录取方案，总结评估年度国家司法考试工作；⑨指导地方司法行政机关承办的司法考试工作；⑩审核、授予法律职业资格，对取得资格证书者进行管理；⑪承担国家司法考试协调委员会和国家司法考试办公室日常工作；⑫协助开展国家司法考试理论研究和信息化建设工作；⑬参与指导面向社会的法学教育和司法行政系统高等职业教育工作；⑭承办其他交办事项。

同时，司法部还成立了国家司法考试中心，具体承办国家司法考试考务工作。其主要职责有：①根据国家有关法律法规，负责组织实施年度国家司法考试工作；②参与研究国家司法考试工作方案和工作规划；③参与协助国家司法考试大纲编审工作；④参与国家司法考试的理论研究和国际交流；⑤承担司法部交办的其他事项。

(二) 地方各级司法考试管理机构及其职责

组织实施国家司法考试是法律赋予司法行政部门的共同责任，为切实承担

起法定职责，履行好法定义务，各地司法行政机关根据司法部的统一部署，积极行动，结合实际，采取有效措施，不断推进地方的司法考试管理机构建设。

根据《国家司法考试实施办法》《国家司法考试工作规则》、国务院批准的司法部"三定"方案和地方政府编制部门批准的机构设置方案，目前，多数省份的司法厅（局）设立了国家司法考试处，主要负责和承办本辖区内具体的考务组织工作，有少数省份将司法考试和法学教育或律师管理合并在一个处室。

省级司法考试管理机构的主要职责如下：①组织本辖区报名工作，负责监考、督考、证件材料的印制和报名材料的复核等工作；②划分考区，审查考点、考场设置；③组织本辖区考试工作人员培训；④负责考前本辖区试卷、答卷（答题卡）的接收、保管、分送和考后答卷（答题卡）的回收、返送；⑤组织、部署本辖区的考试实施工作，根据有关规定处理报名、考试中出现的问题；⑥指导、管理和监督设区的市级或者直辖市的区（县）司法行政机关的考试工作。

设区的市级或者直辖市的区（县）司法行政机关具体负责本辖区范围的司法考试的实施和管理工作，少数地方设立了专门的司法考试管理机构。主要职责如下：①负责本辖区司法考试的报名工作；②设置考点，布置考场，并报上一级司法行政机关审定；③培训监考人员；④负责本辖区考试实施；⑤负责本辖区试卷、答卷（答题卡）的接收、保管、分发、回收及答卷（答题卡）的返送；⑥根据有关规定处理报名、考试中出现的问题。

（三）国家司法考试协调委员会及其职责

国家司法考试是国家统一组织的从事特定法律职业的资格考试，关系到法官、检察官、律师等政法队伍人才的培养和选拔，也与法学教育、法律职业职前培训和人事制度密切相关，因此需要有一个专门的协商、协调机构，就国家司法考试中的重大事项和政策进行咨询、协商，以充分发挥国家司法考试的功能作用。依据《法官法》《检察官法》的有关规定，为加强沟通、充分听取各方面的意见，司法部与最高人民法院、最高人民检察院共同商定，成立国家统一司法考试政策的协商、协调、咨议机构——国家司法考试协调委员会。

国家司法考试协调委员会由最高人民法院、最高人民检察院、司法部及全国人大内司委、人大常委会法工委、中央政法委等有关部门和法学院校、科研单位的专家、学者组成，主要职责是：就确定、调整国家司法考试有关政策、原则的意见和工作进行协调；就国家司法考试制度的健全、完善提供咨询。司法考试协调委员会是我国统一司法考试制度中一项十分必要的工作制度，但它只是一个内部的、高层次的协商、协调的形式和渠道，不是决策机构，不行使具体的管理和实施职能。

自 2002 年以来每年定期召开两次国家司法考试协调委员会。在考试公告发布前，通报当年国家司法考试组织实施工作安排，征求各位委员的意见和建议；在评卷工作结束时，通报当年国家司法考试组织实施工作情况，研究、讨论当年考试合格分数线及录取工作方案。实践证明，国家司法考试协调委员会作为国家统一司法考试制度组织实施过程中各方面进行协调、协商和咨议的机构是非常必要的，其发挥作用的形式是适宜的，在国家统一司法考试制度逐步健全和完善的进程中发挥了十分重要的作用。

三、国家司法考试的工作要求

（一）国家司法考试报名条件

根据《国家司法考试实施办法》第 15 条的规定，可以报名参加国家司法考试的条件为：①具有中华人民共和国国籍；②拥护《中华人民共和国宪法》，享有选举权和被选举权；③具有完全民事行为能力；④高等院校法律专业本科毕业或者高等院校非法律专业本科毕业并具有法律专业知识；⑤品行良好。

根据《香港特别行政区和澳门特别行政区居民参加国家司法考试若干规定》和《台湾居民参加国家司法考试若干规定》，香港、澳门永久性居民中的中国公民及台湾居民可以报名参加国家司法考试。

根据相关政策，对部分经济落后与少数民族地区的报名条件适当放宽，法律专科也能报名参加考试。

同时，《国家司法考试实施办法》第 16 条还规定了对符合报名条件的排除条款，即有下列情形之一的人员不能报名参加考试，已经办理报名手续的，报名无效：①因故意犯罪受过刑事处罚的；②曾被国家机关开除公职或者曾被吊销律师执业证、公证员执业证的；③被处以 2 年内不得报名参加国家司法考试期限未满或者被处以终身不得报名参加国家司法考试的。

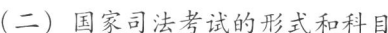

（二）国家司法考试的形式和科目

根据《国家司法考试实施办法》规定，国家司法考试采用闭卷的方式，每年举行一次，具体考试时间在举行考试 3 个月前向社会公布。国家司法考试主要测试应试人员所应具备的法律专业知识和从事法律职业能力。国家司法考试内容包括：理论法学、应用法学、现行法律规定、法律实务和法律职业道德。从 2009 年开始，国家司法考试新增社会主义法治理念相关内容。

（三）法律职业资格证书及其管理

法律职业资格证书是证书持有人通过国家司法考试，具有从事法律职业的资格凭证。根据《国家司法考试实施办法》的规定，参加国家司法考试成绩合格，并不具有本办法第 16 条规定情形的人员，由司法部颁发《法律职业资格证书》。司法部制定的《法律职业资格证书管理办法》规定：法律资格证书由司法部统一制作、颁发；申领法律职业资格证书，应如实填写《法律职业资格证书申领表》，并提交本年度国家司法考试成绩通知书和申请人身份、学历证明原件及复印件；法律资格证书由司法部统一编号；法律资格证书应当妥善保管，不得涂改、出借、出租和转让；司法行政机关建立法律职业资格管理系统，供有关部门和社会公众查询；司法行机关对尚未从事法律职业的证书持有人实行年度备案制度，对已经从事法律职业的证书持有人实行变更备案制度。由于国家司法考试只是一种法律职业资格考试而非任用考试，事实上存在着具备法律职业资格证书的人员目前并没有从事法律职业的情况，他们只是法律职业工作者的后备人才库。为了便于对具有法律职业资格证书人员的分布、就业情况进行有效掌控，配合司法机关和律师、公证管理部门对法律人才的合理使用，对法律职业资格证书实行的是国家、省、地（市）三级管理模式，建立了完整的法律职业资格证书管理信息系统，对法律职业资格取得者实行年度备案和职业变更备案等动态管理措施，以保证国家司法考试结果和效益的最大化。

（四）国家司法考试制度和工作机制建设

1. 建立完善国家司法考试制度体系

自国家司法考试制度确立以来，司法部于 2001 年会同最高人民法院、最高人民检察院制定了《国家司法考试实施办法（试行）》。随着国家司法考试的组织实施，司法部认真总结实践经验，不断完善国家司法考试制度。2008年，司法部又会同最高人民法院、最高人民检察院修订颁布《国家司法考试实施办法》。目前，已初步形成了以《法官法》《检察官法》《律师法》《公证法》和《保守国家秘密法》为依据，以《国家司法考试实施办法》为核心，以相关规范性文件为补充的、多层次且较为完整、较为严密的规章制度体系。

2. 健全完善国家司法考试工作的管理机制

司法部设立国家司法考试司，成立了国家司法考试中心，并会同最高人民法院、最高人民检察院成立国家司法考试协调委员会，省、自治区、直辖市及直辖市的区（县）、设区的市级司法行政机关设立专门机构，形成了组织实施国家司法考试的三级管理体制。司法考试组织工作做到"四个规范、实现四个确保"，即规范试卷管理和保密，试卷的命制、运送、交接、发送、保管、回收都要严格程序、严格流程、严格执行制度，重要情况及时上报，确保不出任何差错；规范考试工作人员管理，严格按照规定条件，审查选配考试工作人员，确保政治坚定、品德优良、业务过硬、作风正派；规范考场管理，建立健全监考工作责任制，明确监考人员的职责任务，确保执行考场规则和指令，维护考场良好秩序；规范国家司法考试信息管理，明确并严格执行信息数据的发布范围、时限和要求，明确并严格执行对外提供信息、数据的审批程序和权限，确保信息公开的准确、一致、权威。

3. 完善司法考试协调机制

在完善国家司法考试政策协商机制的基础上，司法行政机关主动加强与公安、教育、财政、物价等部门的协调配合，妥善解决国家司法考试工作的人力、财力、物力保障，加强与国家保密部门的协调配合，维护好考场及周边环境秩序，确保考试顺利进行。

4. 完善司法考试监督机制

进一步健全强化由内部工作监督、行政监察监督和社会监督相结合的国家司法考试工作监督制约机制，确保监督到位，制约有效，确保国家司法考试公平公开。

5. 加强司法考试基础建设

通过加强国家司法考试题库建设，加强国家司法考试信息化建设，加强硬件设施建设，不断强化司法考试基础建设。

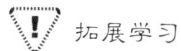 拓展学习

"两大法系"国家司法考试制度比较

一、英美法系国家司法考试制度

英美法系国家法律职业一元化，司法考试实际上就是律师资格考试，法官是从优秀的律师中选拔。

英国律师根据其业务性质和职业特点分为"事务律师"和"出庭律师"。事务律师可以直接与客户接触，主要从事起草法律文书，为出庭律师的出庭进行准备工作；出庭律师出庭从事民事和刑事案件的诉讼。执业事务律师原则上需要大学毕业，参加实习进修后通过相应的事务律师资格考试，考试内容包括必考科目和选考科目两部分。出庭律师都是从历史悠久的伦敦律师学院毕业，律师学院是出庭律师的训练场所，也是出庭律师资格的考试机构和出庭律师的监督组织。进入律师学院原则上要求具有大学法律学位，出庭律师资格考试的内容包括论文考试和选课考试两部分。

美国律师资格考试的前提条件是大学法学院毕业并取得法律学士学位。美国的法学院是研究生层次的职业教育，法学院的报考条件要求考生完成一个其他专业的正式4年制本科教育，获得本科学士学位，在美国法学院入学委员会主办的法学院入学考试中合格。法学院的教育主要采取案例讨论，诊所式实习的教学方式，强调对实体法、程序法等应用法学和实务技能的掌握。法学院学生通过毕业考试并取得法学学位以后，方允许报考各州的律师资格考试，也就是美国的司法考试。司法考试采取笔试和口试两种形式，考试的主要目的是检验学生发现问题、分析问题和解决问题的能力，以及对法律的熟悉程度。具有多年实务经验的优秀律师可以通过推荐的方式成为美国联邦法院和地方法院的法官。

二、大陆法系国家司法考试制度

大陆法系国家，通过考试选拔法律职业的模式可以分为两种：①实行选拔司法官（法官、检察官）考试和选拔律师职业考试的二元考试模式；②统一选任法官、检察官、律师的一元考试模式。前者如法国、意大利模式；后者如德国、日本、韩国模式。

大陆法系国家实施司法考试，通过国家立法进行规范和保障。司法考试是国家行为，由国家保障经费支出，由国家权威机构负责组织管理，建立由专家

组成的专门组织负责具体实施司法考试的运营。

　　大陆法系国家通过规定报名条件的方式与法学教育进行衔接。各国司法考试制度的报名条件有所差别。如德国的司法考试制度中，大学法学教育不仅是报名的条件，而且大学法学教育的毕业考试还是统一司法考试的第一阶段，法学教育本身就是司法考试的一个有机组成部分。德国的法学教育也更加强调判例教学等职业教育。而在法国，接受法学教育，获得法学学士、硕士学位是报名的基本条件之一。获得法学学士学位可以报考司法官考试，获得硕士学位可以报考律师考试。而在日本和韩国，司法考试对于报名资格则没有法学教育背景方面的直接要求。

　　大陆法系国家，考试选拔与实务训练是一体的，实务训练制度是司法考试制度的一个有机组成部分。从制度设计上，世界各国对实务训练的时机安排有所差别：有的国家，如德国将司法实务训练放在两次司法考试之间进行，考生在第一次考试合格后进行实务研修，然后参加第二次司法考试；有的国家，如日本、韩国，在司法考试最终结束后统一进行，即在司法考试所有的环节都结束，对最终合格者进行实务研修。同样，针对实务研修的对象，各国的制度设计也有所不同：日本、韩国对法官、检察官、律师实行统一考试，统一研修、培训；法国、意大利则对司法官实行统一研修，对律师另行进行实务训练。

 思考案例

　　2007年7月，石某夫妇为了能让女儿石某某顺利通过当年的司法考试，找到老朋友林某帮忙。8月，林某利用参加国家司法考试命题工作的机会，获取了存放试卷密码箱的密码，打开自己负责监管的密码箱，摘抄了2007年国家司法考试试卷（校对稿和过程稿）一至四卷的大部分试题和答案。同年9月初，林某采用自己口述并由石某某记录的方式，将获取的司法考试一至四卷的试题和答案泄露给了石某某。之后，石某某又将这些试题和答案给了自己以前的男朋友李某某，李某某又给了专门从事考试作弊活动的于某某。于某某在考试前将这些资料用QQ等方式传递给了宁波、金华、唐山、临汾、北京等地的22名考生，从中非法获利10万余元。同时，林某还分别将部分司法考试试题泄露给江苏某法院的张某、江苏某法律服务所王某，收受现金4万元。

　　此案由最高人民检察院交由浙江省检察院立案侦查，侦查终结后，浙江省检察院指定杭州市检察院提起公诉。2008年12月23日，杭州市中级人民法院开庭审理了此案，检察机关指控林某涉嫌故意泄露国家秘密罪、受贿罪。杭州市中级人民法院经审理后认为，检察机关指控林某所犯两罪均成立，依法作出一审判决：林某犯故意泄露国家秘密罪、受贿罪，两罪并罚，决定执行有期徒刑5年6个月。

浙江省检察机关也已依法对涉及此案的于某某等13人分别以故意泄露国家秘密罪、非法获取国家秘密罪提起公诉，目前法院均作出一审判决，分别处以不同的有期徒刑。

结合本单元知识，谈谈如何保证国家司法考试的权威性。

学习单元九　人民陪审员与人民监督员管理工作

学习目标

1. 理解人民陪审员制度与人民监督员制度及实行该制度的作用；

2. 理解人民监督员选任与管理方式改革的意义；

3. 掌握司法行政机关在实行人民陪审员制度和人民监督员制度过程中的职能。

学习任务

1. 人民陪审员制度；

2. 人民监督员制度；

3. 司法行政机关在实行人民陪审员制度和人民监督员制度过程中担任的角色。

 问题导入

中国法院网讯（2009 年 11 月发布）：近日，湖南省桃江县人民法院浮邱山法庭的两位法官与人民陪审员胡某某组成合议庭，公开开庭审理了一起离婚纠纷案。

河南省新县的张某与湖南省桃江县的许某相识结婚并定居桃江县。婚后因双方性格不合，张某向桃江县法院浮邱山法庭提出离婚。但张某认为她系外地人，在桃江人生地不熟，对法庭持怀疑态度，认为法官会偏袒本地人许某，故一直不愿意配合法庭工作，并多次找法院领导反映情况。针对这一情况，为消除张某的顾虑，法庭特别挑选了一名从事妇女儿童工作多年的人民陪审员胡某某参加本案的审理。胡某某参审以后，充分利用她多年来从事妇女儿童工作的经验，发挥来自群众、熟悉社情民意的优势，积极采取背靠背、心贴心的方式，与张某倾心交谈，渐渐解开张某心中的症结。在庭审过程中，法院还增设了人民陪审员释法环节，由陪审员以群众易懂、易信的语言解读法律，劝导说服当事人。现在张

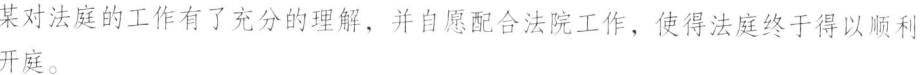
某对法庭的工作有了充分的理解，并自愿配合法院工作，使得法庭终于得以顺利开庭。

今年桃江法院又增选了 32 名人民陪审员。人民陪审员参与案件审理、执行的比例大大提高，有效地保护了当事人的合法权益，促进了社会和谐，收到了较好的法律效果与社会效果。

讨论题：不同地区存在不同社会经济环境，选任人民陪审员应如何把握共性特征与个性特征？

一、人民陪审员制度

（一）陪审制度

陪审制度是关于吸收公民作为陪审官或陪审员参加司法机关审判刑事、民事案件活动的原则和规范的总和，以及与这些原则和规范要求相应的组织和活动的实际状况。内容包括陪审官（员）的资格，陪审官（员）的产生，陪审团或陪审法院（庭）的组成、活动方式，在司法活动中陪审官（员）的地位、权利和义务等。

陪审制度起源于奴隶制时期的雅典和罗马。公元前 6 世纪，雅典执政官梭伦为了削弱氏族贵族的权力，进行了立法改革，设立了陪审法院，规定每个公民都可以当选为陪审员，参与对案件的审理。在公元 2 世纪中叶罗马共和国后期，由于犯罪增多，需要迅速处理，罗马建立了刑事法院（陪审法院）取代了民众大会的审判职能。但随着雅典民主制的衰落和罗马帝制的形成，陪审制度逐渐消亡。在中世纪的欧洲大陆，针对神明裁判和决斗裁判的明显错误，产生了一种事实调查制度，即由行政官员或法官在当事人的邻人中选择最熟悉事实并最可信任的若干人，令其宣誓并陈述事实真相，作为判决案件的依据。1066 年诺曼底人征服英格兰，欧洲大陆的调查制度被逐步用于司法活动，形成了英国的陪审制度。在西方资产阶级革命时期，陪审制度得到了资产阶级启蒙思想家的充分肯定。资产阶级革命胜利后，资本主义国家普遍实行了陪审制，但都对陪审员的资格在财产、品行等方面作了巧妙的限制，因而一般排除了普通劳动者成为陪审员的可能，使陪审制成为在司法中实现资产阶级民主权利的一种制度。资产阶级陪审制是司法中法官个人专断的对立物，是司法民主的一种形式，因此具有可供社会主义司法制度批判继承的内容。在苏联和东欧的社会主义国家，也普遍实行了陪审制。[1]

实行陪审制度是当今世界大多数国家的通常做法，其主要目的在于体现司法民主。以英、美为代表的普通法系国家实行陪审团制，以德、法为代表的大陆法系国家实行参审制。

（二）人民陪审员制度

我国的陪审制度就是人民陪审员制度，即由依法定程序产生的人民陪审员依法参加人民法院审判活动并与法官具有同等权利的司法制度。

人民陪审员制度最早始于革命根据地时期，是我国司法制度的一项优良传统。但是，由于现行的《人民法院组织法》等有关法律关于人民陪审员制度的规定过于笼统，严重影响了这项制度的实行。人民陪审员制度在很多地方已流于形式，有的地方甚至根本就不搞陪审。为适应我国改革开放和全面建设小康社会的形势发展需要，弘扬司法民主，促进司法公正，必须通过立法进一步完善人民陪审员制度。

最高人民法院曾于2000年9月向第九届全国人大常委会报送《关于完善人民陪审员制度的决定（草案）》，后经第九届人大常委会审议，认为对人民陪审员的职责定位、任职条件等问题尚需进一步深入研讨，该草案的审议工作被搁置。后来，随着政治文明建设的加强和人民群众参政议政热情的高涨，许多人大代表、政协委员连续几年向全国人大和最高人民法院提出制定完善人民陪审员制度单行立法的议案、提案和建议。最高人民法院经研究决定，根据第九届全国人大法律委员会提出的修改意见，在全国法院的范围内进行全面、深入的调查研究和论证后，对草案进行相应修改，并将其作为新的立法建议报送第十届人大常委会。第十届人大常委会对此高度重视，将其列入本届立法计划，并于2004年4月召开全国人大常委会第八次会议对草案进行了第一次审议。审议中，委员们一致认为通过立法完善人民陪审员制度非常必要，同时也就人民陪审员的产生、实行陪审的案件范围、人民陪审员的日常管理等问题提出了许多很好的意见、建议。这次审议后，最高人民法院积极配合立法机关开展工作，对委员们提出的问题再次进行深入研究、论证，会同有关部门做了大量的协调工作。经过一段时间的工作，有关部门对草案涉及的主要问题达成了一致意见，草案基本成熟，全国人大常委会决定提交2004年8月召开的第十

---

〔1〕　孙国华主编：《中华法学大辞典·法理学卷》，中国检察出版社1997年版，第330页。

一次会议进行第二次审议，并通过了《关于完善人民陪审员制度的决定》（以下简称《决定》）。

现行法律没有对人民陪审员的职责作出明确界定，导致实践中人民陪审员职责地位的模糊。《决定》第 1 条规定："人民陪审员依照本决定产生，依法参加人民法院的审判活动，除不得担任审判长外，同法官有同等权利。"明确地将人民陪审员的职责定位于参加人民法院审判活动，即行使审判权。

（三）实行人民陪审员制度的意义

1. 有利于弘扬司法民主

我国宪法赋予公民依法参与管理国家事务的权力。司法事务是国家事务的重要组成部分，实行人民陪审员制度是人民群众参与司法活动最直接、最重要的形式，是健全社会主义民主政治制度的重要内容，是我国社会主义司法民主的重要体现，也是实践"三个代表"重要思想和"立党为公，执政为民"要求的重要方面。

2. 有利于促进司法公正

人民陪审员参与审判案件，注重从社会道德标准等方面对案件进行分析、判断，与法官形成思维互补，有利于查清案件事实、正确适用法律、确保裁判公正。同时，通过人民陪审员向广大人民群众进行法制宣传教育，有利于进一步加强诉讼调解，说服当事人息诉服判，及时化解纠纷，提高司法工作效率。

3. 有利于保证司法廉洁

人民陪审员来自人民群众，他们参与审判，对于提高审判活动的透明度、促进司法公开、在合议庭内部形成自我约束机制、保证司法廉洁具有重要作用。人民陪审员参与审判，还有助于抵御各种对司法审判的干预，有助于人民法院依法独立、公正地行使审判权。

4. 有利于增强司法权威

实现司法公正是树立司法权威的前提，司法具有权威是实现司法公正的保障。人民陪审员大多在群众中间享有较高威望，他们参与审判，有助于增强案件当事人对人民法院的信任度，使得当事人对法院裁判结果的公正性形成确信，进而自觉履行裁判确定的义务；人民陪审员在实际参与审判的过程中，对法院工作会有全面、深入、客观的了解，通过他们向广大人民群众进行宣传，有利于社会各界了解法院工作的真实情况，消除社会上对法院审判案件中的猜疑和误解，进一步增强人民法院的司法权威。

二、人民陪审员的选任与管理

（一）司法行政机关参与人民陪审员的选任

2004 年 12 月，最高人民法院、司法部根据《决定》制定印发了《关于人民陪审员选任、培训、考核工作的实施意见》（以下简称《意见》）。《意见》第 1 条规定："……人民陪审员的选任、培训和考核工作，由基层人民法院会同同级人民政府司法行政机关进行。"《意见》第 3 条规定："基层人民法院根据本辖区案件数量、人口数量、地域面积、民族状况等因素，并结合上级人民法院从本院随机抽取人民陪审员的需要，对本院人民陪审员的名额提出意见，提请同级人民代表大会常务委员会确定。"一些地方司法行政部门和人民法院按照当地"要注重在人民调解员中推荐符合条件的人选"的规定，推动人民调解制度与诉讼制度相衔接，推荐人民调解员担任人民陪审员。如浙江省推荐的 2400 名人民陪审员中，20% 以上是村（居）、乡镇（街道）的人民调解员。广西全区有 300 多名人民调解员被选任为人民陪审员。

《意见》第 7 条规定，对于被推荐和本人申请担任人民陪审员的公民，由基层人民法院依照《决定》第 4 条、第 5 条、第 6 条的规定进行审查，初步确定人民陪审员人选后，将人选名单及相关材料送同级人民政府司法行政机关征求意见。必要时，由基层人民法院会同同级人民政府司法行政机关到公民所在单位、户籍所在地或者经常居住地的基层组织进行调查。《意见》第 9 条规定，基层人民法院应当将任命决定书面通知人民陪审员本人及其所在单位、户籍所在地或者经常居住地的基层组织，并将任命名单抄送同级人民政府司法行政机关，同时向社会公告。

（二）司法行政机关参与人民陪审员的管理

传统的做法是由人民法院负责对人民陪审员的管理、培训。鉴于人民陪审员在审判活动中的独特地位和作用，对人民陪审员的管理、培训不宜由法院或司法行政机关单独自行负责。因此《决定》通过第 15、17 条规定，由基层人民法院会同同级人民政府司法行政机关对本院的人民陪审员进行培训和管理。《意见》第 11 条规定，基层人民法院根据本院审判工作的实际情况，制订人民陪审员的培训计划，征求同级人民政府司法行政机关意见后，由人民法院法官培训机构具体承办。

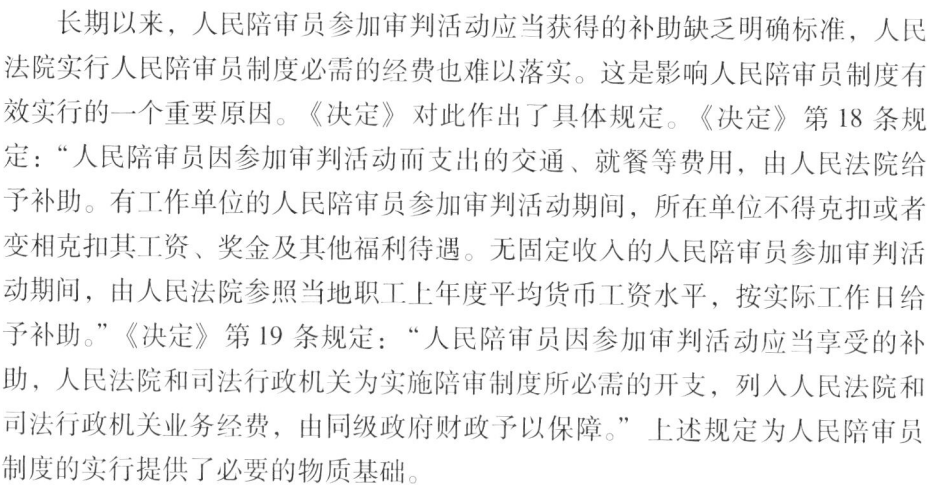

　　长期以来，人民陪审员参加审判活动应当获得的补助缺乏明确标准，人民法院实行人民陪审员制度必需的经费也难以落实。这是影响人民陪审员制度有效实行的一个重要原因。《决定》对此作出了具体规定。《决定》第18条规定："人民陪审员因参加审判活动而支出的交通、就餐等费用，由人民法院给予补助。有工作单位的人民陪审员参加审判活动期间，所在单位不得克扣或者变相克扣其工资、奖金及其他福利待遇。无固定收入的人民陪审员参加审判活动期间，由人民法院参照当地职工上年度平均货币工资水平，按实际工作日给予补助。"《决定》第19条规定："人民陪审员因参加审判活动应当享受的补助，人民法院和司法行政机关为实施陪审制度所必需的开支，列入人民法院和司法行政机关业务经费，由同级政府财政予以保障。"上述规定为人民陪审员制度的实行提供了必要的物质基础。

　　（三）司法行政机关参与人民陪审员的考核

　　人民陪审员执行职务的考核办法由基层人民法院制定，考核办法的制定必须征求同级人民政府司法行政机关的意见，考核内容包括陪审工作实绩、思想品德、工作态度、审判纪律和审判作风等。对于在审判工作中有显著成绩或者有其他突出事迹的人民陪审员，由基层人民法院会同同级人民政府司法行政机关给予表彰和奖励，并由基层人民法院及时书面通知人民陪审员本人及其所在单位、户籍所在地或者经常居住地的基层组织。

　　人民陪审员具有《决定》第17条所列"本人申请辞去人民陪审员职务的；无正当理由，拒绝参加审判活动，影响审判工作正常进行的；具有本决定第5条、第6条所列情形之一的；违反与审判工作有关的法律及相关规定，徇私舞弊，造成错误裁判或者其他严重后果的"情形之一的，由基层人民法院会同同级人民政府司法行政机关查证。经查证属实的，由基层人民法院院长提请同级人民代表大会常务委员会免除其人民陪审员职务。

　　对于依法免除人民陪审员职务的，基层人民法院应当将免职决定书面通知被免职者本人及其所在单位、户籍所在地或者经常居住地的基层组织，并将免职名单抄送同级人民政府司法行政机关，同时向社会公告。

三、人民监督员制度

　　（一）人民监督员制度

　　人民监督员制度是按照一定程序从社会公众中挑选出来任命为人民监督

员，并对检察机关查办案件进行合法、合理而且民主的监督制度。人民监督员制度的概念目前还没有形成通说，主要有外部监督说、人民监督说、制度创新说、比较分析说、监督务实说、检察民主说以及综合说等几种。具体说来，它是在社会主义人民主权这一根本原则下，依据权力制衡原则，由人民监督员代表广大人民群众对检察机关查办案件实施主动、积极、有效的监督，制约检察机关的司法权及自由裁量权，确保侦查、起诉等检察权健康、正确行使，促进依法办案，维护司法公正的制度。

我国《宪法》第2条规定："中华人民共和国的一切权力属于人民。……人民依照法律规定，通过各种途径和形式，管理国家事务，管理经济和文化事业，管理社会事务。"《宪法》第27条第2款规定："一切国家机关和国家工作人员必须依靠人民的支持，经常保持同人民的密切联系，倾听人民的意见和建议，接受人民的监督，努力为人民服务。"《宪法》第41条规定："中华人民共和国公民对于任何国家机关和国家工作人员，有提出批评和建议的权利；对于任何国家机关和国家工作人员的违法失职行为，有向有关国家机关提出申诉、控告或者检举的权利，但是不得捏造或者歪曲事实进行诬告陷害。"为落实宪法的上述规定，《人民检察院组织法》第7条规定，人民检察院在工作中必须坚持实事求是，贯彻执行群众路线，倾听群众意见，接受群众监督，调查研究，重证据不轻信口供，严禁逼供，正确区分和处理敌我矛盾和人民内部矛盾。

人民有权参与各项社会管理活动，有权对国家机关及其国家工作人员的活动进行监督，这是宪法赋予人民群众的一项法定权利；国家机关及其工作人员必须接受人民群众的监督，这是宪法规定的法定义务。就检察机关来说，检察工作必须接受人民群众的监督，倾听群众意见。人民监督员制度是检察机关接受人民群众监督、倾听群众意见的一种具体方式，既有宪法依据，又有规制检察机关活动原则的组织法的法律依据。

（二）人民监督员制度的历史沿革

2003年8月，人民监督员制度率先在天津、河北、内蒙古、辽宁、黑龙江、浙江、福建、山东、湖北和四川等省（区、市）开展试点，各试点检察院共选任人民监督员4765名，其中人大代表1499名，政协委员886名，有法律专业知识和法律工作经历的监督员2720名。2004年3月，经最高人民检察院批准，江苏、甘肃两省被列为新的试点省份。截至2010年10月，全国已有3137个检察院进行了试点，占各级检察院总数的86.5%，先后选任人民监督员 3 万多人。2010 年 10 月，最高人民检察院在总结经验的基础上，正式开始全面推行人民监督员制度。制度除保留试点时期部分程序性内容外，在人民监督员选任方式、监督范围、监督职责、工作程序等方面都作出了一些调整。

人民监督员制度从 2003 年试点至今，对加强检察机关的自身监督、规范检察人员的司法行为发挥了重要作用，但人民监督员制度仍存在一些突出问题，特别是在选任管理中还存在制度缺陷，由检察机关主导的选任管理模式制约了监督的广度和深度，存在选任和管理主体的中立性不够，选任对象的民意代表性不够，监督工作的实效性不够，"自己选人监督自己"等问题。

党的十八届四中全会提出，完善人民监督员制度，重点监督检察机关查办职务犯罪的立案、羁押、扣押冻结财物、起诉等环节的执法活动。这阐明了人民监督员制度的要义，指明了人民监督员制度发展完善的方向。2014 年 9 月 5 日，最高人民检察院印发《人民监督员监督范围和监督程序改革试点工作方案》，进一步探索健全和完善人民监督员制度。2014 年 9 月 10 日，最高人民检察院、司法部印发《关于人民监督员选任管理方式改革试点工作的意见》，确定北京、吉林、浙江、安徽、福建、山东、广西、重庆、宁夏为开展人民监督员选任管理方式改革试点的省（区、市），明确了人民监督员的设置、管理和选任机关、选任条件、选任程序，从源头上保证制度的公信力和监督的实效。

（三）实行人民监督员制度的意义

1. 推进民主法治进程

权力的制衡主要通过对权力进行监督来实现。检察权作为国家权力接受社会监督利于推进民主法治进程。人民当家作主的社会主义性质，决定了人民群众参与国家权力监督的必然性。在民主政治建设中，人民不是法治的对象，而是法治的主体。人民监督员制度保障检察机关认真听取人民监督员的意见得以落实。人民监督员制度具有很强的生命力，为我国的民主进程添加了新鲜血液，是我国社会主义民主制度的重要体现，是我国公民行使监督权力的重要象征。

2. 增强司法公信力

司法公信力，是一个社会对司法机关认可程度的一种反映，是社会对司法权威性的一种评价和感知。良好的公信力不仅可以节约社会资源、提高司法效率，还可以有力促进法治建设，对构建社会主义和谐社会意义重大。目前，我国正处在全面深化改革的关键时期，不同利益群体之间的矛盾纷繁复杂，一些司法不公现象影响了使我国司法公信力。人民监督员制度增强了人民群众对我国司法公正的信心，提高了人民群众对检察工作的支持率，对提高司法公信力有积极重大的影响。

3. 促进司法公正

人民监督员制度是检察机关为避免内部制约存在的各种弊端，寻求外部监督的产物。它赋予人民群众对检察机关直接受理案件进行监督的权力，对检察权形成了内外两种制约，促使其自觉、公正、文明地履行职责。人民监督员制度作为外部监督，有利于防治检察系统内部人员腐败，有利于加强检察系统内部监督。人民监督员制度所具有的规范性、目的性、程序性，在强化司法监督、促进司法公正中的作用越来越显著。

4. 有效保障人权

惩治犯罪、保障人权是刑事诉讼制度的价值所在。在我国，长期以来是"重打击，轻保护"，为此，刑事诉讼法把保障人权作为重点内容。在现代社会，惩罚犯罪是首要前提，而保障人权才是根本目的，用保障人权的程度可以对社会的文明程度、司法公正程度进行有效衡量。《刑事诉讼法》进行修订后，在惩治犯罪、保障人权的基础上，进一步对犯罪嫌疑人、被告人的权利进行了明确，其诉讼地位明显提高。随着社会的不断进步，对保障人权提出了更高的要求，而人民监督员制度跳出司法限制的框架，对司法进行有效监督，是我国保障人权的一个重要体现。犯罪嫌疑人对逮捕行为不服时，可启动监督程序，这又是一道保护人权的防护墙。

四、人民监督员的选任与管理

（一）司法行政机关负责人民监督员的选任

最高人民检察院、司法部《关于人民监督员选任管理方式改革试点工作的意见》（下面简称《意见》）规定，人民监督员由司法行政机关负责选任管理，参与具体案件监督的由检察机关从司法行政机关建立的人民监督员信息库中随机抽选确定。

人民监督员分为省级检察院人民监督员和设区的市级检察院人民监督员。省级检察院人民监督员监督省级检察院办理的案件，由省级司法行政机关负责选任；设区的市级检察院人民监督员监督设区的市级检察院和县级检察院办理的案件，由设区的市级司法行政机关负责选任。直辖市检察院人民监督员监督

直辖市各级检察院办理的案件，由直辖市司法行政机关统一负责选任。

人民监督员的选任程序，《意见》规定：①确定名额；②组织报名；③审查公示；④公布名单。并特别规定，拟任人选中，机关、团体、事业单位工作人员一般不应超过选任总数的50%。同时还明确规定：受过刑事处罚或者正在受到刑事追究的，或者受过行政拘留处罚的，或者被开除公职或者开除留用的，不得担任人民监督员；党委、政府及其组成部门的负责人，人民代表大会常务委员会组成人员，人民法院、人民检察院、公安机关、国家安全机关、司法行政机关的在职工作人员，人民陪审员，以及其他因职务原因可能影响履行人民监督员职责的人员，不宜担任人民监督员

从整个选任过程上看，人民监督员的选任主体是司法行政机关，人民监督员将彻底从检察机关中脱离出来，实现了人民监督员选任管理的外部化，进一步规范监督程序、丰富监督手段、调整监督范围，保证检察权在阳光下运行，有利于促进检察机关和检察人员进一步转变执法观念，保证人民监督的外部性和程序正义，从而全面推进依法治国。

（二）司法行政机关主导人民监督员的管理

改革前的人民监督员管理由检察机关进行，改革后，司法行政机关成为人民监督员的管理主体。在培训方面，《意见》规定，司法行政机关应当对人民监督员进行初任培训，同级人民检察院予以协助。同时根据需要，司法行政机关可以会同同级人民检察院对人民监督员进行专项业务培训。在考核方面，《意见》要求，司法行政机关应当建立人民监督员考核制度，及时掌握人民监督员履行职责的数量、能力等基本情况。人民检察院应当向同级司法行政机关通报人民监督员履行职责的基本情况。人民监督员应当认真履行职责，自觉接受司法行政机关的管理。人民监督员有不认真履行职责，违反保密规定，妨碍案件公正处理等情形的，司法行政机关应当对其进行劝诫，人民检察院可以向司法行政机关提出处理建议。人民监督员有不适合继续任职情形的，由作出选任决定的司法行政机关免除其人民监督员资格，书面通知同级人民检察院和被免职者本人及其所在单位、居住地基层组织，并向社会公布。

人民监督员履职需要建立检察机关、司法行政机关之间的信息互通与共享的平台。《意见》要求，司法行政机关应当建立人民监督员信息库，并与人民检察院实现信息共享。人民检察院办理的案件需要人民监督员进行监督的，由省级和设区的市级人民检察院在人民监督员信息库中以随机抽选方式产生参加

人员名单后，司法行政机关应当及时告知该人民监督员并提供相关便利。县级人民检察院纳入监督范围的案件由设区的市级人民检察院统一组织抽选人民监督员进行案件监督工作。

 拓展学习

西方国家陪审制度的理论及实践

西方国家的陪审团制度是历史上政治斗争的产物，其所体现的司法民主与政治民主是相适应的。在古希腊和古罗马，政治上实行奴隶制民主共和国，相应地在司法上实行陪审制。公元前594年古希腊的"梭论立法"之一，就是确立公民直接参与审判的民主司法原则，由此而创立了公民陪审法庭，至今已两千多年。西方现代的陪审制度是资产阶级革命的产物，主要是针对封建司法专制和克服司法弊端而建立的，有坚固的社会政治基础和民众基础。在西方，虽然每个历史时期其所代表的民众主体不同，但其司法民主的性质及体现大众参与司法的目的是明确的。在现代，美国甚至把获得陪审团审判作为犯罪嫌疑人的一项宪法权利，无论是刑事案件还是民事案件，都可以适用陪审团制度，特别是在刑事案件中，如果犯罪嫌疑人有要求就必须组织陪审团。英美两国历史上都实行大小陪审团制度，大陪审团为起诉陪审团，小陪审团为审判陪审团。小陪审团决定有罪无罪，法官只负责量刑裁判，而重大刑事案件则需要组织大陪审团决定是否起诉。大陪审团1933年已被英国废除，目前在美国也很少使用，并多有争论，但近年美国辛普森案则重现了大陪审团的作用，引起世人关注。法国大革命时，把陪审团制度作为平民政府的象征引入法国，再经过拿破仑传到欧洲大陆其他国家，现在大陆法系国家均已放弃陪审团制度，德法两国改行参审制，由法官和陪审员（德国称为陪审法官）共同组成合议庭审理案件，审判中，陪审员与法官职责相同。在西方，无论是陪审制还是参审制，都是普通民众参与司法的方式，本质上都体现了司法民主和监督法官审判的双重作用，分散了司法权力，对法官权力形成有效制约，从而进一步保障人民大众的民主参与。

 思考案例

1.《人民法院组织法》和《民事诉讼法》规定人民陪审员在执行职务期间，同审判员具有同等的权利和义务。《决定》也规定了人民陪审员参加合议

庭审判案件，对事实认定及法律适用独立行使表决权等，赋予了陪审员与审判员同等的权利。

人民陪审员的独立地位、独特视角、朴素的价值观和以普通人的生活经验判断法律事实，其广泛性、社会性不仅可以和职业法官形成思维和知识上的优势互补，更有利于查清案件事实、正确适用法律。三年来，人民陪审员在提高案件审判质量和效率方面有着重要的作用。最高人民法院研究室统计工作办公室覃丹说。

但在审判实践中，部分人民陪审员难以发挥其与法官享有同等权利的作用。在上海高院对陪审员参审判案困难的调查中，11.3%的陪审员认为是通过证据确认事实，54.8%的陪审员认为是法律适用，34.46%的陪审员认为是在综合分析判断环节。

数据显示，人民陪审员参加案件审理履行职责时在对法律的适用上是有一定障碍的。由此也导致了少数人民陪审员因缺乏相应的法律专业知识，在庭审过程中陪而不审，或在评议案件和表决过程中随声附和。

结合本单元知识，你认为要充分发挥陪审作用司法行政机关应怎样作为？

2. 2004年10月，某市检察院选任了第一批人民监督员，2007年9月该院人民监督员换届后选任了第二届人民监督员。两次选任名单中，人大代表、政协委员占总数的比例均高达95%以上。在第二届选任的12名人民监督员中，机关主任、副主任身份3人，机关局长、副局长身份3人。12人中除1人为企业副经理外，其余11人均为行政或事业单位副处级以上身份的领导。

在2009年6月29日，某市检察院启动人民监督员程序对两件拟不起诉自侦案件进行监督评议时，事先邀请了5名人民监督员参会，其中一名监督员因为自己的领导身份和职务原因未能到会，致使两起案件的监督由4名监督员来完成。虽然4名人民监督员均同意了该院所作的拟不起诉办理意见，但因其参会人员为偶数，并不符合高检院对人民监督员参加案件监督的人数为3人或5人及以上单数的规定。因此，其评议结果的有效性值得商榷。而此种情况必然要求重新对案件进行评议，从而影响案件办理的效率。

根据人民监督员选任与管理方式改革的精神，请分析上诉现象产生的弊端与改进措施。

图书在版编目（ＣＩＰ）数据

司法行政工作概论 /刘友江主编. —2版. —北京：中国政法大学出版社，2017.1
（2025.8重印）
ISBN 978-7-5620-6675-0

Ⅰ. ①司… Ⅱ. ①刘… Ⅲ. ①司法—行政—工作—中国 Ⅳ. ①D926.1

中国版本图书馆CIP数据核字(2016)第256268号

出　版　者	中国政法大学出版社
地　　　址	北京市海淀区西土城路25号
邮　　　箱	fadapress@163.com
网　　　址	http://www.cuplpress.com (网络实名：中国政法大学出版社)
电　　　话	010-58908435(第一编辑部) 58908334(邮购部)
承　　　印	北京鑫海金澳胶印有限公司
开　　　本	720mm×960mm　1/16
印　　　张	13
字　　　数	220千字
版　　　次	2017年1月第2版
印　　　次	2025年8月第5次印刷
印　　　数	11001～16000 册
定　　　价	29.00元